权威·前沿·原创

皮书系列为
"十二五""十三五"国家重点图书出版规划项目

BLUE BOOK

智库成果出版与传播平台

东盟旅游蓝皮书

BLUE BOOK OF ASEAN TOURISM

东盟旅游发展报告
（2018~2019）

ANNUAL REPORT ON ASEAN TOURISM DEVELOPMENT
(2018-2019)

主　　编／程道品
执行主编／张海琳
副 主 编／王　文　粟维斌　高元衡

社会科学文献出版社
SOCIAL SCIENCES ACADEMIC PRESS (CHINA)

图书在版编目(CIP)数据

东盟旅游发展报告.2018-2019/程道品主编.--北京：社会科学文献出版社，2020.4
（东盟旅游蓝皮书）
ISBN 978-7-5201-6342-2

Ⅰ.①东… Ⅱ.①程… Ⅲ.①东南亚国家联盟－旅游业发展－研究报告－2018-2019　Ⅳ.①F591

中国版本图书馆CIP数据核字（2020）第035373号

东盟旅游蓝皮书
东盟旅游发展报告（2018~2019）

主　　编 / 程道品
执行主编 / 张海琳
副 主 编 / 王　文　粟维斌　高元衡

出 版 人 / 谢寿光
责任编辑 / 孔庆梅

出　　版 / 社会科学文献出版社·经济与管理分社（010）59367226
　　　　　 地址：北京市北三环中路甲29号院华龙大厦　邮编：100029
　　　　　 网址：www.ssap.com.cn

发　　行 / 市场营销中心（010）59367081　59367083
印　　装 / 天津千鹤文化传播有限公司

规　　格 / 开　本：787mm×1092mm　1/16
　　　　　 印　张：16.25　字　数：238千字
版　　次 / 2020年4月第1版　2020年4月第1次印刷
书　　号 / ISBN 978-7-5201-6342-2
定　　价 / 128.00元

本书如有印装质量问题，请与读者服务中心（010-59367028）联系

▲ 版权所有 翻印必究

本蓝皮书系2018年广西科技基地和人才专项项目"中国－东盟旅游合作研究协同创新中心"（2017AD1903）和2019年教育部人文社会科学研究一般项目规划基金项目"'一带一路'背景下澜湄旅游目的地品牌共建机制研究"（19YJA630109）的研究成果。

东盟旅游蓝皮书编委会

主任委员 程道品

委　　员 （按姓氏笔画排列）

王　文　韦家瑜　甘　霖　付德申　朱锦晟
李永强　李仲广　张　坚　张显春　张海琳
陈邦瑜　陈伍香　陈钢华　林　娜　周　弥
莫明建　高元衡　唐晓云　黄远水　龚　箭
章杰宽　梁业章　粟维斌　程　冰　戴　斌

课题组成员 张海琳　粟维斌　高元衡　韦家瑜　程　冰
马靖雯　黄　婕　冉　芳　赵　耀　张　倩
Incharroen Rattapon　粟琳婷　林　辰
刘云婷　谭学琳

主要编撰者简介

程道品 桂林旅游学院校长，博士，教授，研究方向为生态旅游和区域旅游合作，教育部第二批高等学校特色专业（旅游管理特色专业）负责人、中国旅游协会会员、全国旅游行业教学指导委员会委员。

张海琳 中国旅游研究院东盟旅游研究基地常务副主任，桂林旅游学院教授，研究方向为东盟旅游产业与区域合作。

王文 桂林旅游学院副校长，博士，研究员，研究方向为高校本科教育、思想政治研究。

粟维斌 桂林旅游学院教授，博士，高级工程师，主要研究方向为旅游景区开发与环境保护、生态旅游、乡村旅游。

高元衡 桂林旅游学院旅游管理学院院长，博士，研究员，主要研究方向为区域旅游经济。

摘 要

为增进对东盟旅游业发展情况的了解，为中国－东盟旅游合作开发提供科学依据，也为从事东盟旅游研究、东盟经济研究等相关领域研究的专家和学者提供基础性研究资料，桂林旅游学院和中国旅游研究院中国东盟旅游研究基地组织研究出版了东盟旅游蓝皮书——《东盟旅游发展报告（2018～2019）》（以下简称《发展报告》）。《发展报告》以联合国世界旅游组织（UNWTO）有关东盟国家各年度相关数据、东盟秘书处以及东盟各国旅游统计数据为基础，参考国内外专家学者有关研究成果，通过文献梳理、数据分析、案例介绍，多层面、多角度系统阐述了东盟国家2018～2019年的旅游发展现状和态势。

《发展报告》分为总报告、专题篇、国别篇、中国与东盟篇，"总报告"介绍了东盟国家近年来旅游发展总体情况，分析了2019年东盟国家旅游业发展趋势、中国－东盟旅游合作的现状与前景；"专题篇"涉及东盟可持续旅游发展战略、东盟旅游资源与开发、旅游文化、旅游发展新业态、旅游安全、民宿旅游、邮轮旅游等主题；"国别篇"对2019年东盟轮值主席国——泰国的旅游情况展开研究；"中国与东盟篇"就中国与东盟旅游合作、中国民族文化在东盟的交流与传播等内容进行了分析研究。

研究表明，东盟国家旅游资源类型多样、品质优良，旅游文化底蕴深厚，旅游业发展有了一定基础，旅游在带动居民就业、减贫等方面成果显著。目前，中国－东盟旅游合作、文化交流总体态势良好，双方应继续秉承平等互利、合作共赢发展理念，旅游合作提质升级的空间将愈加广阔。

关键词： 东盟国家　旅游发展　区域旅游　旅游合作

目 录

Ⅰ 总报告

B.1 东盟国家旅游发展总论 ………………………… 粟维斌 / 001
  一 东盟国家近年来旅游业发展总体情况 ………………… / 002
  二 东盟国家2017~2018年旅游业发展情况 …………… / 009
  三 2019~2020年东盟国家旅游业发展趋势分析 ……… / 021
  四 中国-东盟旅游合作现状与前景 ……………………… / 026

Ⅱ 专题篇

B.2 东盟区域旅游可持续发展研究 ………………… 高元衡 / 030
B.3 东盟国家旅游资源与开发现状 ………… 粟琳婷 粟维斌 / 038
B.4 东盟国家旅游文化研究 ………………… 韦家瑜 赵 耀 / 060
B.5 东盟国家旅游发展新业态 ……………………… 韦家瑜 / 071
B.6 东盟国家旅游安全报告 ………………………… 黄 婕 / 104
B.7 东盟民宿发展研究 ………… 程 冰 刘云婷 谭学琳 林 辰 / 123
B.8 东盟国家邮轮旅游发展现状 …………………… 马靖雯 / 146

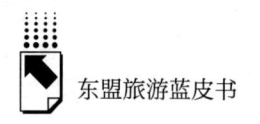

Ⅲ 国别篇

B.9 东盟轮值主席国——泰国旅游发展研究
　　　………………………… 张　倩　〔泰〕Incharroen Rattapon / 166

Ⅳ 中国与东盟篇

B.10 2018~2019年中国与东盟旅游合作报告 …… 黄　婕　马靖雯 / 190
B.11 中国民族文化在东盟的交流与传播
　　　——以广西为例 ………………………………… 张海琳　冉　芳 / 208

Abstract ……………………………………………………………… / 231
Contents ……………………………………………………………… / 233

总 报 告

General Report

B.1
东盟国家旅游发展总论

粟维斌*

摘　要： 本报告简要介绍了东盟国家近年来旅游业发展的总体情况，具体分析了东盟国家2017~2018年旅游业发展情况，并对东盟国家2019~2020年旅游业发展趋势及中国－东盟旅游合作现状与前景进行了分析。2017年东盟国家接待境外旅游者总人数达1.2572亿人次，国际旅游收入达到1269.35亿美元。东盟国家已经初步建立起比较完备的旅游产品体系，旅游产业规模不断扩大，旅游基础设施和公共服务设施不断完善。特别是，东盟国家加强了区域旅游合作，加大了旅游市场开发力度，日益重视旅游人才培养，旅游业发展取得了举世瞩

---

* 粟维斌，桂林旅游学院教授，博士，高级工程师，主要研究方向为旅游景区开发与环境保护、生态旅游、乡村旅游。协助资料搜集：杨慧丽，桂林旅游学院教师，主要研究方向为话语分析；陈建超，广西师范大学硕士研究生。

目的成就，旅游业已经并且还将继续成为东盟国家社会经济发展的重要引擎，成为增强东盟国家与其他国家友好往来的重要纽带。

关键词： 东盟国家　旅游业　出境旅游

一　东盟国家近年来旅游业发展总体情况

东盟国家的旅游业从20世纪70年代开始进入快速发展时期，到20世纪80年代，其旅游业发展增长率已经高于世界平均水平。究其原因，一是东盟多数国家开始重视旅游业发展；二是东盟国家有优越的旅游资源条件；三是政府鼓励和增加对旅游业的投资，并不断创新开发旅游项目；四是政府重视对旅游业的管理和对从业人员的培训；五是东盟国家注重在东盟内部及与东盟以外国家（地区）开展多层次的旅游合作，并大力开展旅游营销。[①]

（一）旅游发展普遍受到重视，旅游业在国民经济中占据重要地位

目前，在东盟国家的国民经济中，旅游业普遍占据较为重要的地位，不少国家将旅游业作为重点发展产业，有些国家则将其作为经济发展的支柱产业；在发展策略上，多数国家坚持政府在旅游业发展中的主导地位，走以政府为主导、以企业为主体的旅游业发展之路。

[①] 胡平：《东盟国家旅游业迅速发展的原因》，《亚太经济》1997年第3期，第10~14页；中国旅游研究院学术沙龙（2019年第5期）：《中国-东盟旅游合作：现状评估与战略构想》，搜狐网，2019年3月26日，http://www.sohu.com/a/303861791_124717。

（二）旅游产品体系初步建成，但各国间旅游业发展水平相差较大

东盟国家具有多样的半岛和海岛自然景观，还有独特的宗教与民俗文化，旅游资源丰富而有特色。依托这些特色旅游资源，已经开发出了系列旅游产品和旅游商品，初步构建起东盟国家的特色旅游产品体系。图1为东盟国家的旅游产品谱系，表1列出了东盟国家的主要旅游商品。而东盟国家已开发的主要旅游景区景点，将在专题篇《东盟国家旅游资源与开发现状》中介绍。

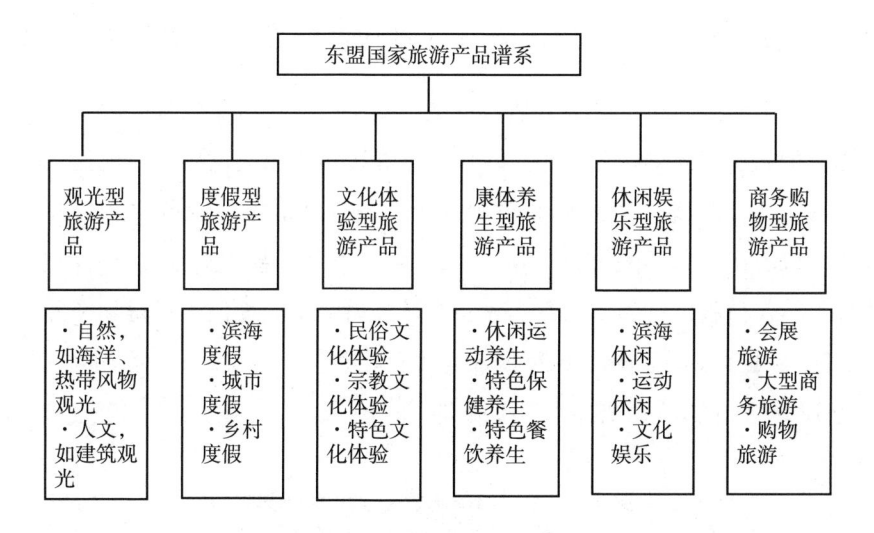

```
                    东盟国家旅游产品谱系
    ┌──────┬──────┬──────┬──────┬──────┬──────┐
  观光型  度假型  文化体  康体养  休闲娱  商务购
  旅游产  旅游产  验型旅  生型旅  乐型旅  物型旅
    品      品    游产品  游产品  游产品  游产品

 ·自然， ·滨海   ·民俗文  ·休闲运  ·滨海    ·会展
  如海洋、 度假    化体验   动养生   休闲     旅游
  热带风物 ·城市   ·宗教文  ·特色保  ·运动    ·大型商
  观光    度假    化体验   健养生   休闲     务旅游
 ·人文， ·乡村   ·特色文  ·特色餐  ·文化    ·购物
  如建筑观 度假    化体验   饮养生   娱乐     旅游
  光
```

图1　东盟国家旅游产品谱系

表1　东盟国家已开发的特色旅游商品

类别	文莱	柬埔寨	印度尼西亚	老挝	马来西亚
主要旅游商品	虾片、竹器、木器、银器、纺织品	红宝石戒指、棕糖、手工围巾	蛇皮果、西米、千层糕、银制品、木雕	咖啡、野生松茸、手工围巾	鸡蛋糕、巧克力、白咖啡、马蹄酥、锡米胆、豆蔻香료

类别	缅甸	菲律宾	新加坡	泰国	越南
主要旅游商品	蒲甘漆器、香草牛肉干、缅甸翡翠、棕榈糖	上好佳、杧果、椰子、青橘蜂蜜、椰子、木瓜护肤品	猪肉干、鳄鱼皮包、小装饰品	日常药品、老字号药膏、泰丝、金枕头榴梿	波罗蜜干、芭蕉干、绿豆糕、香水、牛角梳、红木工艺品

003

目前东盟十国旅游业发展不均衡现象比较严重。新加坡、泰国、马来西亚等国家旅游业开发较早，旅游业发展较好，而越南、柬埔寨、缅甸、老挝等国家旅游业还处于起步阶段，很多资源都有待开发，对游客的接待能力有限。从接待境外游客看，马来西亚和泰国两国接待国际游客数量明显高于其他国家。尤其是泰国，每年接待东盟区域外游客超过1800万人次，占全国入境游客数量的73.28%，成为东盟最有吸引力的旅游目的地。①

（三）旅游产业规模不断壮大，各国经济和旅游业发展趋向均衡

近十多年来，全世界旅游热点地区的旅游收入都有不同程度的增长。东盟国家的旅游收入增长速度相对较快，正在逐步缩小与世界其他地区之间的差距（见表2）。表2还反映了世界几个主要地区的国际旅游收入情况。从表中可以看出，东盟国家旅游收入从2004年的第4位上升到2014年的第3位并继续保持稳定，说明东盟国家在全球旅游业中的地位不断得到提升。另外，2014年东盟国家国际旅游收入为1143.82亿美元，2017年国际旅游收入为1269.35亿美元，增长了10.97%。

表2 近年来国际旅游收入的排名情况

单位：亿美元

排名	2004年 主要地区或组织	国际旅游收入	2014年 主要地区或组织	国际旅游收入	2017年 主要地区或组织	国际旅游收入
1	欧盟	3395.82	欧盟	4836.24	欧洲地区	5192.50
2	北美	1312.50	北美	2386.53	美洲地区	3261.56
3	中东与北非	420.64	东盟	1143.82	东盟	1269.35
4	东盟	379.53	中东与北非	861.84	中东地区	676.70
5	撒哈拉以南非洲	168.31	撒哈拉以南非洲	330.48	非洲地区	373.00

资料来源：根据世界旅游组织（UNWTO）各年度相关资料整理。

① 中国旅游研究院学术沙龙（2019年第5期）：《中国-东盟旅游合作：现状评估与战略构想》，搜狐网，2019年3月26日，http://www.sohu.com/a/303861791_124717。

近年来，多数东盟国家更是积极发展旅游业，同时不断加强区域内各国之间及其与区域外国家或地区间的旅游合作，旅游经济增长速度稳健。同时，各成员国还共同致力于宣传和落实旅游业的社会责任，积极开展旅游扶贫行动，加强旅游地的生态环境建设，逐步实现各国社会经济和旅游业的协调与持续发展。[①]

（四）旅游基础设施不断完善，旅游关联带动效应日益显现

东盟国家旅游业发展起步不一，旅游基础设施条件也差别较大。例如，新加坡地处马六甲海峡，是世界重要的转口港及航空中心，地理区位和交通条件好，旅游业起步早，发展基础好，且市场前景广阔。马来西亚航空业比较发达，目前民用机场多达117个，同时公路和铁路等陆路交通条件良好，并且已着重进行港口建设，发展海上交通运输和邮轮旅游。印度尼西亚的重要运输手段是水路运输，目前已建成较多的港口和码头，近年来也在大力发展航空运输业。相比之下，老挝和文莱等非海岛国家的旅游基础设施相对较薄弱。交通道路条件差、水电供应紧张等成为制约缅甸、老挝和柬埔寨等国家旅游业快速发展的重要因素。不过，随着东盟国家一体化进程的加快，东盟国家交通条件等旅游基础设施也将逐渐完备。比如，未来随着以马来西亚亚洲航空（Air Asia）、新加坡虎航（Tigerair）、菲律宾宿务太平洋航空（Cebu Pacific Air）、印度尼西亚狮航（Lion Air）、泰国飞鸟航空（Nok Air）为代表的东盟廉价航空的兴起与成熟，东盟各国空中交通将得到大大改善。

旅游业的发展带动了东盟国家社会经济的综合发展。一方面旅游业发展，加强了东盟国家的国际合作，帮助东盟国家间及其与世界各国建立联系和合作；另一方面，东盟国家通过旅游文化交流也可以加强与其他国家（地区）相互之间的认知和理解，促进世界各国共同进步与繁荣。同时，发展旅游业不仅能使旅行社或者旅游业从业人员获益，也能带动出租车行业、餐饮业、商场等相关产业的发展。特别是有助于贫困地区脱贫致富，提高乡

[①] 徐婷：《东盟旅游经济发展时空差异演变分析》，硕士学位论文，辽宁师范大学，2017。

村经济和大众群体收入。例如,2003年,东盟各国平均贫困率是17%,2015年已经下降到7%。[1]

(五)多元化旅游市场不断拓展,旅游接待人数逐年增加

据《东盟统计年鉴》,2017年东盟十国出入境旅游总人数为2.41843亿人次,占世界旅游总人次(118.8亿人次)的2.036%;旅游收入达1269.35亿美元,占当年世界旅游总收入的2.538%。从客源分布情况看,除了东盟国家互为客源国外,还有来自中国内地、韩国、美国、日本、澳大利亚,以及中国香港和中国台湾等国家和地区的游客。可见,东盟国家已经形成了多元化的旅游客源市场(见表3和图2)。[2]

表3　东盟国家国际游客入境情况(2008~2017年)

单位:万人次

年份	2008	2009	2010	2011	2012	2013	2014	2015	2016	2017
入境人数	6540.1	6568.0	7375.3	8122.9	8922.5	9398.0	9736.8	10894.5	11556.6	12572.1

数据来源:2008~2017年《东盟统计年鉴》。

(六)旅游合作机制不断完善,区域旅游合作不断加强

东盟旅游合作的动力在于全球旅游竞争环境变化催生东盟各国对区域公共产品产生需求。为此,东盟各成员国已开始加强区域间的旅游交流与合作,将区域旅游交流与合作作为其区域经济合作的一个重要组成部分。例如,东盟各国政府1979年就成立了"东盟旅游协会",1981年

---

[1] 张春:《东盟落实联合国2030年可持续发展议程减贫目标分析》,《东南亚纵横》2018年第4期,第56~58页;Hamzah Rahmat:《东盟各国以旅游促进社会经济综合发展》,经济日报-中国经济网,2018年10月11日,http://travel.ce.cn/gdtj/201810/11/t20181011_6566446.shtml。

[2] 《2017年全球旅游总收入超过5万亿美元,相当于全球GDP的6.7%》,搜狐网,2018年1月15日,http://www.sohu.com/a/216711851_545092。

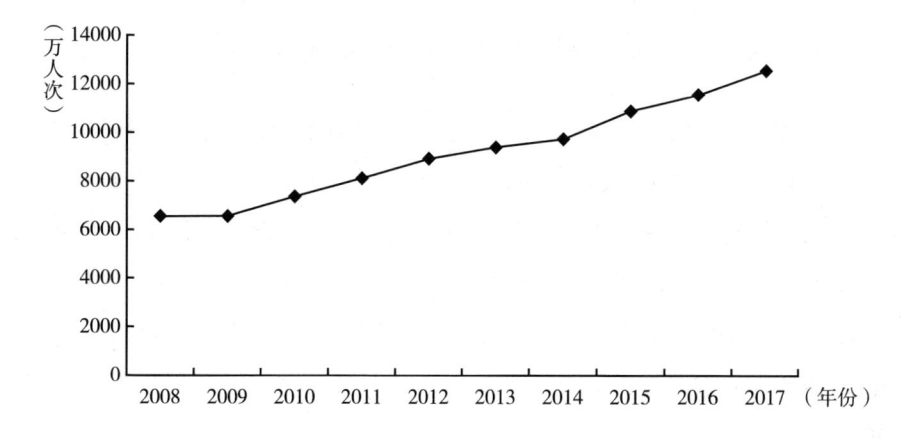

图2 2008～2017年东盟国家国际游客入境情况

设立了东盟旅游论坛,还陆续成立了"东南亚贸易、投资和旅游中心"和"东盟旅游情报中心"。东盟国家自1995年开始每年举办一次非正式的旅游部长会议,后升格为旅游部长会议。东盟旅游部长会议的任务是分析当前区域内外旅游业发展形势,制定共同的旅游发展对策等。同时,一些专门的旅游合作机构,如"东盟旅游委员会"、"东盟旅游协会"和"东盟旅游信息中心"等相继建立,以此推进东盟国家地区间的旅游协调与合作。

在对外交流与合作方面,东盟国家形成了"10+3旅游合作"机制,即东盟国家与中国、日本和韩国的旅游合作。此外,东盟各国还积极参加"东亚旅行协会"、"东方航空公司协会"、"太平洋亚洲旅行协会"和"世界旅游组织"等,[1] 以保障与区域外国家和地区的旅游合作切实有效,从而有力地推动东南亚地区旅游业的合理分工和整体发展。[2] 东盟国家通过旅游合作,使东盟一体化建设取得了质的飞跃,各成员国间关系深化,东盟旅游经济稳健增长。

---

[1] 胡平:《东盟国家旅游业迅速发展的原因》,《亚太经济》1997年第3期,第10～14页。
[2] 邓颖颖:《东盟国家旅游业发展有哪些特点?》,中国知网,2018年4月17日,http://silkroad.news.cn/2018/04/17/91833.shtml。

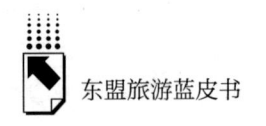

（七）旅游专业人才缺乏，但各国都十分重视旅游从业人员培训

总体而言，目前东盟国家旅游专业人才比较缺乏。东盟十国除新加坡外，普遍缺乏高素质的旅游经营管理人才。从旅游服务水平看，目前旅游服务水平相对较高的国家有泰国和马来西亚等，但是即便是泰国和马来西亚，其旅游服务水平与旅游发达国家相比仍然存在一定的差距。旅游人才问题成为影响东盟国家旅游业持续、健康发展的主要因素。东盟国家也已充分认识到旅游专业人才培养的重要性。事实上，东盟各国高等教育部长1995年便签署了"东盟大学联盟"宪章，成立了"东盟大学联盟"，加强旅游人才培养，如在泰国的本科教育中，旅游教育已有超过30年的历史，[①] 其他东盟国家的一些大学也相继开设类似旅游管理的专业或课程。

近年来，东盟国家十分重视旅游人才教育培训的国际合作，特别是加强与中国的旅游人才培训合作。2007年8月，中国人社部批准成立了"中国－东盟人才资源开发与合作广西基地"。2008年12月，广西壮族自治区旅游局在广西民族大学和桂林旅游高等专科学校设立了"广西东盟旅游人才教育培训基地"，2012年该基地升级为国家级培训基地。培训基地成立至今取得了较为丰硕的培训成果。2017年7月29日，在中国教育部和国家旅游局的大力支持和指导下，由中国－东盟中心、桂林旅游学院联合中国和东盟18个旅游院校及企业共同发起成立了"中国－东盟旅游教育联盟"，将为东盟国家培养和培训更多旅游专业人才。

（八）旅游发展以国际旅游为主，旅游产品亟待转型升级

目前东盟国家的旅游业发展以国际旅游为主，国内旅游发展相对缓慢。这种旅游发展模式的产生与国家的经济社会发展水平有很大关系。以国际旅游为主的国家，其旅游业发展容易受国际形势变化的影响。例如，1997年

[①] 〔泰〕张妍、SARANYA：《中泰本科旅游教育比较研究——以东南大学和孔敬大学为例》，硕士学位论文，东南大学，2016，第6页。

的亚洲金融危机致使东盟国家的旅游业发展水平整体下降。不过亚洲金融危机后，东盟国家的旅游业要比其他经济产业恢复得更快更好，可以说，旅游业成为当时东盟国家经济恢复的一个重要推动力。这是因为东南亚地区国家间良好的外交关系促进了其国际旅游业的发展。

以新加坡、泰国、马来西亚等为代表的东盟国家，一直都是中国游客评价海外旅游目的地的标杆之一。从中国旅游研究院2015年的调研数据分析来看，中国游客对东盟国家的民风、市容、市貌，满意度都非常高，但是，东盟国家旅游发展程度不一，除了新加坡、马来西亚和泰国是旅游业发展起步较早的国家之外，老挝和缅甸等国家属于旅游业不发达国家，其旅游产品还停留在传统的观光游上，加上产品同质化严重，旅游产品亟待转型升级。① 因此，未来东盟国家应大力挖掘各国特色文化，创新开发凸显区域特色的旅游产品，以国际化、高端化、特色化、数字化为目标，全力推动旅游产业转型升级和提质增效，努力将东盟国家打造为现代化、智慧化的全域旅游目的地。

二 东盟国家2017~2018年旅游业发展情况

由于数据统计工作滞后的原因，目前只能获得东盟各国2017年的旅游统计数据。为此，对东盟国家2017年旅游业发展情况进行定量分析，对2018年的旅游业发展情况做一些定性分析。

（一）入境旅游情况

东盟国家2017年接待入境旅游者和旅游收入情况见表4和图3、图4。从表4可以看出，2017年东盟国家接待入境旅游者达1.2572亿人次。其中，接待入境旅游者人数最多的国家是泰国，为3559.1978万人次，其次是马来西亚，为2594.8459万人次；接待最少的是文莱，为25.8955万人次。从入境旅游接待与上一年相比的情况看，2017年接待人数增长最快的国家

---

① 《安邦咨询：东盟旅游业亟待破题》，《时代金融》2015年第19期，第57页。

是越南,达29.06%,其次是印度尼西亚,为21.88%,增长率最低的是马来西亚,为3.02%。从国际旅游收入看,2017年东盟国家国际旅游总收入为1269.35亿美元。其中,国际旅游收入最多的国家是泰国,收入为574.77亿美元,其次是新加坡,为197.07亿美元,国际旅游收入最低的是文莱,只有1.77亿美元。

表4 2017年东盟国家国际入境旅游接待和旅游收入情况

国家	国际入境旅游 人数(千人次)	国际入境旅游 同比增长(%)	国际旅游收入 收入(百万美元)	国际旅游收入 同比增长(%)
文莱	258.955	18.35	177	22.92
柬埔寨	5602.157	11.78	3639	13.29
印度尼西亚	14039.799	21.88	12520	11.73
老挝	3868.838	8.73	761	6.28
马来西亚	25948.459	3.02	18352	1.48
缅甸	3443.133	18.43	2260	2.87
菲律宾	6620.908	10.96	6988	35.87
新加坡	17424.611	6.22	19707	4.02
泰国	35591.978	9.41	57477	17.80
越南	12922.151	29.06	5054	12.00
合计	125720.989	—	126935	—

注:越南的国际旅游收入含旅游交通费用。
资料来源:世界旅游组织(UNTWO)。

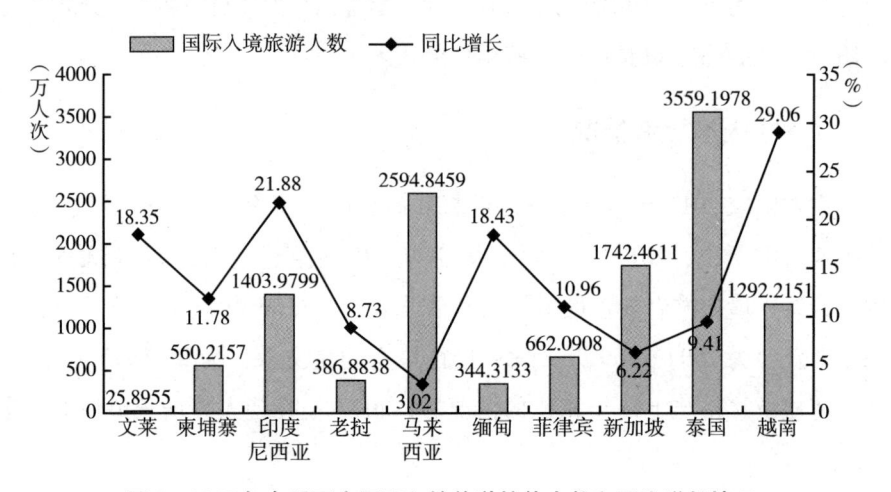

图3 2017年东盟国家国际入境旅游接待人数和同比增长情况

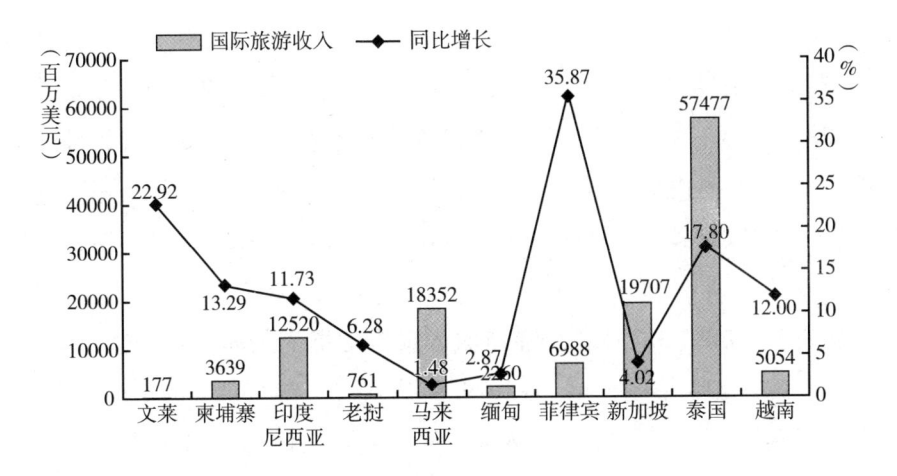

图4 2017年东盟国家国际旅游收入和同比增长情况

2018年东盟各国旅游业仍然保持良好发展势头,入境旅游者和国际旅游收入总体保持增长态势。据泰国旅游和体育部长威拉萨公开的泰国旅游业统计数据,2018年入境泰国的外国游客再创历史新高,达到前所未有的3800万人次。① 2018年印度尼西亚共吸引国际游客1580.62万人次,比2017年增加了12.58%,其中中国内地游客人数为213.75万人次,比2017年的209.32万人次增加2.1%。② 柬埔寨旅游部数据局局长贡速皮良指出,2018年柬埔寨共接待620万人次的外国游客,比2017年的560万人次增长10.7%;旅游业收入达43.56亿美元,同比增长19.7%。③

(二)国内旅游情况

2017年东盟国家国内旅游接待和旅游收入情况见表5。从表5可以看出,2017年东盟国家国内旅游统计数据不全,没有查询到文莱、缅甸和

---

① 《【泰国旅游大数据】2018外国游客达到前所未有3800万人次》,搜狐网,2019年1月17日,http://www.sohu.com/a/289585804_99907974。
② 《2018年访问印尼中国游客数量213.75万人》,世界游网,2019年3月20日,http://focus.lvyou168.cn/tourism_analysis/20190320/51183.html。
③ 《中国成为柬埔寨主要国际游客来源地》,新华网,2019年2月26日,http://www.xinhuanet.com/travel/。

新加坡三国的国内旅游统计数据。从已有数据看，国内旅游接待人数最多的国家是马来西亚，达到2.76148亿人次；其次是印度尼西亚，为2.70822亿人次；泰国排列第三，为2.17997亿人次。从接待人数增长情况看，2017年国内旅游接待人数增长最快的国家是菲律宾，增长率为21.91%；其次是越南，增长率为18.06%；老挝的增长率为12.58%，排列第三位。

从表5可知，2017年国内旅游收入最多的国家是菲律宾，达5207.43万美元，其次是印度尼西亚，为1929.89万美元，排列第三的是马来西亚，为1846.55万美元；国内旅游收入最少的国家是文莱，仅为30.588万美元。从旅游收入增长情况看，2017年国内旅游收入增长最快的国家是菲律宾，达22.59%，其次是越南，为13.10%；国内旅游收入增长相对较慢的国家是文莱，增长率为0.56%。

表5　2017年东盟国家国内旅游接待和收入情况

国家	接待人数（千人次）	同比增长（%）	收入（百万美元）	同比增长（%）
文莱	—	—	0.30588	0.56
柬埔寨	10642	9.95	1.34459	6.34
印度尼西亚	270822	2.45	19.2989	1.75
老挝	2237	12.58	0.45824	4.32
马来西亚	276148	8.77	18.4655	6.70
缅甸	—	—	1.15177	10.07
菲律宾	96721	21.91	52.0743	22.59
新加坡	—	—	9.86206	2.26
泰国	217997	8.48	16.6351	1.55
越南	73200	18.06	8.88485	13.10
合计	—	—	128.4812	—

资料来源：UNWTO, http://www2.unwto.org/content/data; WTTC, https://www.wttc.org/datagateway/。

2018年东盟国家国内旅游继续保持增长势头。2018年1月24日，2018年东盟旅游论坛在泰国清迈开幕，来自东盟国家及大湄公河流域各国的旅游官员、旅游业界代表以及媒体人士约 800 人出席了开幕式。此次论坛主题是"东盟——持续互联,无限繁荣"。论坛举办期间,还召开了东盟国家旅游组织会议和东盟国家旅游部长会议,并安排了东盟旅游推介和大型旅游展会等活动。这些活动对东盟国家的旅游业起到了宣传的作用。例如,根据越南文化体育旅游部旅游总局的报告,2018 年越南接待国际游客量约达 1550 万人次,同比增长 19.9%,2019 年接待国际游客有望达到 1800 万人次,国内游客达 8500 万人次,旅游收入逾 700 万亿越盾(约合 304 亿美元)。①

(三)出境旅游情况

东盟国家 2017 年出境旅游情况见表 6 和图 5。从表 6 可以看出,2017 年东盟国家出境旅游总人数为 1.02 亿人次。其中出境旅游人数最多的国家是新加坡,达 2395.5544 万人次。其次是马来西亚,为 2321.0901 万人次。印度尼西亚排列第三,为 1622.4602 万人次;出境旅游人数最少的国家是老挝,为 76.0926 万人次。从出境人数增长情况看,增长最快的国家是老挝,增长率达 59.7611%;其次是越南,增长 40.933%;而缅甸的出境游人数严重下滑,与上年相比降低了 79.1063%。

东盟国家 2017 年出境旅游花费情况见表 6 和图 5。从表中可以看出,2017 年出境旅游总花费为 734.4385 亿美元。其中,出境旅游花费最多的国家是新加坡,达 241.46 亿美元;其次是菲律宾,为 125.416 亿美元;排列第三的是泰国,为 113.79 亿美元;出境旅游总花费最少的国家是缅甸,仅为 0.50 亿美元。从出境总花费增长情况看,2017 年出境旅游总花费增长最多的国家是柬埔寨,增长率达 13.9303%;其次是菲律宾,增长 13.4442%;出境旅游总花费与上年度相比严重下降的是缅甸,下降了 70.8483%。

---

① 《2018 年越南接待中国游客量约达 500 万人次》,越通社网,2019 年 1 月 9 日,https://zh.vietnamplus.vn/。

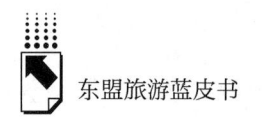

表6 2017年东盟国家出境旅游人数及出境旅游花费情况

国家	出境旅游人数 人数（千人次）	与上年相比增长(%)	出境旅游总花费 总花费（百万美元）	与上年相比增长(%)
文　　莱	1928.450	16.5465	824.295	-0.0500
柬 埔 寨	2293.147	18.4444	646.533	13.9303
印度尼西亚	16224.602	4.4519	8462.020	5.0818
老　　挝	760.926	59.7611	704.748	7.0613
马 来 西 亚	23210.901	5.2905	10580.600	2.6342
缅　　甸	815.944	-79.1063	50.000	-70.8483
菲 律 宾	9953.668	3.0062	12541.600	13.4442
新 加 坡	23955.544	-1.9915	24146.000	1.7499
泰　　国	12501.845	2.1550	11379.100	7.1481
越　　南	9930.489	40.9330	4108.950	8.2742
合　　计	101575.516	14.0407	73443.846	-18.7224

资料来源：http://www2.unwto.org/content/data。

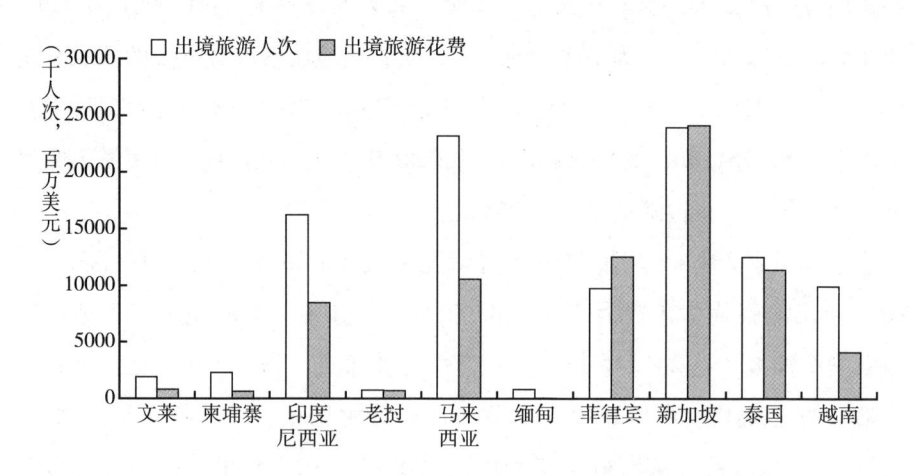

图5 2017年东盟国家出境旅游人数及出境旅游花费情况

2018年除少数东盟国家出境旅游人数减少外，多数国家的出境游总体保持增长势头。根据新加坡贸易和工业部发布的《2018年新加坡经济调查报告》，2018年新加坡国内生产总值（GDP）增长3.3%。另据相关报道，2018年文莱GDP增长9.3%，马来西亚增长4.7%，印度尼西亚增长

5.15%，菲律宾增长6.20%，老挝增长6.50%，泰国增长4.0%左右，越南增长达7.08%。① 可见，2018年东盟国家GDP有不同程度的增长。一般而言，GDP的增长会带动旅游消费的增长，当然也会促进出境旅游的增长。

（四）旅游产业情况

2017年东盟国家主要旅游产业要素统计情况见表7、图6、图7和图8。从这些图表可以看到，在东盟各国中，拥有星级酒店最多的国家是印度尼西亚，达11406个；其次是泰国，为10554个；星级酒店最少的是文莱，仅为17个。拥有风景名胜区等旅游景区/点最多的国家是泰国，达3890处；其次是印度尼西亚，为1894处；最少的是文莱，只有18处。拥有机场最多的国家是印度尼西亚，为212个；其次是菲律宾，为73个；最少的国家是文莱，仅为1个。不少东盟国家对于旅行社等旅游接待机构没有进行专门的统计。

表7　2017年东盟国家主要旅游产业要素情况

国家	星级酒店(个)	旅行社等旅游接待机构(个)	风景名胜区等景区/点(处)	机场(个)
文　莱	17	18	18	1
柬埔寨	1105	—	319	16
印度尼西亚	11406	—	1894	212
老　挝	531	—	89	24
马来西亚	5593	—	30	62
缅　甸	882	1587	282	39
菲律宾	4356	489	455	73
新加坡	444	1230	349	2
泰　国	10554	—	3890	49
越　南	6263	—	802	36
合　计	41151		8128	514

资料来源：酒店资料，缤客网，https://www.booking.com；旅行社资料，东盟各国国家官网；旅游景区景点资料，穷游网，https://place.qyer.com/；机场资料，通用运费网，https://www.ufsoo.com/airport/。

---

① 《2018年GDP增速排名：越南排第二，缅甸第三，第一呢?》，搜狐网，2019年1月27日，https://www.sohu.com/a/291750978_402008。

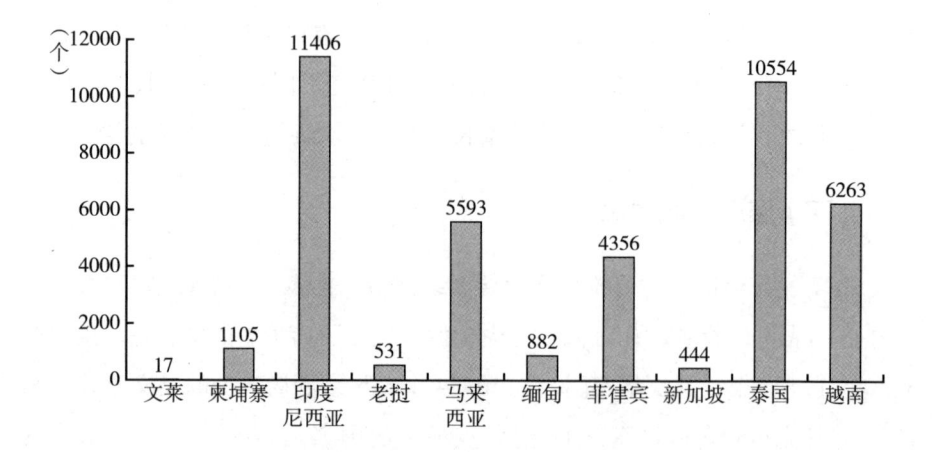

图6 2017年东盟国家星级酒店数量

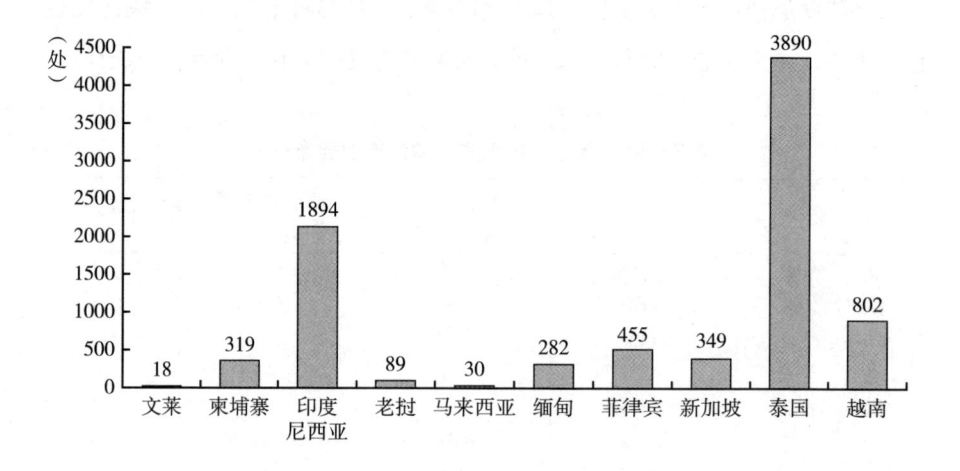

图7 2017年东盟国家风景名胜区等景区/点数量

总体而言，随着社会经济的不断发展和旅游业发展速度的加快，东盟各国旅游基础设施条件在不断改善，各国的旅游产业发展要素总体保持增长势头。例如，在2018年"柬埔寨展望大会"上，柬埔寨首相洪森表示，要尽快投资包括陆运、水运和航空在内的交通建设，加快完善基础设施整体规划与建设，以便于强化区域资源整合，进一步加强与周边国家的联系，全面提高国际竞争力。柬埔寨公共工程与运输部部长孙占托在基础设施建设研讨会

东盟国家旅游发展总论

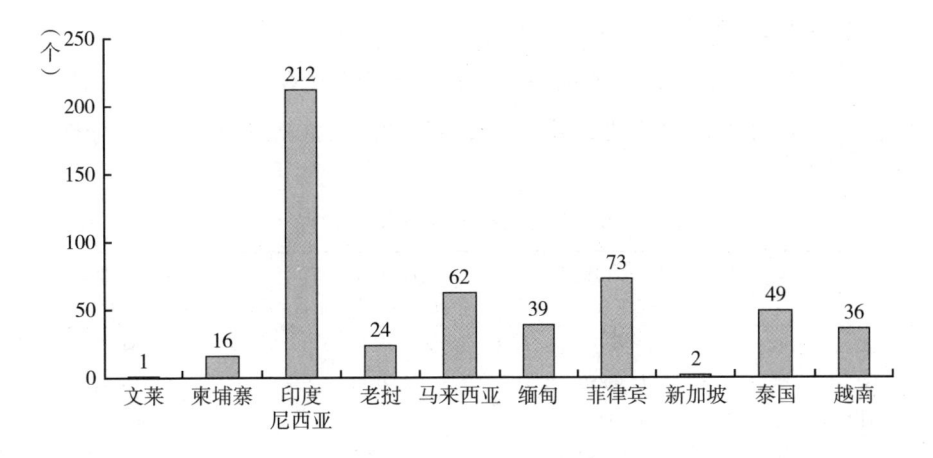

图8　2017年东盟国家机场数量

上透露,政府将耗资190亿美元用于基础设施建设。① 2017年4月,缅甸交通与通信部提出发展五个重要铁路段的铁路项目,预计将花费约600亿美元对全国所有铁路段进行升级。② 据菲律宾国家经济发展署网站消息,2018年5月,该国相关部门正式批准了苏比克—克拉克铁路建设、布拉坎国际机场建设、克拉克国际机场扩建运营维护、帕西格河与马里基纳河桥梁建设、防洪、农村农业发展等8个新的基础设施项目。加上此前批准的一系列项目,菲律宾的基础设施工程正在不断推进。基础设施水平的提升,将为区域经济的快速发展奠定坚实基础。

(五)旅游带动就业情况

东盟国家2017年旅游带动就业情况见表8。可以看出,2017年东盟国家旅游带动就业总人数达到17427908人。其中,旅游带动就业人数最多的国家是菲律宾,达5216210人;其次是印度尼西亚,为4439330人;2017年

---

① 《柬埔寨将投入190亿美元用于基础设施建设》,简书网,2018年11月10日,https://www.jianshu.com/p/31b7484672ec。
② 《缅甸基础设施建设带来商机》,大风号网,2018年11月24日,http://wemedia.ifeng.com/89615728/wemedia.shtml。

旅游带动就业人数最少的国家是文莱，为4975人。从旅游带动就业增长情况看，2017年增长最快的国家是柬埔寨，增长率达8.315%；其次是文莱，增长率为5.224%；旅游带动就业增长最低的国家是马来西亚，为0.462%。

表8 东盟国家旅游带动就业情况

国家	2016年旅游带动就业人数(人)	2017年旅游带动就业人数(人)	2017年旅游带动就业增长率(%)
文　　莱	4728	4975	5.224
柬 埔 寨	1130850	1224880	8.315
印度尼西亚	4363560	4439330	1.737
老　　挝	111830	113792	1.755
马 来 西 亚	809297	813033	0.462
缅　　甸	589831	614444	4.173
菲 律 宾	5190780	5216210	0.490
新 加 坡	164019	169284	3.210
泰　　国	2284530	2344350	2.618
越　　南	2424780	2487610	2.591
合　　计	17074205	17427908	2.072

资料来源：世界旅游组织（UNWTO）。

研究表明，旅游既可以直接促进一个国家或地区的经济发展，也给这些国家或地区带来了就业机会。根据中国旅游研究院的研究数据，2017年，旅游为"一带一路"沿线国家带来5.36%的直接就业贡献和14.11%的旅游综合就业贡献。可见，旅游对于降低这些国家的失业率、减少这些国家的贫困人口作用十分明显。2018年以来，随着东盟各国旅游业的进一步发展，旅游带动就业情况总体趋好。例如，缅甸日益发展的旅游业直接或间接地促进了住宿、餐饮、交通等相关产业的发展，并带来了更多的就业机会。世界旅游及旅行理事会（WTTC）表示，越南旅游业创造250万个直接就业机会，占越南全国就业机会总数的4.6%。[①] WTTC预计，按

---

① 越通社：《大力推动越南旅游业发展》，搜狐网，2018年11月11日，https：//www.sohu.com/a/274653976_806142。

照泰国旅游产业潜能和发展势头，10年后，旅游经济在经济总量中的比重将提高至28.2%，约合1750亿美元；按2018年全泰610万个旅游就业岗位来看，到2028年全泰旅游从业人口将增至850万人，占全国就业人口的22.3%。[1]

（六）旅游发展其他情况

1. 旅游收入占GDP比重

2017年东盟国家旅游总收入和国际旅游收入占GDP比重情况见表9和图9。从表9可以看出，2017年旅游总收入占GDP比重最大的国家是柬埔寨，达32.12%；其次是菲律宾，占24.09%；旅游总收入占GDP比重最小的国家是印度尼西亚，为5.93%。2017年国际旅游收入占GDP比重最大的国家也是柬埔寨，为18.10%；其次是泰国，为12.9%；国际旅游收入占GDP比重最小的国家是文莱和印度尼西亚，占比均为1.40%。

表9　2017年东盟国家旅游收入占GDP的比重

国家	旅游总收入（百万美元）	旅游总收入占GDP比重（%）	国际旅游收入（百万美元）	国际旅游收入占GDP比重（%）
文　莱	906.16	6.69	177	1.40
柬埔寨	7326.42	32.12	3639	18.10
印度尼西亚	58838.60	5.93	12520	1.40
老　挝	2137.36	12.49	761	4.50
马来西亚	46052.00	13.58	18352	5.50
缅　甸	4844.18	7.07	2260	3.40
菲律宾	74945.60	24.09	6988	2.60
新加坡	34372.20	10.29	19707	5.90
泰　国	103724.00	21.31	57477	12.90
越　南	20512.30	9.01	5054	4.00
合　计	353658.82	—	126935	—

资料来源：世界旅游组织（UNWTO）及东盟国家各国旅游统计数据。

---

[1] WTTC：《泰国旅游增速全球排名第四》，《泰国中华日报》2019年3月7日。

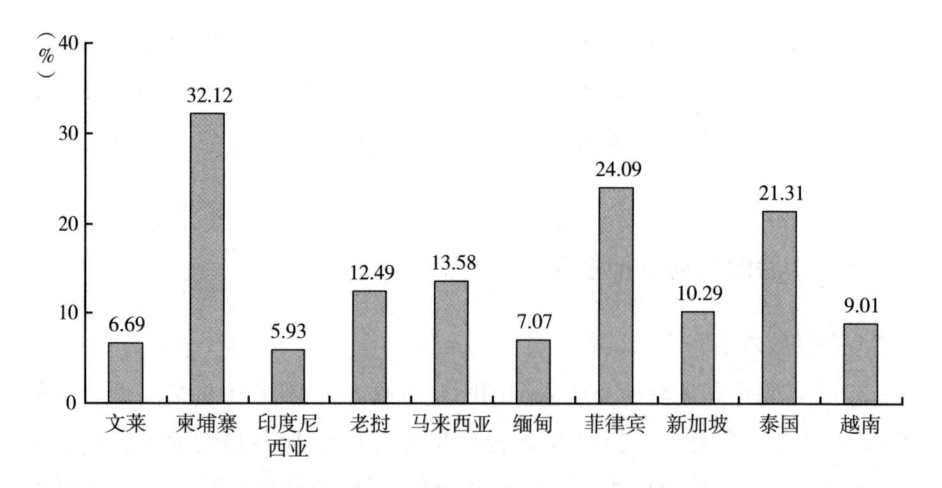

%40 | 32.12 | 5.93 | 12.49 | 13.58 | 7.07 | 24.09 | 10.29 | 21.31 | 9.01
6.69 文莱 柬埔寨 印度尼西亚 老挝 马来西亚 缅甸 菲律宾 新加坡 泰国 越南

图9　2017年东盟国家旅游总收入占GDP比重

2019年第38次东盟旅游论坛于1月14日至18日在越南广宁省举行。此次论坛以"东盟——一体的力量"（ASEAN-The Power of One）为主题。来自东盟和世界旅游组织的旅游官员、旅游业界代表以及媒体人士约2000人参加。论坛期间，还举行了东盟旅游部长会议和东盟与伙伴国旅游部长会议，国际旅游博览会（TRAVEX）也在此期间举行。博览会共设346个展位，290个买家、610个卖家前来参展，给越南和东盟各国带来许多合作商机。总之，2018年以来东盟国家旅游收入总体保持平稳增长态势，旅游收入占GDP的比重也基本保持平衡。

2. 主要客源地情况

总体而言，2017年东盟国家除了互为客源地外，区域外客源国和地区有中国内地、韩国、中国香港、日本、澳大利亚、印度、东帝汶、中国台湾等。各国的主要客源地情况见表10。

3. 主要目的地

总体而言，2017年东盟国家出境旅游以东盟国家互为目的地为主，东盟区域以外的国家和地区主要有：韩国、中国台湾、中国香港、沙特阿拉伯、澳大利亚和中国内地等国家和地区。各国的主要旅游目的地情况见表11。

表10　2017年东盟国家主要旅游客源地

类别	文莱	柬埔寨	印度尼西亚	老挝	马来西亚
主要客源地	马来西亚、中国内地、菲律宾、印度尼西亚、新加坡	中国内地、越南、老挝、泰国、韩国	马来西亚、中国内地、新加坡、澳大利亚、东帝汶	泰国、越南、中国内地、韩国、美国	新加坡、印度尼西亚、中国内地、泰国、文莱

类别	缅甸	菲律宾	新加坡	泰国	越南
主要客源地	泰国、中国内地、日本、印度、美国	韩国、中国内地、美国、日本、澳大利亚	中国内地、印度尼西亚、印度、马来西亚、澳大利亚	中国内地、马来西亚、韩国、老挝、日本	中国内地、韩国、日本、中国台湾、美国

资料来源：东盟国家数据网，https://data.ASEANstats.org/。

表11　2017年东盟国家主要旅游目的地

类别	文莱	柬埔寨	印度尼西亚	老挝	马来西亚
主要目的地	马来西亚、新加坡、印度尼西亚、泰国、菲律宾	泰国、越南、马来西亚、韩国、中国香港	新加坡、马来西亚、沙特阿拉伯、泰国、中国香港	泰国、柬埔寨、越南、马来西亚、韩国	泰国、印度尼西亚、新加坡、中国台湾、中国香港
主要目的地	泰国、新加坡、韩国、印度尼西亚、马来西亚	中国香港、新加坡、韩国、日本、泰国	马来西亚、印度尼西亚、泰国、中国香港、澳大利亚、中国台湾	马来西亚、老挝、缅甸、日本、中国香港	泰国、老挝、柬埔寨、新加坡、中国台湾

三　2019～2020年东盟国家旅游业发展趋势分析

据预测，2019年东盟经济增长率将达到5%，呈现持续增长之势。① 东盟国家近3年旅游收入增速平均保持在10%左右。因此，可以预计2019年东盟国家旅游业发展增速将高于其经济增长幅度。总体而言，东盟国家的旅游业已经有了良好的发展基础。随着旅游业对社会经济发展具有的强大带动

---

① 《2019年：中国-东盟经贸合作商机多》，中国-东盟自由贸易区网站，2019年2月11日，http://www.cafta.org.cn/show.php?contentid=86101。

作用为越来越多的东盟国家领导人所认识，各国政府越来越重视发展旅游业，未来东盟国家的旅游业将会得到进一步发展，并将呈现以下发展特点和趋势。

（一）重视旅游基础设施建设，旅游硬件条件将不断得到改善

旅游基础设施对于一个国家或地区的旅游业发展具有举足轻重的作用。目前东盟国家除新加坡、泰国和马来西亚外，其他国家的旅游基础设施仍然相对较差。但是这些国家已充分认识到旅游基础设施在旅游业发展中的重要作用，将采取各种措施加快旅游基础设施建设。一是东盟十国在旅游基础设施建设方面将进一步增强合作。如新加坡和泰国等国家对缅甸等基础设施欠发达国家（地区）进行基础设施建设方面的投资。根据缅甸酒店和旅游部的数据，2016年以来在旅游和酒店方面，来自海外的投资高达30亿美元，其中，新加坡以16亿美元位居榜首。二是在旅游基础建设方面将加强与东盟国家以外的国家（地区）合作。例如，菲律宾旅游部门已经成功地引进中国投资商开发菲律宾伊洛伊洛省的一个城镇，包括主题小镇打造和港口、机场等基础设施建设。三是采取优惠政策吸引投资。如缅甸政府出台新规定，承诺会给旅游行业的投资者更多的优惠和特权。根据新的规定，投资者可以拥有100%的所有权，并且可以享受最长7年的税收减免。①

（二）生态旅游普遍得到重视，资源与环境保护得到进一步加强

生态旅游是一种负责任的旅游，它同时具有保护自然生态环境、维护当地人民生活水平和开展生态环境教育等多种责任。生态旅游不仅改变了传统旅游业过度开发旅游资源的状况，还将自然风光与环境保护结合起来，最大限度地降低旅游的负面影响。由于近些年来东盟国家旅游业普遍发展较快，一些国家的旅游开发没有注重对环境的保护，因而出现了不少生态环境问题。例如，被誉为泰国"黄金海岸"的帕塔亚曾因其环境优美而吸引了不

---

① 《东盟十国打统一目的地牌，合力推动旅游发展》，会议产业网，2017年2月14日，http://www.meetingschina.com/news12346.html。

少游客，使那里的旅游业得到快速发展。但是20世纪80年代末以来，由于游客的大量涌入，生活污水和废弃物被随意排放和抛弃，当地的海洋环境遭到不同程度的破坏。娱乐设施的兴建更是使海滩遭到永久性破坏，珊瑚礁受损情况也相当严重。环境污染和破坏并未引起当地政府及旅游从业者的足够重视，最终导致帕塔亚旅游业的可持续发展受阻。

东盟国家有漫长的海岸线，有大量的岛屿和大面积的热带森林植被，有丰富的动植物资源，并且有多样的民族生态旅游资源，生态旅游资源十分丰富。近年来，东盟国家的环境保护意识不断增强，旅游可持续发展观念不断深入人心，生态旅游开发也日益受到重视。例如，泰国提出大力发展生态旅游，强调节约能源和最大限度地降低对自然环境的损害，在发展旅游业的同时尽量维护自然环境与生态的平衡。① 又如，越南的嘉莱省十分重视发展民族生态旅游，投入大量资源建设旅游基础设施，并且设计更具文化吸引力的文化生态旅游线路。马来西亚政府开始重点发展生态旅游和文化旅游，并且在这方面给予多项政策优惠和帮助，近年来相继开发了兰卡威吉林河的红树林、沙巴神山——京那巴鲁山和观看莱佛士花的沙巴等生态旅游区。

（三）重视旅游人才培养和培训，旅游服务与管理水平将不断得到提升

旅游人才问题已经引起东盟国家的高度重视。多数东盟国家通过多种途径对旅游人才和从业人员进行教育和培训。例如，菲律宾创办的一所旅游学院是亚洲最早成立的旅游学院。新加坡旅游管理学院成立于1987年，其国际学生来自马来西亚、印度尼西亚、印度、缅甸、柬埔寨、越南、韩国和中国，已为旅行社、旅游胜地、酒店、旅馆、航空公司、政府部门等共培训了超过30000名学员。② 而位于泰国曼谷的东方宾馆每年将收入的5%用于员

---

① 欧钟慧、贾桂康：《东盟国家生态旅游资源发展浅析》，《旅游项目开发》2012年第1期，第180~182页。
② 《新加坡旅游管理学院介绍》，新加坡旅游管理学院网，2019年1月1日，https：//www.17liuxue.com/unitmis/。

工培训。通过柬埔寨政府、学校、企业三方的共同努力，从2018年开始，位于柬埔寨国公省的"中国－东盟旅游人才教育培训基地柬埔寨培训中心"每年为当地培训旅游从业人员，促进当地旅游服务与管理的提升。

从教育合作来看，东盟国家十分重视扩大留学生教育和拓展旅游职业教育，并且重视与中国的合作。例如，中国广西与东盟国家的教育交流与合作便非常活跃，2008年广西民族大学就已经开设了东盟十国的官方语言专业教学，为扩大中国与东盟国家交流合作培养语言人才。目前广西壮族自治区每年向东盟国家派出五千多名留学生，广西与东盟国家的留学生双向交流人数每年超过一万人。随着东盟国家内部对旅游人才培养工作力度的加大，以及与周边国家旅游教育和培训合作的不断深入，其旅游服务与管理水平也将不断提升。

（四）更加重视区域旅游合作，东盟旅游一体化建设将得到实质性推进

2019年1月14日，东盟旅游论坛在越南北部广宁省下龙市开幕，来自东盟成员国和对话伙伴国的旅游官员、业界代表等约2000人参加了论坛。本次东盟旅游论坛主题即为"东盟——一体的力量"。研究资料表明，东盟单个国家旅游竞争力存在较明显的缺陷，而如果把东盟作为一个整体，则其区域旅游竞争力优势明显。因为整体看，东盟国家既拥有较好的旅游人力资源、政策法规和自然旅游景观等，又拥有很强的价格竞争优势、旅游亲和力，还具有多样的宗教文化和民俗风情。东盟国家只有大力整合资源，充分利用各国的资源优势，探求区域内各国合作的共同利益，实现区域旅游一体化，才能达到区域旅游竞争力整体提升的目标，进而促进东盟各国旅游业的健康发展。[1]

事实上，东盟国家领导人已充分认识到东盟区域一体化的重要作用，陆续签署了《东盟共同体愿景2025》、《东盟一体化倡议第三份工作计划》和《东盟互联互通总体规划2025》等文件，目的是打造一个无缝衔接的、全面

---

[1] 胡爱清：《东盟区域旅游竞争力分析》，《东南亚研究》2014年第5期，第35~44页。

连接和融合的东盟,在物理联通、制度联通、民心相通这三个层面互联互通。目前,在东盟共同体的基础上,实现东盟旅游一体化也已成为普遍共识。2017年2月,东盟旅游论坛(ATF)在新加坡举行。会上东盟各国提出将东盟十国作为一个统一的旅游目的地进行推广,在邮轮旅游等方面进一步合作,合力推广东盟旅游,共同解决酒店、交通等基础设施以及签证、安全等方面的问题。可以预见,未来几年东盟旅游一体化建设步伐必将加快。

(五)广泛认同"一带一路"倡议,中国-东盟旅游合作将迈大步

中国共产党十九大报告提出,要"积极促进'一带一路'国际合作,努力实现政策沟通、设施联通、贸易畅通、资金融通、民心相通,打造国际合作新平台,增添共同发展新动力"。东盟国家加强与中国的旅游开发合作,可以得到中国在交通道路等基础设施建设方面的大力支持。而交通道路的便利化,不仅可以促进中国与东盟国家间的旅游商品流通,还可以有效地促进客流的相互增加,进而促进中国与东盟国家广泛的人文交流。"东盟国家都需要中国游客,同时中国也需要东盟游客,因此双方在空中、陆路和水上搭建了交通渠道,拉近了双方人民的友好关系,从而提升了双方经济社会发展水平。"[①]

事实上,2017年11月13日,中国与东盟在菲律宾首都马尼拉发表了旅游合作联合声明,再次强调旅游合作在加强双方人文交流和推动社会经济发展,以及在增进相互信任和维护地区稳定等方面的重要作用。在联合声明中,双方还从"制度建设、信息共享、联合推介、服务水平提升、人力资源开发、互联互通发展"等方面提出了进一步实现旅游产业发展的新目标。目前,中国-东盟旅游合作已经取得初步成果,今后双方要在已有成果的基础上,以"一带一路"倡议为引领,按照"政策沟通、设施联通、贸易畅

[①]《2019年:中国-东盟经贸合作商机多》,中国-东盟自由贸易区网站,2019年2月11日,http://www.cafta.org.cn/show.php?contentid=86101。

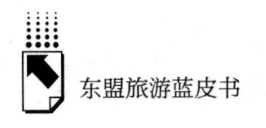

通、资金融通、民心相通"的原则开展深入合作,通过旅游合作带动东盟国家经济社会事业的发展。①

四 中国－东盟旅游合作现状与前景

(一)中国－东盟旅游合作现状

中国和东盟国家地缘相近,文缘相通,旅游交往起步较早,早在20世纪80年代新加坡、马来西亚和泰国作为中国的第一批旅游目的地开启了我国出境旅游的起点。近年来,随着中国－东盟经贸交流不断扩大,双向旅游交往规模也在不断创历史新高。2017年是中国－东盟旅游合作年,中国－东盟双向市场客流达到4900万人次,比上年增长58%。可见,旅游合作年的推动效果非常显著。资料显示,在2017年中国入境游的15个客源国里,有7个东盟国家。它们分别是越南、缅甸、马来西亚、菲律宾、新加坡、泰国、印度尼西亚。目前,在云南和广西等靠近东盟国家的边境省份入境游客中,一半以上都来自东盟国家。②

2013年金秋,中国国家主席习近平提出共建"一带一路"重大倡议。自此,中国－东盟旅游合作出现了新的景象。一是不少东盟国家主动将本国战略与"一带一路"对接;二是将《东盟互联互通总体规划2025》与"一带一路"倡议紧密对接;三是中国与东盟各国不断完善旅游合作机制,搭建多种旅游合作平台;四是中国与东盟国家等定期举办"10＋3旅游部长会议"。此外,中国与东盟成员国之间还经常开展各种各样的旅游合作。总之,共建"一带一路"重大倡议开辟了中国与东盟国家旅游合作的新篇章。2018年中国与东盟国家贸易快速增长,继续带动旅游业的发展。根据中国海关统计,2018年中国与东盟贸易额达5878.7亿美元,

---

① 张志文:《旅游合作,中国－东盟关系发展重要纽带》,新华网,2017年11月22日,http://www.xinhuanet.com/travel/2017－11/22/c_1121995693.htm。
② 钟春云:《风光秀美心相连》,《当代广西》2017年第20期,第35~36页。

较上年增长了 14.1%，这一增速超过中国对外贸易平均增速，并且在共建"一带一路"沿线有关国家（地区）中，中国与东盟贸易和投资位居前茅。① 2018 年中国东盟双向旅游往来人数超过 5500 万人次，比上年增长 10%。中国与东盟国家之间每周往来航班超过 3800 个，中国已经成为东盟国家第一大客源国。

中国与东盟在旅游教育合作方面成果显著。中国－东盟中心与东盟国家合作广泛，开展了对东盟各国旅游从业人员的培训。广西壮族自治区政府还重点建设了"中国－东盟金融与财税人才培训中心"和"中国－东盟农业人才培训中心"等 9 个国家级教育培训基地，为东盟国家培训了农业、语言、行政管理、医药、艺术等领域的专业人才达 6000 多人，接受越共中央组织部 160 多个项目委托培训越南青年干部 1000 多人，② 深受东盟国家旅游业界的好评。

（二）中国－东盟旅游合作前景

2017 年是"中国－东盟旅游合作年"。自此，中国与东盟国家的旅游合作进入了一个新的发展阶段。一是中国与东盟各国以旅游合作年为契机，不断加强旅游交流与合作，共同构建旅游共同体；二是中国与东盟各国之间加强人文交流与合作，构建继政治安全、经贸合作之后双方关系的新支柱；三是中国为东盟国家主要旅游客源国，东盟国家为中国游客主要旅游目的地之一，双方的旅游合作前景十分光明。2018 年，在中国－东盟建立战略伙伴关系 15 周年和中国－东盟创新年之际，中国国务院总理李克强对东盟秘书处进行了成功访问，推动东盟—中国关系持续深入发展，已取得并将继续取得更加丰硕的成果。

随着中国－东盟国家合作的不断深入，中国对东盟国家的旅游投资也在

---

① 《2019 年中国－东盟经贸合作商机多》，中国－东盟自由贸易区网站，2019 年 2 月 11 日，http：//www.cafta.org.cn/show.php?contentid=86101。
② 唐丽：《广西与东盟国际交流与文化合作新思考》，《教育教学论坛》2018 年第 12 期，第 271~272 页。

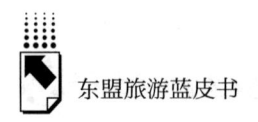

不断增加。中国已经在老挝、缅甸、柬埔寨和泰国等国家投资了大量的旅游相关项目，并且还有一些新的旅游开发项目在洽谈中。例如，中国企业在柬埔寨投资建设的吴哥王朝大剧院及编导的舞台剧《吴哥王朝》已经首次与游客见面，为暹粒这座旅游名城增添了新的文化元素。

生态旅游已成为中国与东盟深化合作的机遇。为提高中国与东盟国家生态旅游合作，中国与部分东盟国家签署了关于加强旅游市场监管合作的文件，并根据生态旅游开发情况召开会议，提升双方生态旅游开发的合作。"2017 中国－东盟传统医药健康旅游国际论坛"在广西巴马县召开，开启了中国－东盟国家在中医药健康旅游方面的合作。随着科技旅游的发展，虚拟现实广受关注，人工智能将推动全球旅游业收入大幅度增加，中国－东盟将在智慧旅游合作方面开拓广阔天地。总之，未来中国－东盟国家的旅游合作将从传统旅游项目的开展开始向生态旅游、健康旅游、智慧旅游等新业态、多方向发展，谱写中国与东盟各国旅游合作新的篇章。①

在旅游教育合作与人才培养方面，2019 年 4 月 26 日第二届"一带一路"与东盟国家教育合作论坛在中国海南省的海口市举办。来自柬埔寨、印度尼西亚、老挝、马来西亚、新加坡、泰国、越南等东盟国家和中国的高校代表及相关机构代表近 150 人出席论坛。众所周知，东盟处于"一带一路"的陆海交汇地带，是推进"一带一路"重要倡议的重要地区。随着"一带一路"倡议的不断推进，"中国－东盟旅游教育联盟"在中国—东盟旅游教育合作方面也将发挥越来越重要的作用，中国与东盟国家的教育务实合作也将不断地得到提升。

当然，目前中国与东盟国家的旅游合作也还存在不少问题。比如，双方在旅游电子商务合作方面还有待进一步完善，在跨境旅游通关手续办理便利性方面仍然有很大提升空间，跨境双边旅游合作项目还比较单一，跨境旅游基础设施建设方面还需要加强等。这些问题制约了中国与东盟国家跨境旅游

---

① 贺静：《中国与东盟跨境旅游合作的现状与推进新途径》，《对外经贸实务》2018 年第 4 期，第 84～87 页。

合作的快速发展。① 随着中国经济社会发展进一步加快，人们生活水平不断提高，中国旅游者对东盟国家旅游产品和旅游服务质量有更高的要求，这对东盟国家旅游业发展也提出了新的要求。今后，中国与东盟国家必须在这些方面加大旅游合作与协调力度，以促进中国－东盟旅游合作步入新的、更高的台阶。

---

① 贺静：《中国与东盟跨境旅游合作的现状与推进新途径》，《对外经贸实务》2018 年第 4 期，第 84～87 页。

专题篇

Special Reports

B.2 东盟区域旅游可持续发展研究

高元衡*

摘　要： 本报告通过分析东盟旅游可持续发展战略和现状，从旅游供给、客源市场、生态环境保护、文化传承等方面指出了存在的问题，并提出了打造互联互通的全方位开放旅游区、加强区域旅游品牌建设、加强区域一体化营销和大力发展低碳旅游等建议。

关键词： 可持续发展　区域旅游　旅游供给

一　东盟可持续旅游发展战略体系

进入 20 世纪中后期，东盟地区旅游发展在国际旅游发展中的地位和作

---

* 高元衡，桂林旅游学院旅游管理学院院长，博士，研究员，主要研究方向为区域旅游经济。

用日益提升。随着全球化进程的加快，可持续旅游发展等新的旅游发展理念对东盟各国旅游业发展的影响越来越深，东盟国家对于旅游业本身和旅游在促进社会、经济和文化发展上的作用也有了更加深刻的认识。

1971年东盟旅游协会在印度尼西亚雅加达成立，东盟地区旅游发展开始走向合作之路。1976年，东盟贸易与旅游委员会下设的旅游小组委员会（The Sub-Committee on Tourism，简称SCOT）的成立被视为东盟国家旅游合作的正式开端。随着东盟经济一体化进程的不断深化，东盟旅游产业发展也逐渐形成相应的区域战略联盟体系，旅游部长会议作为东盟成员国之间就各国旅游业发展所共同关心和关注的问题进行协商的最高级别的行业磋商机制，有力地提升了东盟旅游业的综合竞争力。

（一）东盟可持续旅游发展目标

东盟成员国基于各国旅游业发展的特点，通过加强区域合作，制定了将东盟地区作为一个有机统一的旅游目的地进行统一规划和协调发展的总体策略。在这一过程中，东盟旅游部长会议成为东盟各国旅游业合作的最高级别磋商机制，推进区域旅游合作组织规范化、制度常态化。

现在东盟成员国已就东盟旅游业共同制定了可持续旅游发展路线图。在该路线图中，东盟国家提出要采取共同措施促进区域可持续旅游发展，如：①采取相同的签证办理标准，向东盟国家的公民发放东盟单一签证（ASEAN Single Visa）；②鼓励对东盟地区旅游产业的投资，尤其重视东盟国家之间的相互投资；③支持建立统一的东盟旅游市场。2016年6月，东盟旅游部长圆桌会议在老挝占巴塞省举行，会议通过了《巴色宣言》，体现出东盟的共同愿望，即加强区域生态旅游互联互通，充分发挥各成员国的潜力与优势，进而推动旅游业可持续发展和创造更多就业机会。

（二）东盟旅游可持续发展原则

东盟地处热带和亚热带，以典型的三"S"（阳光、海水、沙滩）自然旅游资源、多样化的民族旅游资源和宗教旅游资源深度融合为主要特征，形

成了东盟国家独具特色的旅游产品，成为世界知名的旅游目的地。

东盟各国高度重视旅游发展带来的经济效益、社会效益和环境效益，纷纷将旅游业作为国民经济与社会发展的重要方面，并在政策制定与管理措施层面给予重点支持与扶持。各国根据自身特点，在旅游发展中不断实践可持续旅游发展的理念与原则，最大可能地保护自然旅游资源和自然生态系统的原始性和完整性，以及民族民俗文化、宗教文化和传统文化的原真性，通过不断加强国家和区域间的沟通与协调，实现区域旅游的可持续发展。

以泰国为例，泰国政府发展旅游业的目标是促进泰国旅游业的持续繁荣发展，通过旅游可持续发展提升泰国的国际地位，建设在经济、社会和环境等方面均衡发展和持续发展的国家。为此，泰国政府制定的旅游业发展目标是成为亚洲的旅游中心、国际旅游市场的重要目的地，在保持游客人均入境天数水平不下降的前提下努力提高旅游外汇收入，同时与本地区旅游同盟密切合作保持市场竞争能力，使旅游业最终成为推动泰国社会经济可持续发展的重要支撑。为了促进旅游业持续健康有序发展，泰国政府从第五个"国民经济和社会发展计划"开始把旅游业作为计划项目正式列入，对旅游业的发展目标和技术指标进行了详细部署。为了保障旅游业发展目标的顺利实现，泰国政府还进一步放宽了对一些西方国家游客的入境限制并延长了停留时间，为旅游业的繁荣发展创造了有利条件。

二 东盟区域可持续旅游业发展现状

1. 旅游业持续快速平稳增长

20 世纪 90 年代后，东盟旅游业持续快速发展，旅游业发展呈现以下两个特点。第一，国际游客数量增长迅猛。国际游客数量从 1992 年的 2100 万人次增长到 2016 年的 1.16 亿人次，增长了 4.5 倍。第二，增长持续并呈现相对稳定的状态，除 2003 年受"非典"影响有所下降外，20 多年一直保持平稳增长态势。

2. 形成了世界性的旅游市场格局

经过多年的发展，东盟旅游形成了以东盟区域市场和亚太市场为主的国际客源市场格局。在2016年的东盟入境游客分布统计中，东盟区域市场所占市场份额超过40%，亚太市场（不含东盟国家）所占市场份额近40%，在东盟前10位的旅游客源地之中，新加坡、马来西亚、印度尼西亚和泰国为东盟区域国家，中国、韩国、日本和澳大利亚为亚太地区国家，欧美市场所占市场份额为16%。

国际旅游市场格局的形成一方面得益于东盟区域一体化进程的加快。长期以来，东盟各国一直致力于区域旅游业自由贸易区建设，大力推进旅游合作。2006年，东盟十国签署《东盟各国互免签证框架协议》，将之前只有泰国、菲律宾两国与缅甸之间包括普通公民在内的双边互免签证协议扩展组合成统一的合作规则，根据协议，以社交访问为目的的东盟成员国公民可享受14天免签证待遇。另一方面得益于东盟与中国、日本、韩国三国的"10 + 3"自由贸易区的建设，中国、日本、韩国的旅游市场地位也日益显现。

3. 中国作为主要客源市场的地位日益突出

从20世纪80年代后期开始，因地缘上的接近，东南亚地区便成为中国公民出境旅游的重要目的地。1988年，泰国成为中国批准的公民出境旅游的第一个目的地国家。30多年来，泰国、印度尼西亚、马来西亚、新加坡、菲律宾等东盟国家已成为特别受中国游客欢迎的国际旅游目的地。2010年，中国游客赴东盟各国游客量超过500万人次，随着中国经济的持续快速发展，中国在东盟的市场地位日益提升。2016年东盟各国接待中国游客2034万人次，中国已经成为东盟地区最大的旅游客源国。

三 东盟旅游可持续发展存在的问题

从二战结束到20世纪六七十年代，东南亚国家逐步进入工业化阶段，经济发展模式由进口替代型向出口导向型转变，对外资的需求不断加大。因此，在东盟旅游的过程中，包括新加坡在内的东盟各国几乎无一例外地选择

了优先发展入境旅游的策略。新加坡、泰国、印度尼西亚等国均制定了全国旅游发展整体规划和区域规划，举全国之力大力发展入境旅游，尽快筹集经济发展所需资金。在这个过程中，形成了以大中城市为中心、以高品质旅游资源为依托、以旅游度假区和高星级酒店为主要载体的点状发展格局，如印度尼西亚的巴厘岛、泰国的曼谷和普吉岛、马来西亚的吉隆坡和沙巴等著名的旅游目的地。

1. 旅游供给方面存在的问题

从旅游持续发展的角度看，东盟国家在旅游供给中还存在一些亟须解决的问题。第一，发展方向与发展目标不够匹配的问题。在经历了近半个世纪的高速发展之后，东盟国家的旅游发展更重视入境旅游的人数，而相对忽视旅游服务质量、旅游产品品质与游客感受。第二，缺乏一体化的旅游产品整合。东盟国家旅游产品以观光型为主，一条旅游线路局限在一个国家的情况比较多见，缺乏能够贯穿多个国家的旅游线路。第三，存在旅游服务质量参差不齐的问题，各国在旅游安全、交通、导游、购物等方面存在信息壁垒、信息隔阂等问题。第四，旅游从业人员水平不高，缺乏统一的旅游从业人员标准，不同国家、不同地区的旅游从业者的业务能力、综合素质差异很大，难以提供高质量的旅游服务。

近些年来，东盟各国旅游供给能力也在不断提升和改善，不仅硬件设施上有极大的改善，旅游服务质量等软件方面也取得了极大的进步。以旅游住宿服务为例，新加坡、泰国等国的旅游住宿服务质量提升迅速，旅游住宿品牌影响力不断增强，如新加坡悦榕庄、泰国曼谷东方饭店多次被评为亚洲最佳饭店，服务质量上乘；诞生于新加坡的香格里拉酒店管理集团也成为世界最佳的酒店管理集团之一。

2. 客源市场方面存在的问题

如前所述，东盟国家80%左右的国际客源地集中于东盟内部及亚太区域，旅游客源市场布局是否合理影响东盟旅游业能否可持续发展。东盟各国社会经济发展不平衡现象比较突出，各国经济发展水平差异较大，既有新加坡、文莱（2018年人均GDP分别为6.4万美元、3.1万美元）等经济发展水平较高的国家，又包含缅甸、柬埔寨（2018年人均GDP分别为1330美元、1510美元）等经济欠发达国家。与消费水平参差不齐相对应的是旅游消费模式的巨大差异，游客对不同档次的旅游产品均有需求，低水平的观光旅游与高层次的休闲度假旅游共同存在。这种状况的存在给旅游产品的生产者提出了差异化生产的要求。

3. 生态环境保护存在的问题

与许多发展中国家和发达国家所经历过的阶段相似，东盟国家在旅游发展过程中也不可避免地出现了破坏生态环境的问题，给当地的自然资源和生态环境带来破坏性的影响。比如大规模的度假宾馆的建设对热带森林的破坏，使东南亚众多岛屿上的原始热带雨林几乎被砍伐殆尽；滨海旅游的过度发展使得红树林、木麻黄等重要的滨海生态资源面临着生存考验。旅游发展过程中大量游客涌入，对淡水、电力和交通运输的需求激增，也给当地的生态环境承载力带来很大的压力。泰国、菲律宾已出现旅游业过度发展导致的环境破坏问题，如菲律宾吕宋岛北部的伊富高梯田区（Ifugao Rice Terraces）的整体环境恶化，已被联合国教科文组织警告。

4. 文化传承保护存在的问题

旅游发展能够促进不同文化之间的交流。一方面，旅游发展能够促进各级政府和非政府组织对物质文化遗产和非物质文化遗产的重视，另一方面，旅游发展所带来的经济效益能够激发文化传承主体保护和传承本土文化的积极性和主动性。但在旅游发展过程中，也普遍存在影响本土文化传承的问题，主要表现为：游客的宗教信仰对本土宗教的影响、游客的生活习惯对本地生活习俗的影响、游客庸俗低俗的旅游需求对本地文化的误导。

四 东盟可持续旅游发展战略举措

区域旅游可持续发展的要素包含了社会环境、自然环境、经济基础等多个方面，是一个复杂的集合体。东盟地区拥有十个成员国，各成员国社会制度不同、自然环境差异较大、经济发展水平参差不齐，在区域旅游可持续发

展中面临的问题也较多,在旅游业可持续发展的宏观框架与发展方向上还有诸多问题需要解决。

1. 打造互联互通的全方位开放旅游区

建立互联互通全方位开放旅游区是一个系统工程。一方面,东盟各国之间要进一步消除旅游贸易壁垒,尤其是在护照、签证制度方面,力争建设东盟版"申根";另一方面,各国要加强道路、机场、港口码头等基础设施建设,并实现交通线路之间的互联互通。

2. 加强区域旅游品牌建设

东盟各国旅游资源既有同一性又具有互补性,应加强各国品牌的融合。东盟除了具有海洋旅游优势之外,还有丰富多彩的民俗旅游资源和宗教旅游资源。但目前各国之间还缺乏营销整合,尚未在国际上形成统一的东盟旅游品牌,各国应取长补短,打造具有区域特色与人文特色的海洋旅游区。

3. 加强东盟区域一体化营销

由于东盟旅游形象在国际旅游市场中具有高度的整体性和一致性,以一体化的区域形象制定营销规划,整体进行国际旅游市场的营销,更能凸显东盟旅游的特点。因此,东盟各国应在东盟地区组织的领导下,尽快打造适应市场需求的旅游整体形象;制定一体化的旅游市场营销战略和旅游业可持续发展规划,并建立统一协调的东盟旅游危机处理机制。

4. 大力发展低碳旅游

东盟地区能源消费结构以石油、天然气为主。合理调整现有能源结构,在旅游发展中积极开发风能、潮汐能、核能等清洁能源和可再生能源,努力提高能源利用效率是东盟旅游发展的重点。东盟成员国尤其是发展中国家成员要积极树立高效利用能源的理念,及早制定新的能源发展方案,避免这些国家走"先污染、后治理"的老路。努力减少旅游开发对森林植被的破坏,增强旅游项目运营中的低碳理念,节能减排。加强海洋旅游活动低碳研究,培养游客"低碳旅游"的观念,研究滨海旅游的碳汇潜力,从根本上促进东盟区域旅游可持续发展。

参考文献

彭顺生、何奕霏：《"一带一路"背景下深化中国 – 东盟国家旅游合作的路径与模式》，《扬州大学学报（人文社会科学版）》，2017。

宋一兵、夏斌：《东盟区域旅游可持续发展战略研究》，《技术经济与管理研究》，2012。

王玮琳：《泰国旅游业可持续发展的管理措施研究》，硕士学位论文，昆明理工大学，2009。

王莹菲：《泰国旅游业的国际合作研究》，硕士学位论文，黑龙江大学，2015。

B.3
东盟国家旅游资源与开发现状

粟琳婷　粟维斌*

摘　要： 东盟十国旅游资源丰富、类型多样，且互补性较强，既有一流的滨海旅游资源和动植物旅游资源等自然旅游资源，又有丰厚的历史文化、民族文化和宗教文化及现代建设成就等人文旅游资源。近年来，多数东盟国家已将旅游业发展作为本国经济社会发展的重要产业，并且不少东盟国家旅游资源开发取得了较好成效，旅游业在促进当地经济社会发展、带动当地就业和贫困地区脱贫等方面起到了积极的作用。本报告介绍了东盟国家旅游资源基本情况与特色，介绍了东盟国家旅游资源开发成效、主要做法和存在的问题，并对东盟国家旅游资源开发趋势进行了分析。

关键词： 旅游资源　产品开发　滨海旅游

一　东盟国家旅游资源概览

（一）地理区位

东盟国家地处中南半岛和马来群岛，陆地面积约462万平方千米，

---

* 粟琳婷，桂林旅游学院讲师，主要研究方向为跨文化旅游；粟维斌，桂林旅游学院教授，中国旅游研究院东盟旅游研究基地首席专家，主要研究方向为旅游景区开发与环境保护、生态旅游、乡村旅游。

海域面积750多万平方千米。由于亚洲和大洋洲两个大陆板块和多个洋底板块向这里聚合，大陆与海洋交织，从而形成了不少山脉、岛屿和海盆，形成了多样性的景观。从东盟国家与中国的地理区位情况看，东盟十国与中国都位于海上丝绸之路的东端，自古以来便是海上丝绸之路极其重要的构成部分，也是"21世纪海上丝绸之路"重点建设的区域之一。

（二）社会经济和文化

东盟国家具有多民族、多政治体制和文化丰富等特点，经济发展水平参差不齐。总体而言，东盟南部国家经济相对发达，北部国家相对欠发达。有学者按照目前东盟国家的经济发展水平将其大致划分为四个层次：第一层次包括新加坡和文莱两个国家；第二层次包括马来西亚和泰国两个国家；第三层次包括菲律宾和印度尼西亚两个国家；第四层次则包括老挝、缅甸、越南和柬埔寨四国。[1] 总之，自然地理位置、生产生活方式、历史和民族文化等的差异，导致东盟各国具有多样的民俗和地方文化，形成了丰富多彩的旅游资源。

从宗教信仰看，东盟国家有以伊斯兰教为国教的，如文莱、马来西亚等；有以佛教为国教的，如泰国、柬埔寨和老挝等国家；还有多宗教的国家如新加坡，以及信奉天主教的国家如菲律宾。可见，东盟十国有多种宗教信仰存在。在饮食文化方面，东盟国家也有不少禁忌，如伊斯兰国家不吃猪肉、动物血液、动物内脏、自死的动物，且禁烟酒；缅甸人不吃牛肉。[2] 所有这些都是东盟国家旅游资源开发和产品设计时需要注意的细节问题。

---

[1] 杨静林、夏会儒：《东盟经济一体化进程中群体决策的困境》，《东南亚纵横》2018年第1期，第77~83页。
[2] 唐妮：《中国与东盟国家文化禁忌的对比研究》，《湖北广播电视大学学报》2013年第12期，第76~77页。

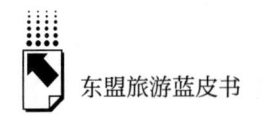

（三）旅游资源

1. 旅游资源数量

如前所述，东盟国家有陆地、半岛、海岛和海洋，地质地貌和自然景观类型多样，加上特色宗教与民族民俗文化，形成了丰富的旅游资源，并且其中相当部分旅游资源已经开发成特色旅游产品，每年吸引世界各地大量的游客前往。其代表性旅游资源和旅游景点见表1。

表1　东盟国家代表性旅游资源和旅游景点

国家	主要旅游资源或旅游景点
文莱	苏丹登基银禧纪念馆、文莱博物馆、美林本湖公园、杰米清真寺、努洛伊曼皇宫、皇家王权博物馆、艾尔水村、淡布隆国家公园、赛福鼎清真寺、银禧公园、腾云殿、文莱艺术与手工艺训练中心
柬埔寨	金边的王宫、吴哥古迹、洞里萨湖、吴哥国家博物馆、柬埔寨国家博物馆、高龙岛、索卡海滩、塔山寺、独立纪念碑、荔枝山
印度尼西亚	婆罗浮屠、巴厘岛、吉利群岛、科莫多国家公园、拉贾安帕特群岛、答纳托拉雅、蓝梦岛、金巴兰海滩、海神庙、圣泉寺、京打马尼火山、圣猴森林公园、德格拉郎梯田、中央博物馆、缩影公园、情人崖、库塔海滩
老挝	琅勃拉邦、湄公河、王宫博物馆、国家博物馆、香通寺、万象塔、瓦细刹吉寺、石壶平原、佛像公园、瓦普寺自然风光、孔埠瀑布、普西山、水灯节、塔銮节
马来西亚	东姑阿都拉曼公园、西巴丹岛、坝柯国家公园、海龟岛、尼亚洞穴国家公园、波令温泉、金马仑高原、马当红树林保护区、马来西亚森林研究博物馆、双威主题水上乐园、国家清真寺、马里安曼印度庙、国家博物馆、密马游乐园、云顶高原、圣乔治教堂、极乐寺、七叠瀑布、水底世界、马六甲基督教堂、圣彼得教堂、捞越巴谷国家公园、迪沙鲁观光娱乐村
缅甸	仰光大金塔、海滨度假胜地额不里、茵莱湖、蒲甘古城、纳帕里海滩、乌本桥、若开邦遗址、威桑海滩、金岩石宝塔、宾德亚石窟、伊洛瓦底江、鲁比达瀑布、班都拉公园、吴威沙拉铜像、昂山博物馆、丹老中国庙、太公城
菲律宾	白沙滩、处女岛、普卡海滩、马尼拉黎刹公园、圣奥古斯丁教堂、市中市、圣地亚哥城堡、菲律宾文化中心、菲律宾文化村、马卡迪商品中心、阿亚拉博物馆、安迪保罗教堂、百胜滩、巴纳韦梯田、巴拉望岛、巴里卡萨岛、锡基霍尔岛、巧克力山、苏米龙岛、凯央根湖、圣母礁岩
新加坡	滨海湾、克拉码头、摩天观景轮、滨海湾花园、中国城、小印度和阿拉伯街、莱佛士酒店、樟宜教堂和博物馆、新加坡动物园、皇后广场、裕廊飞禽公园、东海岸公园、蜡像馆、海事博物馆、亚洲文化村、圣淘沙岛

续表

国家	主要旅游资源或旅游景点
泰国	普吉岛、芭堤雅、巴东海滩、大皇宫、玉佛寺、四面佛、黎明寺、云石寺、白龙寺、国家博物馆、水仁市场、唐人街、玫瑰花园、北榄鳄鱼潭动物园、古城公园、大城、东芭文化村、珊瑚岛、清迈的斋里蜜寺、清曼寺、帕辛寺、训象中心、攀牙海滨、考爱山森林公园、玛雅湾、七彩瀑布
越南	胡志明市邮政大楼、胡志明纪念馆、胡志明陵建筑群、下龙湾、芽庄、金兰湾、岑山、沙巴、河内文庙、还剑湖、大叻市、巴维山、沙坝、春香湖、叹息湖、泉林湖、爱情谷、普伦瀑布、古加瀑布、莲康瀑布、邦古瀑布、金溪、甘璃溪和钟爱林、巴维山、疯狂屋

2. 旅游资源禀赋

文化的多元性和自然条件的差异性，特别是复杂多变的地貌和气候，造就了东盟国家旅游资源的多样性和高禀赋。截至 2016 年 7 月，东盟十国有世界文化遗产和世界自然遗产地 38 处，其中世界自然遗产 14 处、世界文化遗产 25 处，属于世界自然和文化双遗产 1 处（见表 2）；有 23 个生物圈保护区、2 个世界多样性热点地区；有重点风景名胜区 50 多处（见表 3）。

表 2　东盟各国的世界遗产名录

国家	世界文化遗产	世界自然遗产
柬埔寨	吴哥窟区（1992）、柏威夏古寺（2008）、三波坡雷寺（2017）	—
印度尼西亚	婆罗浮屠寺庙群（1991）、普兰巴南寺庙群（1991）、桑义兰早期人类遗址（1996）、巴厘文化景观（2012）	乌绒库伦国家公园（1991）、科莫多国家公园（1991）、洛伦茨国家公园（1999）、苏门答腊热带雨林（2004）
老挝	琅勃拉邦的古城（1995）、占巴塞文化风景区（2001）	—
马来西亚	马六甲和乔治城（2008）、玲珑谷地的考古遗址（2012）	基纳巴卢山公园（2000）、穆鲁山国家公园（2000）
菲律宾	巴洛克教堂（1993）、科迪勒拉水稻梯田（1995）、维甘历史古城（1999）	图巴塔哈群礁公园（1993）、普林赛萨港地下河国家公园（1999）、汉密吉伊坦山野生动物保护区（2014）
泰国	素可泰历史城镇及相关历史城镇（1991）、阿育他亚（大城）历史城镇及相关历史城镇（1991）、班清阿考古遗址（1992）	童·艾·纳雷松野生生物保护区（1991）、东巴耶延山 - 考爱山森林（2005）

续表

国家	世界文化遗产	世界自然遗产
越南	顺化历史建筑群(1993)、会安古镇(1999)、圣子修道院(1999)、河内升龙皇城(2010)、胡朝时期的城堡(2011)、长安景观(双遗,2014)	下龙湾(1994)、方芽-科邦国家公园(2003)、长安景观(双遗,2014)
新加坡	新加坡植物园(2015)	—
缅甸	骠国古城遗址(2014)	—

注：①括号中的数字为列入《世界遗产名录》的年份；②资料主要引自亚洲世界遗产（遗产名录）；③截止时间为2016年7月17日第40届世界遗产大会休会。

资料来源：《世界遗产名录》中的亚洲世界遗产。

表3 东盟各国重点风景名胜区名录

国家	重点风景名胜区
文莱	水村、王室陈列馆、赛福鼎清真寺、遮鲁东公园等
柬埔寨	吴哥古迹、金边、西哈努克港等
印度尼西亚	巴厘岛、婆罗浮屠佛塔、缩影公园、日惹苏丹王宫、多巴湖等
老挝	琅勃拉邦的古城、巴色瓦普寺、万象塔銮、玉佛寺、孔埠瀑布、琅勃拉邦光西瀑布等
马来西亚	吉隆坡、云顶、槟城、马六甲、兰卡威岛、刁曼岛、乐浪岛、邦洛岛等
缅甸	仰光大金塔、文化古都曼德勒、万象之城蒲甘、额不里海滩等
菲律宾	百胜滩、蓝色港湾、碧瑶市、马荣火山、伊富高省巴纳韦梯田等
新加坡	圣淘沙岛、植物园、夜间动物园等
泰国	曼谷、普吉、清迈、芭堤雅、清莱、华欣、苏梅岛等
越南	还剑湖、胡志明陵墓、文庙、巴亭广场、统一宫、古芝地道、下龙湾等

资料来源：根据《东盟各国重点风景名胜区名录》（中国-东盟博览，维普资讯，2008），及网上资料搜索整理而成。

滨海旅游是多数旅游者所喜爱的旅游类型。东盟国家有世界一流的滨海旅游资源，包括海滩旅游资源和海岛旅游资源等。海滩旅游资源，如新加坡的圣淘沙海滩、马来西亚的马六甲海滩、泰国的芭堤雅海滩等；海岛旅游资源，如越南的海防、印度尼西亚的巴厘岛、泰国的普吉岛等。此外，东盟国家还有丰富的动物旅游资源，包括大象、老虎、犀牛、巨蟒、鳄鱼和孔雀等珍稀动物。当然，这里还有丰富的植物旅游资源，包括各种各类热带和亚热带观赏植物。

在人文旅游资源方面，东盟国家拥有众多资源禀赋较高的历史文物古迹、宗教旅游资源、民族文化资源和现代建设成就。历史文物古迹，如印度尼西亚的婆罗浮屠是世界上最古老的佛塔，被誉为古代东方的四大奇迹之一。宗教旅游资源，如印度尼西亚是世界上最大的伊斯兰国家，菲律宾是东南亚地区唯一的天主教国家等。东盟各国都是多民族国家，亚洲文化与欧洲文化兼收并蓄，民族风俗异彩纷呈。现代建设成就，如泰国首都曼谷、马来西亚首都吉隆坡和新加坡首都新加坡市都已建设成现代化大都市，每年吸引来自世界各地的大量游客。

（四）旅游资源特色

地理上的复杂性，造就了东盟国家千姿百态的自然资源和自然景观。与此同时，其多样的民族、多元的文化、悠久的历史，造就了丰富多彩的人文旅游资源。由此，东盟国家的旅游资源独具特色。

1. 海岛星罗棋布，是建立海洋旅游区的理想之地

东盟国家海岛星罗棋布，是全球海岛数量分布最多的地区之一。例如，印度尼西亚有岛屿13000个，是世界上最大的群岛国家，菲律宾也有岛屿7000多个。值得注意的是，在东盟地区的这些岛屿中，不少岛屿有美丽的风光和独特的景观，加上因交通问题没有遭受到人类的破坏，大多保留着其独特的地方文化和风俗习惯。随着经济社会的发展、旅游开发条件的提升，这些海岛资源可以被开发为理想的海岛旅游目的地，供世界各地游客前来观光、休闲和度假。印度尼西亚、泰国、新加坡、马来西亚和菲律宾等都有这样的海岛资源，且有一部分已成为旅游胜地。[①]

2. 海岸线漫长，具备建立众多海滨旅游地的条件

海岸线是地球上最具吸引力的地理特征之一，也是建立滨海旅游胜地的理想之地，世界上不少海滨旅游胜地就建立在著名的海岸线上，如巴西的

---

① 朱振明：《东盟国家旅游资源的特点及开发利用》，《东南亚南亚研究》1988年第2期，第36~39页。

Costa Verde 海岸等。东盟国家大都靠海,有漫长的海岸线,这些滨海旅游地深受东盟国家及其他国家游客的欢迎,并且随着东盟国家旅游开发条件的不断改善,更多的高品质海岸线旅游产品将被开发出来。

3. 一些国家的火山景观,也具有独特的观赏价值

火山景观具有神秘而独特的吸引力。世界上有不少火山景观成为吸引游客的重要旅游景点。例如,夏威夷的瓦胡岛是大约在30万年前形成的火山口,不少到夏威夷旅游的游客都会去乘坐直升机观赏。另据报道,火山形成的温泉对治疗一些疾病具有效果。东南亚地区也是火山活动地带,在全球现存的600多座活火山中,印度尼西亚就有100多座。印度尼西亚和菲律宾的火山奇观每年都吸引着大批游客前往。

4. 丰富的动植物资源,是生态旅游的理想之地

动物和植物也是重要的旅游资源,以动物和植物资源为依托开发的旅游地备受游客的喜爱。例如,世界上第一个国家公园——美国黄石国家公园除了具有奇特的地质资源外,动植物资源也是其吸引游客的重要因素。奇特的地形地貌,加上海洋气候和良好的温热条件,使东南亚地区森林植被茂密、动植物资源丰富。东盟国家共有超过500处的自然保护区和国家公园,总面积超过850万公顷,植物种类达数万种。四季盛开的鲜花、多种多样的热带和亚热带水果,对游客构成巨大吸引力。[①]

同时,珍稀动物和大量的海洋生物,共同构成东盟国家宝贵的动物资源。而上述生物资源为东盟国家建立自然保护区、开辟野生动植物观赏旅游区等提供了良好的条件。例如,泰国许多公园饲养大象,并定期为游客表演"大象赛跑"、"人象拔河"和"大象踢球"等特色项目,深受游客的喜爱。

5. 良好的气候条件,有利于旅游业的发展

气候条件也是重要的旅游资源。世界上许多著名的旅游胜地都具有良好的气候条件。例如,夏威夷的气温常年保持在30℃上下,成为世界著名

---

① 胡平:《东盟国家旅游业迅速发展的原因》,《亚太经济》1997年第3期,第10~14页。

的度假胜地。东盟国家大多只有热季和凉季，干季和雨季之分。例如，马来半岛南部和马来群岛的相当部分区域为热带雨林气候，这里终年无霜雪。另外，东盟国家虽然大多处于热带地区，但也可以开发海滨和高山避暑胜地，如菲律宾的碧瑶、印度尼西亚的茂物和马来西亚的云顶高原等。东盟国家一年四季都可以开展旅游活动，旅游季节长，有利于旅游业的发展。

6. 历史悠久，拥有大量的历史文物古迹

文化是旅游的灵魂，历史文化对于大多数旅游者而言始终具有极大的吸引力。因此，将当地丰厚的历史文化开发成旅游产品，是旅游地开发成功的重要举措。东盟国家有许多历史文化古迹，包括宗教文化古迹、帝王宫殿遗迹、人类古迹遗址和重要历史事件遗址等。

东盟国家信奉不同宗教，不同宗教的建筑各具特色。这些著名资源，如印度尼西亚的婆罗浮屠和普兰巴南神庙、菲律宾的圣奥古斯丁天主教堂、泰国的玉佛寺和卧佛寺、马来西亚的印度教庙宇等。东盟国家保存的一些帝王宫殿，如泰国的大王宫、印度尼西亚的日惹苏丹王宫、菲律宾的马拉卡南宫，都成为游客的必游之地。[1] 此外，东盟国家的人类古迹、文化遗址和重要历史事件古迹遗址，都是考古文化旅游的重要场所。

7. 多民族居住，为东盟国家增添了人文色彩

民族文化和民俗风情都是人类文明的重要遗产，也是吸引旅游者的核心资源。因此，多民族地区的旅游开发首先应挖掘其民族文化资源，开发出独特的旅游产品。东盟各国都是多民族国家，其中印度尼西亚、菲律宾和马来西亚等国家的民族多达几十个，传统习俗和民族特色浓郁，构成了独具魅力的旅游资源。东盟国家众多的民族、多样的文化，为东盟旅游增添了人文色彩，也吸引着世界各地无数的旅游者前往。

---

[1] 朱振明：《东盟国家旅游资源的特点及开发利用》，《东南亚南亚研究》1988 年第 2 期，第 36～39 页；胡平：《东盟国家旅游业迅速发展的原因》，《亚太经济》1997 年第 3 期，第 10～14 页

8. 丰硕的现代建设成就，成为东盟国家引以为傲的旅游资源

现代建设成就也是重要的旅游资源。世界著名的大都市，如北京、伦敦、纽约、东京、巴黎等都是全球重要的旅游目的地。东盟国家二战后纷纷独立，从20世纪60年代开始经济获得较快发展，并取得引人瞩目的成就。如新加坡成为新兴工业化国家，东盟其他国家也在向工业化国家迈进。不少东盟国家的首都已建成现代化的大都市，大量游客到这些城市观光、参加国际会议，或开展商务活动。

二 东盟国家旅游资源开发

坚持政府的主导地位，加大旅游资源和旅游产品开发力度，大力发展旅游经济，通过旅游业带动经济社会发展，是多数东盟国家的经济政策。

（一）旅游资源开发成效

如前所述，近30年来东盟国家通过对自然和人文旅游资源的挖掘，开发出一大批能吸引世界各个国家游客前往的、具有浓郁东南亚风情的特色旅游产品，取得了举世瞩目的旅游资源开发成就。

具体看，从20世纪70年代东盟国家旅游业进入大发展时期。从20世纪80年代开始其旅游业发展速度高于世界平均水平。世界旅游组织统计数据显示，1980年东盟国家入境旅游总人数约680万人次，到2017年东盟国家入境旅游总人数达1.2572亿人次。30多年来，其入境接待人数增长了17.5倍。同时，2017年东盟国家旅游业带动就业人数达17427908人。

从旅游资源开发速度和成效看，近年来世界旅游业发展呈现以下特征。一是以新兴国家为代表的新的旅游目的地不断出现；二是世界旅游区域的重心明显由西方向东方转移；三是亚洲和太平洋地区在新兴经济的带动下，一跃成为全球第二大旅游客源市场，其中东盟国家的旅游业发展引人瞩目。

（二）旅游资源开发的主要做法

如前所述，东盟国家大多以政府为主导进行旅游资源和旅游产品开发，主要做法大致有以下一些方面。

1. 强调资源调查和旅游规划工作，力求旅游资源合理开发

旅游开发，规划先行。旅游规划好坏，往往决定了一个旅游区（点）旅游开发工作的成败，这已被世界各地不少旅游资源开发案例所证实。多数东盟国家十分重视旅游资源调查工作，以便"摸清家底"，实现旅游资源的合理开发。在开展旅游资源调查工作时，东盟各国旅游主管部门往往召集各行各业的专家学者进行综合考察，写出多学科综合考察报告。由于有多学科专家学者参与旅游资源开发调查研究工作，因此，所做出的旅游规划方案落地性较好。例如，印度尼西亚政府从20世纪60年代末开始着手旅游资源调查工作，根据调查结果最先确定建立雅加达、西爪哇、中爪吐、东爪哇、日惹、巴厘岛等十大旅游区，后来又增加开辟了九个旅游区，使全国旅游景区景点布局更为合理。[①]

2. 出台优惠政策吸引本地和外来资金，加快本国旅游资源开发步伐

旅游业发展到今天，随着世界各地旅游者越来越成熟，他们对旅游产品的要求也越来越高。特别地，旅游者对旅游基础设施或服务设施都有个性化、特色化和舒适化的需求，这就使旅游资源开发需要大量的资金投入。而目前多数东盟国家经济还不是很宽裕，因此它们需要采取多种途径筹集旅游开发资金。目前，东盟国家旅游开发所需资金除了政府适当投资外，更多的是鼓励国内外投资者向旅游业投资。为此，多数东盟国家出台了旅游投资优惠政策。例如，马来西亚政府规定，旅馆建设投资者可以享受8年的税收优惠，投资开发新旅游区的，可享受12年的税收优惠；泰国政府规定，投资旅游饭店者，从饭店建成营业之日起免征所得税5年，所需进口设备及建筑

---

① 胡平：《东盟国家旅游业迅速发展的原因》，《亚太经济》1997年第3期，第10~14页。

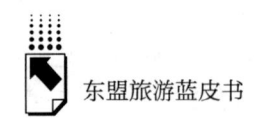

材料免征关税，外国人赚的钱可用外汇汇出。[①] 东盟国家通过出台多种优惠政策，加快了旅游资源的开发步伐。

3. 优先开发禀赋高、易开发的资源，以提高旅游资源的开发效率

就旅游资源开发目的而言，有经济效益目的、社会效益目的和生态效益目的。一般而言，多数国家和地区旅游开发的目的是充分发挥旅游资源的功能，使其为当地经济社会发展服务。因此，多数旅游地优先选择那些禀赋高、易开发的旅游资源进行开发，这样才能做到投入少、回收快，取得更好的效益。目前看，东盟国家的旅游资源开发大多采用这种方式。例如，泰国帕塔亚（芭堤雅）曾是一个小渔村，但这里道路平坦、依山傍海、阳光明媚、气候宜人、海滩沙质细软。于是泰国政府将其作为开发重点，使之成为闻名于世的旅游胜地。印度尼西亚巴厘岛的开发也是这种情况。[②]

4. 旅游资源开发与配套设施建设相结合，提高旅游资源开发质量

旅游产品等于"旅游资源+旅游设施+旅游服务"。良好的旅游基础设施和旅游服务设施是旅游资源开发成功的重要保障。没有良好的旅游基础设施和公共服务设施配套，再好的旅游资源也难以成为旅游热点，难以产生良好的开发效益。多数东盟国家对此有比较清醒的认识，它们往往在开发建设一个旅游区（点）前着手交通道路、供水供电等基础设施建设，同时开展旅游饭店、游客中心等旅游服务设施建设。泰国普吉岛的开发就是一个典型例子。20世纪70年代后期泰国政府确定开发该岛后便迅速扩建机场，修建岛上公路，投资建设住宿设施，经过几年的开发建设，该岛交通条件大为改善，旅馆和旅游饭店大量出现，每年接待大量游客，成为世界著名的旅游区。

5. 旅游资源开发与扶贫结合，提高旅游资源开发的社会效益

旅游扶贫是被世界各地认可的一种扶贫方式，不少第三世界国家的贫困

[①] 《马来西亚投资和税收指南（2018版）》，道客巴巴网，2018年8月1日，http：//www.doc88.com/p-1893808627046.html。

[②] 《泰国春武里府帕塔亚旅游指南》，博雅文化旅游网，2017年9月6日，http：//www.bytravel.cn/Landscape/22/pataya.html。

地区通过旅游扶贫开发实现了脱贫。东盟国家的一些少数民族地区拥有丰富的旅游资源，但由于种种原因这些地区还比较贫困。为此，东盟国家在发展旅游业时，将旅游资源开发与扶贫结合起来，对改变这些地区的落后面貌起了积极的作用。例如，菲律宾吕宋岛北部有二百多年前伊富高人在陡峭的高山上开辟的古代水稻梯田，被称为"世界第八古代奇迹"。但这里地处山区，交通不便。菲律宾旅游部将巴纳韦高山梯田设为旅游区，开辟了从巴纳韦直达马尼拉和碧瑶的公路，同时还在高山上建造了旅馆。从此，大量的游客来到这里，改变了高山地区的封闭状况，促进了山区经济的发展，[1] 除旅游经济效益处，还取得了显著的社会效益。

6. 因地制宜地发挥"劣势"资源优势，变不利因素为有利因素

品质好、组合好的旅游资源是发展旅游业的必要前提条件，但并不是唯一条件。这便是人们常说的"一流的旅游资源不一定能开发出一流的旅游产品，而三流的旅游资源同样可以开发出一流的旅游产品"。关键是找到突破口，变不利因素为有利因素，因地制宜地发挥"劣势"资源优势，扬长避短地开发旅游资源。例如，新加坡境内既无名山大川，也无著名历史古迹，可谓旅游资源贫乏。但是，新加坡利用其所具有的优越地理区位、发达的交通系统、先进的通信设备、完善的旅游设施、优质的旅游服务等优势，建设成为东南亚的商业中心、金融中心、航空海运中心和国际会议中心，成为东南亚地区首屈一指的旅游业发达国家。

（三）旅游资源开发存在的问题

1. 各国的旅游资源开发程度不一，影响了旅游业整体发展水平

相较于东盟国家丰富的旅游资源而言，旅游资源开发的深度和广度还不够，旅游业发展存在极大的不均衡。目前旅游资源开发较充分、旅游业发展较好的东盟国家主要是泰国、新加坡和马来西亚。尤其是泰国，年接待东盟

---

[1] 朱振明：《东盟国家旅游资源的特点及开发利用》，《东南亚南亚研究》1988年第2期，第36~39页；《旅游扶贫怎样更加可持续？中外人士各抒己见》，搜狐网，2018年9月13日，http://www.sohu.com/a/253123939_99949129。

区域外游客超过2000万人次，占到入境游客数量的75%左右，成为东盟最有吸引力的旅游目的地。而越南、柬埔寨、缅甸、老挝等新兴旅游国家还处于起步阶段，很多资源都有待开发。这种状况不利于东盟国家旅游资源开发水平的整体提升。[①]

2. 旅游资源同质化开发比较严重，影响了旅游资源开发效益

旅游产品同质化问题在东盟国家表现得比较突出。这是因为除了老挝这一内陆国家以外，东盟其余国家主打的旅游产品大多是滨海旅游，宣传的重点也多数是阳光、沙滩和海鲜等。在外国旅游者看来，普吉岛、沙巴、巴厘岛和宿务等似乎没有什么大的区别。旅游产品的同质化会引发价格战或无序竞争，最终将会降低旅游产品的吸引力和旅游资源的开发效益。

3. 旅游资源开发人才缺乏，影响了旅游管理和服务水平

目前东盟十个国家除新加坡等少数国家外，高素质的旅游从业人员普遍较缺乏，特别是高级旅游开发和管理人才更是不足。事实上，即使像新加坡、泰国和马来西亚这些旅游业较为发达的国家，其旅游服务和管理水平与发达国家相比也还存在一定差距。随着全球旅游业发展水平的不断提高，对高素质旅游从业人员的要求也越来越迫切。

4. 旅游基础设施和公共服务配套设施相对滞后，影响了高品质旅游产品开发

总体来看，基础设施是不少东盟国家旅游业发展的一块"短板"，这尤其体现在机场基础设施建设和区域主要城市之间的互联互通等旅游交通方面。例如，交通道路条件差、水电供应不足成为制约缅甸、老挝和柬埔寨等国家旅游业发展的重要因素。[②] 此外，东盟一些国家的公共服务配套设施相对落后，也给这些国家的旅游业发展带来了一定的影响。

5. 各国独特文化资源挖掘不够，影响了旅游产品的深度吸引力

文化是旅游的灵魂，东盟各国只有充分挖掘本国独特的文化，才能开发

[①] 徐婷：《东盟旅游经济发展时空差异演变分析》，硕士学位论文，辽宁师范大学，2017。
[②] 胡爱清：《东盟区域旅游竞争力分析》，《东南亚研究》2014年第5期，第35~43页。

出对旅游者具有深度吸引力的旅游产品。例如，印度尼西亚和菲律宾除了开发滨海旅游产品外，还应该深入挖掘其"火山特色"，开发独特的火山游旅游产品。又如，缅甸可利用其古老的佛教文化开发出独特的佛教文化体验旅游产品。

6. 基础设施和公共服务配套设施较差，影响了旅游者的体验和满意度

目前一些东盟国家的旅游基础设施和公共服务配套设施不尽如人意，健康与环境卫生状况不佳，加之湿热的气候，一些国家较易发生区域性传染性疾病。一些地区甚至无法获取安全的饮用水，医疗人员和医疗设施供应也不能满足本国居民和游客的需求。基础设施不健全、健康与卫生状况不佳，严重影响了旅游者的旅游体验和满意度，也影响了旅游资源的开发成效。[①]

（四）旅游资源开发典型案例

1. 越南下龙湾自然遗产地的旅游资源保护性开发

旅游资源特色。越南下龙湾位于越南北部地区，隶属于广宁省的省会下龙市。下龙湾地理区位条件好，旅游交通便利，距离越南首都河内只有150公里。1994年下龙湾被联合国教科文组织作为"自然遗产地"列入《世界遗产名录》，因此下龙湾具有世界级的旅游资源禀赋。下龙湾地质上属于典型的喀斯特地貌——石丛和石峰，或大或小，或高或低，矗立在大海上，在阳光照耀下，折射出美丽的倒影，风景极为秀美。由于下龙湾地区的石峰和石丛与中国桂林的山极为相似，故人们又将它称为"海上桂林"。下龙湾风光秀丽迷人，闻名遐迩，在2011年11月12日公布的"世界新七大自然奇观"中，其榜上有名。

旅游开发理念。旅游开发理念是旅游地开发定位、开发模式、开发路径的综合体现，它往往决定了旅游地开发能否成功、能否可持续发展。按照《世界文化与自然遗产公约》的规定，在世界自然遗产地内不能随意修建新

[①] 董海伟：《东盟区域旅游竞争力分析：优势、劣势及提升策略》，《东南亚纵横》2015年第4期，第35~40页。

的建筑物，不能随意实施大的建设工程，更不能随意砍伐和破坏森林植被，要尽可能保持自然遗产地内的景观原貌。下龙湾的旅游开发以生态旅游发展为定位，强调以生态环境保护为主，在保护的基础上进行有限的开发利用，由此，下龙湾的喀斯特地貌景观得到了良好的保存。

旅游开发成效。由于贯彻了保护性开发理念，下龙湾的旅游开发获得较大的成功。一是目前下龙湾海上资源的游览面积只占整个下龙湾自然遗产地的一小部分，遗产地核心景观资源得到了有效的保护；二是下龙湾结合自然景观资源的开发，在海岸上修建了具有越南民族特色的民俗风情园，开展独具魅力的下龙湾岛屿渔民民俗风情体验项目，使自然资源开发与人文资源开发相得益彰，丰富了旅游产品类型，提高了资源开发质量，更好地满足了旅游者的多样需求。

2. 泰国北部山地民族生态旅游资源的有效开发

旅游开发背景。泰国是一个多民族国家，其中克伦族、赫蒙族、瑶族、傈僳族、拉祜族等近 20 个少数民族居住在北部山区。泰国北部山区由于交通不便，居民文化教育水平相对较低，经济社会发展相对落后，大部分山区还保留着独特的民族文化，形成具有民族风情的村落。这些村落往往依山傍水、云雾环绕，风景优美、气候宜人，为发展民族生态旅游提供了得天独厚的条件。

旅游资源特色。多民族风情人文旅游资源，加上优良的自然生态环境资源，构成了泰国北部山区独特的民族文化生态旅游资源。典型的民族生态旅游资源地，有被称为"云雾之都"、充满缅甸文化气氛的山间小镇夜丰颂，有可以领略苗家风俗的塔山苗族村，有可以夜间观看大象在山间活动的因他农山，还有有名的"长颈村"——帕东民族村等。上述特色民族村寨构成了泰国北部山区独特的民族生态旅游资源群。

旅游开发理念。以多民族风情人文旅游资源和良好的生态环境自然资源为依托，大力发展生态旅游是泰国北部山区的旅游开发理念。具体在开发模式上，走"政府主导加地方参与"的模式，即政府有意将旅游开发理念引入这些地区，带动这里的经济社会发展，同时动员当地人民积极投入旅游开发中。在旅游项目开发方面，以山地林区探险、多民族风情体验、少数民族文化考察等项目为主，还结合开发了人类文化起源探讨、民族节日庆典等项目。在旅游市场促销方面，一是积极组织旅游团前往这些地区旅游；二是制作了大量的旅游宣传品，从而大大提高了这些地区的知名度。

旅游开发成效。经过十几年的生态旅游开发，泰国北部的民族生态旅游已具有较高的知名度，以清迈和夜丰颂为中心，培育出了一批著名的民族生态旅游村和旅游地。并且随着以入境旅游者为主的游客不断增多，贫困地区群众的收入也相应地得到增加。同时，当地的旅游资源和生态环境也得到了有效的保护。事实证明，政府在具有丰富旅游资源的贫困地区大力发展旅游业，对这些地区摆脱贫困落后面貌，提升经济社会发展水平具有十分重要而显著的作用。贫困地区旅游开发，既能推动当地脱贫致富，又能弘扬和传承地方文化，还能有效保护当地的旅游资源和生态环境。

3. 新加坡圣淘沙城市型海岛旅游资源的创新开发

旅游开发背景。新加坡是位于马来半岛南端的一个小岛，面积只有600多平方公里，其国土面积小，几乎缺乏传统意义上的旅游资源。新加坡境内既无名山大川，也没有著名的文物古迹，还少有迷人的湖光山色。但是新加坡采取了独辟蹊径的发展道路和旅游资源开发策略，建成了亚洲著名的旅游胜地。其圣淘沙城市型海岛旅游资源的成功开发便值得其他国家和地区思考与借鉴。

旅游资源特色。新加坡圣淘沙是新加坡南部的近岸离岛，位于新加坡本岛以南约500米处。东西长4公里，南北宽1.6公里，面积为3.47平方公里，是新加坡本岛以外的第三大岛。岛上只有阳光、沙滩、海浪和热带动植物等，在一般人的眼中其旅游资源很一般。但是圣淘沙区位优势十分明显，生态环境也十分优良。整个岛屿的植被覆盖率达到80%，且以天然林为主，经过多年的生长更替，已经形成比较稳定的植物群落，是圣淘沙成为一流景区的天然优势和基础。

旅游开发定位。这是一个以娱乐休闲度假综合体为亮点的世界级城市型海岛度假区。政府依势开发，中部地区主要以占地面积少、建设规模小的服

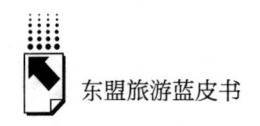

务设施和具有游览内容的开发项目为主。整个岛屿中心部分，将近全岛1/3的面积被两个18洞72杆的国际锦标赛级别的高尔夫球场覆盖，分别为北部的色拉逢球场和南部的丹戎高尔夫球场。

旅游开发理念。圣淘沙将岛屿按主题区开发，每个主题区有自己的特色精华和主题，主题公园、自然公园、探险旅游等旅游体验项目集中了沙滩、热带动植物、历史遗迹、极限运动、浪漫声光电节目、博彩娱乐、休闲度假酒店等众多差异互补的旅游元素，成为一站式度假旅游海岛目的地，满足游客多样的度假休闲需求，这也是圣淘沙的核心竞争力所在。

从开发布局看，整体布局呈现"中部留白，周边密集"之势。占地面积多、规模和体量大的项目，如大型停车场、酒店、度假村、游客接待中心等主要布局在岛屿周边。这样的布局使整个游览线路呈现由外向内伸展的态势，把人流密集的旅游接待场所规划在旅游景区的外围空间，这样既有利于交通道路系统的合理布局，也有利于旅游接待高峰期大量游客的快速疏散，让游客有更好的旅游游览体验，同时也减轻了对圣淘沙岛屿自然生态环境施加的压力。

旅游开发成效。圣淘沙外围部分大致按照功能划分：西部是以圣淘沙名胜世界为主的娱乐度假休闲综合体，东部是以升涛湾海滨豪宅区为主的高端住宅区，南部是由西罗索海滩、巴拉望海滩和巴戎海滩组成的海滩休闲度假区。整体来看，圣淘沙已开发成为集历史遗迹、探险乐园、浪漫入夜风情、博彩娱乐、休闲度假等众多差异互补的旅游元素于一体，为游客提供观光、度假、休闲、会议、教育、娱乐、购物、餐饮等一站式服务的世界知名的旅游度假海岛，成为新加坡旅游与娱乐业的一颗明珠。这里历史和文化的重现、郁郁葱葱的环境、细浪拍岸的海滩，让人流连忘返。[1]

---

[1] 《世界级滨海旅游度假区成功开发案例分享（八）：新加坡圣淘沙旅游度假区》，汀澜书院，2019年4月12日，http：//www.360doc.com/content/19/0412/10/9683657_828221662.shtml。

三 东盟国家旅游资源开发趋势分析

东南亚地区是当今世界经济发展最具活力和潜力的地区之一。东盟国家的旅游发展也正处在方兴未艾阶段。因此，未来一段时期东盟国家旅游资源开发力度将会加大，旅游业在其经济社会发展中的作用也将越来越重要。

（一）旅游资源开发潜力

如前所述，东盟国家具有丰富的旅游资源，并且旅游资源的互补性好。但由于东盟区域内各个国家的经济社会发展水平存在较大差异，各国的旅游发展水平也存在一定的差别。例如，一些国家旅游开发起步早，旅游基础设施和公共服务设施较完善，一些国家旅游开发起步晚，旅游基础设施和公共服务设施相对落后，旅游资源尚没有得到充分有效开发。总体来看，多数东盟国家的旅游资源开发还处在初级阶段，已开发的旅游资源占其所有旅游资源比重还比较低。因此，其旅游资源开发还有巨大的潜力。

根据世界经济论坛发布的《2013年旅游业竞争力报告》，东盟国家的旅游竞争力表现出以下特点：一是东盟国家各成员国之间的旅游竞争力差距比较明显，二是东盟各国的旅游竞争力具有很强互补性。根据《旅游业竞争力报告（2017年版）》[①]，新加坡旅游竞争力在全部136个国家和经济体中排第13位，马来西亚排第26位，而越南的旅游竞争力指数排名从2015年到2017年提升了8位，柬埔寨提升了4位。这些数据充分说明，未来东盟国家旅游业发展潜力巨大。

未来国际旅游市场竞争将越来越激烈，单靠一个国家的旅游资源和开发实力很难抢占到充足的国际旅游市场份额。因此，东盟国家旅游业要健康快速可持续发展，就必须有效整合其区域旅游资源，充分挖掘区域旅游资源开发潜力，走旅游与相关产业融合发展之路。同时，要不断改善旅游基础设施

---

① 世界经济论坛（WEF）：《旅游业竞争力报告（2017年版）》2017年4月6日。

和服务设施,加大旅游人才培养力度,实施"旅游一体化发展"战略,以满足国际旅游者需求,赢得区域旅游市场竞争优势。这已成为东盟国家加强旅游区域合作的共识和动力,也是东盟国家旅游资源开发具有巨大潜力的一个重要原因。

(二)旅游资源开发趋势

东盟国家旅游资源开发已经有了一定的基础,旅游业发展也取得了一定的成效,我们认为,其未来的旅游资源和旅游产品开发将在以下方面加大力度。

1. 更加重视旅游资源的整合与差异化开发

目前东盟国家旅游资源同质化开发现象比较严重。例如,多数国家具有滨海旅游资源和宗教旅游资源,各个国家的历史文化和民俗风情大多不一。因此,各个国家在旅游开发时要优先选择那些与其他国家有差异的旅游资源;同时,要注重旅游资源的整合开发,即将一种主要旅游资源与其他一种或几种旅游资源进行整合,开发出与其他国家或地区不一样的旅游产品,避免旅游产品的同质化,使旅游资源开发产生更大的经济效益。

2. 更加重视文化体验类旅游资源和产品的开发

如前所述,目前多数东盟国家无论是对自然旅游资源还是对人文旅游资源的开发利用都还不充分,并且已开发的旅游产品中多数是观赏性的初级旅游产品。从世界旅游发展趋势看,单纯观赏风景、游山玩水的游客在减少,文化体验类、休闲度假类、户外运动和健康养生类旅游产品日益成为人们的新需求。因此,东盟国家在未来的旅游资源开发中,应更加重视文化体验类旅游资源的开发,充分挖掘当地特色地域文化,并以此为基础进行资源整合。

3. 更加重视高品质旅游资源和旅游产品的开发

随着世界各地旅游业的快速发展,旅游消费者的消费心理日趋成熟。未来的旅游者越来越注重旅游产品品质,对旅游服务质量要求也越来越高。为此,东盟国家未来的旅游资源开发和旅游产品设计,必须十分关注旅游者的未来消费需求与消费行为特征，优先开发禀赋高、特色性强的旅游资源。同时，要特别注重旅游基础设施和公共服务配套设施建设，注重对旅游服务人员和管理人员的培训，为旅游者提供高水平的旅游服务和高品质的旅游产品。

4. 更加重视旅游资源和旅游产品的多类型开发

世界已经进入"旅游时代"，不少国家旅游基本实现了"休闲化、大众化和社会化"，旅游在这些国家已成为人们的一种普遍生活方式。人们对旅游产品的需求也日趋多样化。据世界旅游城市联合会（WTCF）与中国社会科学院旅游研究中心（TRC-CASS）共同发布的《世界旅游经济趋势报告（2019）》，2018年全球旅游人数达到121亿人次，旅游总收入达5.34万亿美元。[①] 为此，世界各国都在千方百计挖掘特色旅游资源、开发特色旅游产品，不断满足旅游者的多样需求。同样地，东盟国家未来旅游资源开发和旅游产品设计也必将走多样化之路。

5. 更加重视旅游资源和旅游产品的低碳化开发

由于旅游业发展对环境产生的负面影响日益显现，一些国家和地区的旅游业发展出现了"瓶颈"现象。为此，旅游业可持续发展日益受到各国的重视，生态旅游也已成为各国旅游业发展的新趋势。近些年来，东盟国家的旅游业以高于世界平均增长率的速度发展，生态旅游也已成为东盟国家新的经济增长点。未来东盟国家的旅游资源开发将更加重视环境保护，走可持续的低碳化之路。

四 研究结论与展望

（一）研究结论

东盟是东南亚地区的一个地域辽阔、包含六亿人口的超大规模经济体，

---

① 《2018年全球旅游人次达121.0亿　旅游收入达5.34万亿美元》，人民网，2019年1月16日，http://travel.people.com.cn/n1/2019/0116/c41570-30551256.html。

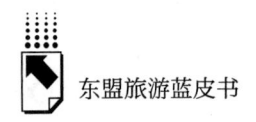

其蕴含的旅游资源类型多样、品质优良、开发价值高，旅游经济发展前景十分广阔。尽管近些年来东盟国家旅游资源开发速度加快，但是由于各国经济社会发展水平不同和旅游资源开发条件不同，目前旅游资源和旅游产品开发程度不一，各个国家的旅游业发展水平也存在较大的差距。研究东盟国家旅游资源开发现状、开发经验和开发中存在问题的目的是让人们更好地了解东盟旅游、认识东盟旅游，在此基础上为中国－东盟旅游开发合作提供参考依据。

（二）研究展望

在中国"一带一路"的倡议下，中国与东盟国家的旅游合作迎来新的战略发展机遇期。加强中国与东盟国家的旅游深度合作，提升双方旅游产品品质，进而扩大中国－东盟旅游双向交流规模已成为双方共识。据统计，中国与东盟国家双向游客人数增长迅速，由2016年的3000多万人次增至2017年的近5000万人次，创旅游交流规模的历史新高，中国－东盟旅游双向交流合作具有良好的发展态势。[①]

展望未来，中国－东盟旅游不会仅停留在双向交流合作上，在旅游资源开发合作方面也将具有很好的发展前景。例如，东盟作为我国重要的旅游目的地和客源地，一直是中国旅游集团海外投资关注的重点区域。近些年，中国旅游集团不断加大与东盟的合作，在泰国成立合资旅行社，在柬埔寨开设了3个免税店，与中越跨国德天瀑布景区签订了战略合作协议。2018年1~9月，柬埔寨吸引了总投资额超过47亿美元的基础设施建设和旅游开发项目，其中六成来自中国。[②]

中国－东盟应在以下方面开展广泛深入的探索和研究：一是开展东盟国家独特文化及其与旅游业融合发展方面的研究；二是开展东盟国家自然和人文旅游资源整合与创新开发方面的研究；三是探讨东盟国家旅游资源

[①] 吕红星：《2018年中国对世界旅游业贡献巨大》，《中国经济时报》2019年1月23日。
[②] 吕红星：《2018年中国对世界旅游业贡献巨大》，《中国经济时报》2019年1月23日。

高质量开发的路径与模式；四是积极探讨挖掘东盟国家新型旅游资源并打造新兴旅游业态；五是积极开展对东盟国家夜间旅游资源及其产品开发方面的研究；六是积极探讨东盟国家旅游资源开发与管理方面的人才培养与从业人员培训问题；七是积极探索中国－东盟旅游资源开发与合作方面的问题。[①]

[①] 彭顺生、何奕霏：《"一带一路"背景下深化中国－东盟国家旅游合作的路径与模式》，《扬州大学学报（人文社会科学版）》2017 年第 9 期，第 72～79 页。

B.4
东盟国家旅游文化研究

韦家瑜　赵　耀*

摘　要： 东盟各国历史文化深厚多元，民俗风情各具特色，海洋文明与陆地文明共生融合，呈现独具特色的文化内涵，深受世界各国游客的喜爱。本报告通过研究东盟各国旅游文化特征，厘清其文化与旅游融合的发展过程与策略，认为文旅融合应重视本国文化特色的保护与创新，提升文旅产品供给与品质，打造品牌，并加强国际与地区间合作。

关键词： 旅游特色　文化融合　国际交流

一　旅游文化概述

旅游文化是旅游业发展的灵魂，在旅游经济、旅游社会、旅游生态及社会文明建设中发挥着巨大的作用。

广义上，旅游文化是人类创造的与旅游有关的物质财富和精神财富的总和。狭义上，旅游文化主要是指旅游者和旅游经营者在旅游消费或经营服务中所反映、创造出来的观念形态及其外在表现的总和。

旅游文化是传统文化和旅游科学相结合而产生的一种全新的文化形态。

---

* 韦家瑜，桂林旅游学院西江旅游研究中心主任，副教授，主要研究方向为区域旅游与规划、旅游管理、民族文化旅游、城乡规划等；赵耀，桂林旅游学院酒店管理学院高级经济师，主要研究方向为旅游管理、景区开发与规划等。

既包含历史文化、建筑文化、民族文化、民俗文化、农耕文化、地文景观等旅游客体领域文化，又包含旅游行为表现方式等主体领域文化，还包含旅游业的旅游管理制度文化。

二 东盟旅游文化发展现状

（一）文莱旅游文化

1. 自然生态文化

文莱位于加里曼丹岛的北部，有11个森林保护区，面积为2277平方公里，占国土面积的39%，其中86%的森林保护区为原始森林。文莱为滨海国家，紧邻南海，自然风光旖旎、海洋景观景色突出、海洋热带风光独特，气候宜人。

2. 宗教文化

文莱官方语言是马来语，伊斯兰教为国教，即主流文化的核心，著名的清真寺有奥玛阿里清真寺、杰米清真寺。

3. 美食文化

文莱信奉伊斯兰教，不吃猪肉，喜欢吃羊肉、牛肉、鸡肉以及各类海鲜产品，夜市文化很热闹。

4. 海洋文明

文莱靠近南海，海洋文明和海上丝绸之路文化在此交融生辉，别具风格。文莱的诸多旅游活动项目均与海洋文明息息相关，包括海岛旅游、滨海度假和海上游览活动等。

（二）柬埔寨旅游文化

1. 历史宗教文化

柬埔寨拥有"世界七大奇迹"之一的吴哥古建筑群、金边皇宫、吴哥

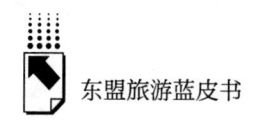

国家博物馆、塔山寺、柏威夏省 Kho Ker 古庙、柬埔寨皇家和佛教圣地——乌廊山等历史宗教文化资源。

2. 生态旅游文化

柬埔寨拥有东南亚最大的淡水湖——洞里萨湖，以及颇具民族生态文化的越南浮村、邦隆雅龙湖/波依龙火山湖（Boeng Yeak Lom）、荔枝山、索卡海滩、高龙岛以及著名的大象谷等生态旅游资源。

3. 节庆旅游文化

柬埔寨的节日有新年节、送水节、风筝节、斋僧节、雨季安居节等，其中的送水节是柬埔寨最盛大隆重的传统节日。每年有大批国外游客来柬埔寨参加其独特的民俗节庆活动，感受柬埔寨国家的民族特色文化。

（三）印度尼西亚旅游文化

1. 宗教文化

印度尼西亚历史文化深厚，宗教文化和民俗文化特征凸显。印度尼西亚普遍信仰伊斯兰教，但最具盛名的巴厘岛度假区信奉巴厘印度教，有海神庙这一著名景点，巴厘岛随处可见印度教文化印迹。

印度尼西亚浓郁而独特的民族宗教文化吸引大批国外游客前去体验。印度尼西亚不同岛屿间的宗教信仰文化与旅游的融合是其独特之处，令国外游客大为惊叹。不管是在城市街区、旅游景区、度假区还是社区、农村聚落，人们的日常生活都有机融合了本民族的宗教信仰，既有文化差异，又有文化交融。

2. 海洋生态文化

印度尼西亚是著名岛国，由众多岛屿构成，海洋文明历史发展源远流长，海洋文化特色明显，国际度假海岛久负盛名，尤以巴厘岛最富影响力。

3. 旅游美食文化

印度尼西亚旅游景区、度假区、旅游街区、旅游购物集中区和民族村落形成多民族文化交融地，旅游美食文化也呈现多元化，有地方特色美食、海鲜美食等。食材丰富、民族文化特色明显，比如巴厘岛度假区的歌舞伴餐，民俗文化特色浓郁，深受国外游客青睐。

4. 旅游社交文化

印度尼西亚是一个海洋文明岛国，其旅游开发水平受到国外游客的认可。旅游社区交往和交流使得当地许多旅游从业者非常注重传承本民族的文化传统，以及研究客源地的文化，他们善于在旅游活动中进行文化交流。

（四）老挝旅游文化

老挝境内80%为山地和高原，且多被森林覆盖，有"中南半岛屋脊"之称。美丽的自然风光与贫困朴实的生活，使老挝宛如一个失落的天堂。老挝琅勃拉邦古城、占巴塞文化风景区已被列入《世界遗产名录》，著名景点还有玉佛寺、琅勃拉邦光西瀑布等。

1. 宗教旅游文化

老挝的宗教文化历史深厚久远，负有盛名的有老挝琅勃拉邦市、巴色瓦普寺、万象塔銮等著名旅游目的地。

2. 节庆文化

老挝有着众多的节日，节庆文化多姿多彩。主要的节庆见表1。

表1　老挝主要节庆活动

节庆名称	举办时间及内容
独立日	10月12日。此节由1945年10月独立运动而来。1945年日本投降。1945年8月，越南"八月革命"取得了胜利。1945年10月12日，老挝宣布独立
国庆节	12月2日。1975年6月，美国军事人员撤离老挝。11月29日，国王西萨旺·瓦达纳宣布自愿退位。12月1~2日，老挝宣布废除君主制度，建立老挝人民民主共和国，12月2日也就成为老挝的国庆节
建党节	老挝人民革命党建党节是3月22日
塔銮节	佛历12月，公历11月。塔銮节因塔銮而得名，该节日仅在万象市举行
泼水节	佛历5月，公历4月13~15日。泼水节又称"宋干节"或"五月节"，是佛历新年，相当于中国农历的春节，因而是老挝民间最隆重的节日
稻魂节	佛历2月，公历1月。因在佛历2月举行，人们又称此节为"2月节"，具体日期定在稻谷收割、打晒后到入库前的某一天

续表

节庆名称	举办时间及内容
涅槃节	佛历3月15日。据说,佛历3月15日是佛祖涅槃日,也是佛祖训谕1250名门徒继续传播佛教的日子
维散顿佛节	佛历4月。这是老挝一个较大的宗教节日。此节日延续数日,最后一天要请一位高僧讲述玛提的事迹
高升节	佛历6月15日。又叫火箭节、火炮节、火龙节、银盘龙大会、醉酒节、疯狂节、六月节,来源于婆罗门教的火神祭拜礼
万佛节	佛历7月。又叫祭把节或送瘟节,来源于婆罗门教,后演变成佛教节日
迎水节和送水节	佛历8、11月,公历7、10月。这两个节日的名称很多,迎水节又叫入腊节、宋夏节、安居节、入雨节等,老挝语称为"占沙瓦";送水节又叫出夏节、出腊节、出雨节等,老挝语称为"奥沙瓦"
水灯节	佛历11月,公历10月。这是老挝庆祝丰收的盛典

3. 生态旅游文化

老挝自然环境生态好,森林覆盖率高,民族文化生态丰富多样,著名的有占巴塞孔埠瀑布、琅勃拉邦光西瀑布等景点以及少数民族风情山区和非物质文化遗产等。

(五)马来西亚旅游文化

1. 丰富独特的海洋生态文化

马来西亚拥有众多岛屿和半岛,沙滩、海洋、海岛、山地、森林景观和多元文化融合的海洋文明生态在此汇聚。适宜的自然气候和热带海洋风光,造就马来西亚多元丰富的地文景观和自然生态景观,是马来西亚进行旅游开发的重要依托。

2. 多元的民族宗教文化

西方文化与东方文化相互交融,形成了马来西亚特有的多元文化特色。多种宗教在马来西亚共存,除伊斯兰教外,还有佛教、道教、印度教、基督教、天主教等。各种宗教文化节日成为马来西亚文化的重要组成部分,同时也是马来西亚进行旅游开发的重要文化旅游资源,文化差异和文化交叉融合迸发出的文化魅力在此得到呈现。

3. 独特的会奖旅游文化

马来西亚是多元文化交融之地,同时也是世界著名的旅游度假胜地,会奖旅游是其主要特色之一。马来西亚每年接待大批来自世界各地的会奖旅游团队,提供丰富各异的旅游接待服务项目,是会奖旅游首选之地。

(六)缅甸旅游文化

1. 丰富的自然生态景观

缅甸保留有完好的热带雨林原始森林和山地自然风景,境内不仅有滨海自然风光,而且拥有丰富的生物多样性自然生态景观。滨海景观、热带景观、山地景观交错而成的生态环境是缅甸开展热带生态旅游和休闲度假的自然资源条件。

2. 深厚的民族历史文化

缅甸与世界两大文明古国——印度、中国毗邻,深受印度文化和中国文化的影响。佛教文化在缅甸独具特色,仰光大金塔和"万塔之城"——蒲甘享誉全球,前者是世界著名的文化遗产,后者也曾被列为世界著名人造旅游奇迹之一。与此同时,缅甸国内的 135 个民族形成了丰富多彩的民族文化。各民族优美的民族舞蹈、世代传承的民间手工技艺、丰富的民族节日、多彩的民族服饰乃至多样的民族生活方式构成了独具魅力的旅游资源。

3. 独特的玉石文化

缅甸盛产质地上乘的玉石矿产,形成了独特的玉石文化,每年吸引大量游客来缅甸参观、游览。缅甸玉器工艺品鉴赏、赌石文化以及玉石商务交易市场文化是其典型特色。

(七)菲律宾旅游文化

1. 历史文化

菲律宾的历史文化旅游资源主要有巴洛克式教堂群,其中抱威教堂是一座典型的西班牙风格教堂,已被联合国教科文组织列为世界文化遗产。

维甘古城建于 16 世纪,300 年前是国际重要的港口,现在则是世界上

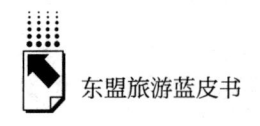

唯一一个欧洲殖民建筑融合亚洲设计风格的建筑，简单说，维甘是一座极具魅力的历史小镇。科迪勒拉的水稻梯田被列为世界文化遗产。

2. 生态旅游文化

菲律宾是岛国，自然景观相当丰富，有汉密吉伊坦山脉野生动物保护区、巴拉望公主港的圣保罗地下河公园、图巴塔哈群礁公园、沙璜湾、埃尔尼多保护区、苏米龙岛、凯央根湖等生态旅游目的地。

3. 旅游美食文化

菲律宾为海岛国家，四面环海，海洋文明历史久远。菲律宾曾是殖民地国家，多种民族文化在此交融发展。其饮食文化体现了地方特色美食文化、西餐文化和中餐文化的交融。菲律宾的热带气候条件，以及不同的民族民俗，造就了饮食具有自身特点和海洋特色。

（八）新加坡旅游文化

1. 独特的生态旅游文化

新加坡是位于马来西亚半岛南端的一个城市型岛国，属热带雨林气候，温暖潮湿，温差变化不大，"全年皆是夏，一雨便成秋"。新加坡在生态旅游开发方面可谓"世界独特"，新加坡是花园式城市国家，典型代表是新加坡植物园、新加坡动物园、新加坡夜间野生动物园、滨海湾花园、麦里芝蓄水池公园、拉柏多自然保护区以及新加坡樟宜机场等。

2. 文明旅游文化

新加坡是一个多元文化融合之地，深受儒家文化影响，非常讲究礼仪文明，注重对游客和国民文明举止的塑造和规范。

3. 宗教旅游文化

新加坡各群体的信仰为：华人大多信仰佛教或道教，马来人多信仰伊斯兰教，印度人多信印度教，巴基斯坦人多信伊斯兰教，欧美人一般信基督教。新加坡人忌7字，不喜欢乌龟。严禁放烟花鞭炮。

4. 旅游美食文化

新加坡的居民来自世界各地，其中华裔占比相当大。有中华美食、马来食品、印度食品等。每年七月，新加坡会举办美食节，"美酒嘉年华会"则展示世界各国的名酒，游客还可参与试酒与评酒。新加坡文化内涵丰富，旅游美食业趋向多样化，以满足不同游客的爱好。海鲜美食、娘惹美食和养生美食是其旅游美食的特色。

（九）泰国旅游文化

泰国的旅游文化异彩纷呈，主要集中在以下几个方面。

1. 泰国的佛教寺庙文化

泰国全民 90% 以上信仰佛教，是世界上民众信仰佛教占比最多的国度，所以泰国的佛教文化也独具特色，泰国首都曼谷的大皇宫和玉佛寺举世闻名。国外客人到访泰国，参观和敬拜寺庙是必备项目，各旅游场所和社区村落充分体现出佛教文化特色。

2. 泰国的大象演艺文化

大象是泰国人民心中的吉祥之宝，拥有至高无上的地位，大象文化给人们留下了深刻的印象。有趣的动物表演给游客带来震撼的感受，每年隆重的浴佛节吸引大量海外游客到访，而其中最具特色的是大象泼水。

3. 丰富多彩的生态旅游文化

泰国自然环境优美，滨海、海岛、原始森林、山地景观、民族生态文化等是其旅游特色资源。泰国依靠其自身的优势，开发出许多经典的世界级度假胜地和生态文化体验地，如普吉岛、芭堤雅、甲米、清迈、金三角等。

（十）越南旅游文化

1. 生态旅游文化

越南地形狭长，地势西高东低，境内 3/4 为山地和高原，北部和西北部为高山和高原，中部长山山脉纵贯南北，主要河流有北部的红河、南部的湄公河。地域横跨 15 个纬度，地区间气候自然有所差别，但是由于其位于北回归线以南，除高山地区以外，基本上属于热带季风气候，日照充足、气温较高、湿度较大，著名的景区有下龙湾、东部海湾和北部山区。

2. 民族文化

丰富的越南民族传统文化是其主要的旅游资源之一。目前，越南各地开发了乡庙社庙、农村庙会、圩集、专业村、传统艺术等原汁原味的民族传统文化，比如顺化古都、会安古街、美山圣地、升龙皇城中心区等。非物质文化遗产也是越南民族传统文化的一个重要组成部分。目前，已被联合国列为非物质文化遗产名录的有顺化宫廷雅乐、西原锣钲文化、北宁官贺民歌等。越南民族文化旅游开发展现出其自身民族文化的特色魅力底蕴，深受国外客人的欢迎。

3. 饮食文化

越南饮食文化作为越南文化的重要组成部分，在长期的发展、演化和沉淀的过程当中已经独具特色。越南是狭长滨海国家，南北差异较大，体现的美食文化特色也略有不同。越南菜深受中国传统饮食文化影响，鱼露、香花菜和青柠檬等是其必不可少的佐料，品味越南特色檬、蔗虾、春卷，是国外客人不容错过的美食体验。

三 研究结论与趋势展望

（一）研究结论

东盟各国的旅游文化丰富多彩，带给游客多样的体验，从整体上看，东盟旅游文化呈现以下几个方面的特征。

1. 包容性

从东盟文化共同体的建设开始，东盟各国逐步加大对文化产业的投入，通过建设一个关爱社会共同体来处理贫困、不平等和人类发展问题；另外，通过建设一个有竞争力的人力资源基地和适当的社会保障体系来应对文化交流的社会影响。东盟国家是多民族共生国家，多种不同文化在这里和谐共生。佛教文化、伊斯兰文化、印度教文化、妈祖文化、欧洲文化等互鉴共生，表现了东盟的文化包容性特征，外国客人来到东盟国家旅游，深受东道主的尊重。

2. 多样性

东盟各国有着独具魅力的民族文化，东盟文化的多样性植根于东盟各国政治制度的多样性、意识形态的多元性、经济发展程度的不同、社会文化的差异以及东南亚民族的多样性。东盟民族文化不同、国家历史发展不同、政治经济发展程度不同、文明发展历程不同，呈现丰富多彩的文化特征。正是这些多元文化的存在，让国外游客体验和感受到异域风情所带来的愉悦和惊喜。如泰国的佛教文化、医疗旅游文化，新加坡的圣淘沙生态文化，印度尼西亚的巴厘岛印度教文化和度假文化，马来西亚的云顶高原文化和会奖旅游文化，越南的下龙湾"海上桂林山水"文化，柬埔寨的吴哥窟世界遗产文化，菲律宾的科迪勒拉山梯田文化，老挝的世界遗产与"甘帕·象牙公主"历史文化，缅甸的玉石文化和边境文化，文莱的石油文化和海洋文化等。

3. 趋同性

随着东盟各国文化交流的日益频繁，多样性的文化中也包含了东盟各国共同的追求，比如勤俭节约、族群至上、重视亲情、开放务实等，以多元一体化的新思路来推动东盟社会文化融合发展成为东盟旅游文化的新趋势。东盟十国历史发展源远流长，基于历史文化、海洋文明的发展和命运共同体的建设，东盟十国旅游联盟已经成为东南亚旅游的联合体。它们有着各自丰富多彩的旅游文化和旅游产品特色，同时又是"一带一路"倡议的重要组成成员，所以在发展中共商、共建、共享和互惠、互利、共赢已达成共识，旅游发展铸就区域旅游一体化发展。

（二）趋势展望

随着"一带一路"倡议的深入开展、区域经济一体化的推进、现代旅游市场的发展、游客需求的变化，以及全球经济发展环境的变迁，旅游业发展更加趋向区域旅游一体化和旅游命运共同体发展，但又呈现各具特色的差异化产品竞合发展，东盟国家旅游文化发展呈现以下趋势。

1. 更加注重保护优先

东盟国家在对历史文化、宗教文化、民族文化、海洋文化、生态文化的

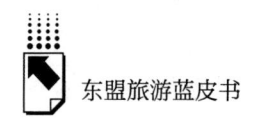

开发利用上秉承保护优先原则，从东盟十国的旅游文化产品上可以看出这种理念，比如对博物馆旅游产品、世界遗产文化旅游产品、海岛生态保护区、流域和湖泊生态环境保护区等，各国已出台相应的保护条例和制度。

2. 更加强化旅游品牌品质提升

东盟国家旅游文化经过多年的开发与利用，逐渐体现了各自的文化内涵和产品特色，并逐渐形成了自己国家的旅游文化品牌和品质魅力。东盟十国各有自己的旅游品牌和文化品质，比如新加坡的狮城文化、圣淘沙名胜世界，马来西亚的云顶高原和会奖旅游文化品牌，印度尼西亚的巴厘岛度假品牌，泰国的医疗旅游、芭堤雅、宋干节，越南的下龙湾旅游区，菲律宾的巴纳韦梯田文化，缅甸的玉石文化，柬埔寨的吴哥窟世界遗产文化品牌等。

3. 更加趋向融合发展

东盟国家旅游项目丰富多彩，是世界旅游目的地，东盟国际经济贸易往来密切，多元文化在此交融生辉。旅游文化的魅力在于多种文化的共生共存，旅游产业的发展在于"产业+旅游"的密切融合发展。"一带一路"倡议发展至今，区域旅游和区域经济的交往更加密切，更加融合，文明的进步在于文化的共生互鉴。东盟国家文化旅游出现新的发展态势，就是更加趋向产业融合、区域协调、命运共同体建设。

B.5
东盟国家旅游发展新业态

韦家瑜[*]

摘　要： 本报告以东盟国家旅游发展新业态作为研究对象，通过探究东盟各国呈现的"旅游+"融合发展模式，介绍了近年来东盟地区比较流行的文化体验旅游、研学旅游、生态和谐游、休闲蜜月度假游等业态形式。东盟旅游业业态发展融合中呈现类型多元、融合多业、各具特点的新态势，极大丰富了旅游产品供给，并创造了新的经济增长点。

关键词： 旅游新业态　融合发展　旅游产品

一　旅游新业态的概念

旅游新业态是相对于旅游主体产业的新突破、新发展，或者是超越传统的单一观光模式，具有可持续成长性，并能达到一定规模，形成比较稳定发展态势的业态模式。

旅游新业态的"新"具有相对性，既有相对于业态本身的"新"，也有相对于同行业、同产业其他业态的"新"，还有相对于国民经济中其他产业的"新"。总之，旅游新业态是旅游产业发展的结果，是社会经济发展的自我完善过程。

---

[*] 韦家瑜，桂林旅游学院西江旅游研究中心主任，副教授，主要研究方向为区域旅游与规划、旅游管理、民族文化旅游、城乡规划等。

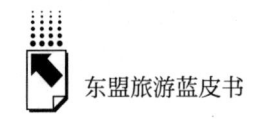

二 旅游新业态的类型

旅游新业态是指围绕旅游市场的发展和消费需求而产生的新的旅游产品及消费运营形式，主要包括新的旅游市场发展形态、新的旅游产品形态、新的旅游经营形态三大类型。

（一）新的旅游市场发展形态

（1）产业融合出现的业务融合型新组织形态，如会展旅游集团、景观房产企业、旅游装备制造业等。

（2）网络技术与旅游融合形成的新组织形态，如携程、e龙等在线旅游运营商。

（3）新开发的特色组织形态，如家庭旅馆、主题餐厅等。

（二）新的旅游产品形态

（1）旅游与交通工具结合形成的新旅游产品形态，如自驾车旅游、高铁旅游、邮轮旅游、游艇旅游、自行车旅游、太空旅游等。

（2）与特色旅游资源结合形成的新旅游产品形态，如温泉养生旅游、影视体验旅游、高尔夫休闲旅游、工业旅游、休闲体验农业旅游、赏花游等。

（3）针对细分市场的新旅游产品形态，如康体医疗旅游、夏令营旅游、研学旅游等。

（三）新的旅游经营形态

（1）景区景点与旅行社形成的"旅游专卖店"，酒店和航空公司的联合营销等。

（2）新型营销途径和方式，如网络营销、旅游大篷车、发放旅游消费券、定制旅游、C2B（消费者到企业）营销模式等。

三 东盟旅游发展新业态概况

东盟国家自然地理环境优越、海洋资源丰富、民族文化和地方文化特色风情浓郁，是世界著名的国际海岛旅游度假胜地和热带风情旅游体验地。随着国际旅游市场发展变化和消费市场的需求升级，东盟国家旅游业发展呈现多元发展、多样呈现、多业态融合发展的新态势，出现旅游发展新业态。

（一）文莱

2018年5月6日，文莱初级资源与旅游部旅游发展局发布2017年入境游客数据报告。报告显示，2017年航空入境游客达25.9万人次，较2016年（21.9万人次）增长18.3%，创2011年以来最高纪录。就国别来看，2017年中国游客达5.2万人次，较上一年的4.1万人次增长26.8%，占文莱入境游客的比例由2016年的18.7%提高到20.2%，位居各国入境游客数量第二位，仅次于马来西亚（23.2%）。第三、四、五位依次为菲律宾（8.9%）、印度尼西亚（8.7%）和新加坡（5.8%）。从旅游目的看，中国游客在休闲度假类别中的数量最多，达4.5万人，占该类别游客总量的39.2%，远高于第二位的马来西亚（15.7%）。

文莱旅游业呈现的旅游新业态发展，主要体现在如下几个方面。

1. 文化体验游

文莱是一个宁静、富裕的"袖珍"小国。雄伟的伊斯兰建筑、热情好客的人民，以及对君权的崇敬，都体现了现代文莱对传统文化的尊重。探寻文莱风情，慢品人文气质，深入感受它的自然、文化遗产和当代社会所展现的非凡魅力，是文莱文化旅游的一大特色。主要的文化体验旅游项目有杰米清真寺——纯金打造的伊斯兰王国、努洛伊曼皇宫——世界最大的皇宫、阿里赛义夫丁清真寺——斯里巴加湾的象征、皇家王权博物馆——了解文莱的前世今生、苏丹纪念馆——皇室的博物馆、文莱博物馆、马来科技馆等。

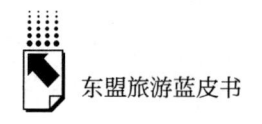

2. 水上乡村体验游

曾随麦哲伦远航的意大利旅行家安东尼·帕加塔把文莱河的水上村称为"东方威尼斯"。面积达2.6平方公里的水上高脚村寨，是世界上最大的传统水上村落之一，也是文莱文明的发祥地。

3. 主题娱乐游

文莱拥有东南亚最大的主题游乐场——水晶公园（Jerudong Park）。水晶公园建造工程至今仍在进行，其目标是建造一个可容纳8000名游客玩乐的综合性公园。夜间旅游是该主题项目精心打造的美景和吸引众多国际游客的亮点。

4. 主题酒店游

文莱帝国酒店是全球唯一的六星级酒店。帝国酒店的室内装潢唯有用"金碧辉煌"来形容最恰当，而且它的规模宏大实在超出了一般酒店的标准。保龄球场、羽毛球场、高尔夫球场、健身与水疗美容中心，每一个都是当今酒店中的精品，酒店内还设有一座装饰考究的戏院，每天播放当下最热的大片。帝国酒店是豪华休闲胜地，亦是世界上规模最大的度假村之一，住客置身其中可同时欣赏南中国海的美丽景色。

5. 研学旅游

文莱油气探索中心以寓教于乐的形式，向游客展示原油开采与加工的真实场景，揭秘文莱支柱产业的内部运作方式。探索中心内有一些互动项目，科学爱好者和对石油文明感兴趣的游客可以去亲自体验一番。

6. 生态和谐游

淡布隆国家森林公园是文莱全国最大的天然森林公园。淡布隆国家森林公园可以满足人们对热带雨林的所有想象：遥远、炎热、茂密、与世隔绝。当然还有更具体的细节，比如热带植物、鸟类、野生猿猴、爬行类动物，以及溪涧瀑布等各种雨林生态。这里是鸟类的天堂，也是游客的乐园。同时，淡布隆国家森林公园也是人们探险和磨炼意志的理想地。

位于腾布荣最北的斯里荣岛，拥有文莱最大的红树林丛，也是观赏长鼻猴的好去处。

（二）柬埔寨

柬埔寨是历史悠久的文明古国，风土人情和民族文化非常深厚和浓郁。旅游业被柬埔寨王国政府确认为"绿色黄金"，为该国经济、就业、减贫作出了重要贡献。据柬埔寨旅游部统计，截至 2017 年，在旅游部注册的全国旅游胜地达 394 个。2018 年赴柬的国际游客数量达 620 万人次，全年国际旅游收入达 43.56 亿美元。中国是其最大客源国，中国游客超过 200 万人次。

柬埔寨在旅游业发展中呈现新的旅游发展态势，主要体现在如下几方面。

1. 世界文化遗产游

吴哥窟又称吴哥寺，是世界七大奇迹之一，在柬埔寨暹粒省西北方。1992 年，联合国教科文组织将吴哥古迹列入世界文化遗产。此后吴哥窟作为吴哥古迹的重中之重，成为柬埔寨的一张亮丽的旅游名片。

2. 文化体验游

柬埔寨不仅有吴哥窟的世界文化遗产，同时拥有丰富的民族文化和风土人情。

金边皇宫。金边皇宫也称四臂湾大王宫，位于金边市中心，是诺罗敦国王于 1866~1870 年建造的，由柬埔寨的顶尖建筑师所设计，是柬埔寨国王的皇宫。

吴哥国家博物馆。吴哥国家博物馆位于暹粒省暹粒市，馆内收藏的文物是高棉帝国时期艺术成就的代表作，均为真品。吴哥国家博物馆每年吸引众多游客前来探索、考察高棉帝国留下的丰富遗产。

柬埔寨国家博物馆。柬埔寨国家博物馆位于金边市中心，博物馆建于 1913 年，目前馆内收藏有 4~10 世纪、吴哥王朝等时期的手工艺品及雕刻艺术品。

塔山寺。塔山是金边的发祥地，高约百米，山顶供有奔夫人之像，是金边的象征之一。塔山寺是金边的地标性建筑，也是当地人祈福的地方。

独立纪念碑。独立纪念碑位于金边诺罗敦大道与西哈努克大道交叉的十

字路口，金边皇宫南侧的独立广场，是为纪念1953年11月9日柬埔寨摆脱法国殖民统治，获得完全独立而建的。

3.生态和谐游

洞里萨湖是东南亚最大的淡水湖，也叫金边湖，呈长形位于柬埔寨的心脏地带，它通过洞里萨河同流经金边的湄公河相连，是柬埔寨人民的"生命之湖"。

西哈努克是柬埔寨旅游体量最大的省份之一。它位于泰国湾，其中的索卡海滩，是西哈努克城最著名的海滩之一，绵延超过1000米，有着洁白的沙滩和平缓的海底，非常的安静。

高龙岛是柬埔寨第二大岛屿，位于西哈努克城西南处的泰国湾。高龙岛拥有丰富的自然景观，包括珊瑚礁、热带棕榈林、热带雨林、瀑布、波光粼粼的湛蓝水域和28个纯白沙滩。每年有众多欧美的真人秀节目到此拍摄取景，是许多西方人眼中绝佳的度假之选。

荔枝山原名八角山，位于吴哥寺东北方向，两地30千米左右。中国元朝使节周达观来此游览之时，将携带的荔枝种子撒于山上，后成长为大片的荔枝林，故改名为荔枝山。荔枝山是柬埔寨的佛教圣地和著名风景区。

（三）印度尼西亚

印度尼西亚位于亚洲东南部，地跨赤道，与巴布亚新几内亚、东帝汶、马来西亚接壤，是全世界最大的群岛国家，由上万个岛屿组成，是全世界最大的群岛国家，疆域横跨亚洲及大洋洲，别称"千岛之国"。各岛处处青山绿水，四季皆夏，人们称它为"赤道上的翡翠"。

旅游业已是印度尼西亚新经济的支柱产业。2018年印度尼西亚共吸引国际游客1580.62万人次，比2017年增加了12.58%，其中马来西亚以250.16万人次排在第一位，中国、新加坡、东帝汶和澳大利亚分别以213万人次、176.86万人次、176.21万人次和130.12万人次排在第二到第五位。随着国际旅游客源市场的发展和消费者需求的变化，越来越多样的旅游业态受到游客追捧。主要体现在以下几个方面。

1. 文化体验游

婆罗浮屠位于印度尼西亚爪哇岛中部马吉冷婆罗浮屠村，是举世闻名的佛教千年古迹。与中国的长城、印度的泰姬陵、柬埔寨的吴哥古迹和埃及的金字塔齐名，被世人誉为古代东方的五大奇迹。

海神庙始建于16世纪，坐落在海边一块巨大的岩石上，是巴厘岛最重要的海边庙宇之一，也是巴厘岛三大神庙之一，以独特的海洋落日景观而闻名。

普兰巴南寺庙群，是印度尼西亚最大的印度教建筑群。

日惹的文化中心。爪哇岛的第二大城市是日惹，这里是印度尼西亚人民心中的文化和精神中心。在这座城市中旅游，可以见到很多展览馆或艺术馆。当地比较有特色的是夜间的影子木偶表演、民俗音乐会和艺术展览。

还有苏门答腊岛的巴丁琳舞蹈和爪哇岛的土著文化体验。

2. 婚礼蜜月度假游

巴厘岛是世界上非常著名的蜜月岛屿，充满了浪漫的气息，以至于现在很多明星都会选择在这座海岛举行婚礼或度蜜月。同时这里是世界顶级主题酒店汇集之地，海岛度假主题酒店与热带生态融为一体。

3. 城市娱乐购物游

千岛之国的大都市——雅加达，拥有十几座购物中心。印尼广场（Plaza Indonesia）是一个位于印度尼西亚雅加达市中心的购物中心，拥有各种国际奢侈品牌，包括斯特拉·麦卡特尼、宝格丽和范思哲等。大印度尼西亚购物城（Grand Indonesia Shopping Town）是一个位于印度尼西亚雅加达市中心的购物中心，拥有各种高档品牌和娱乐场所，还拥有超市、百货公司、家居改造站、健康美容中心，配套设施健全，便于消费者购物。雅加达兰花园（Mall Taman Anggrek）面积为36万平方米，拥有超过500家商店。雅加达兰花园拥有印度尼西亚最大的室内溜冰场，有10个展览区，以及可以举办各种活动和音乐会的中央剧院。商场拥有世界最长的LED显示屏。庞多克英达购物中心（Pondok Indah Mall）是印度尼西亚雅加达最大的商城综合体，它由三个商城组成，每个商场都有不同的商店和餐馆。庞多克英达购物中心拥有百货公司和超市，以及电子商店、沙龙和健身中心。庞多克英达购

物中心也是一个娱乐和休闲目的地，拥有水上乐园、电影院和"冬季仙境"。雅加达太古广场（Pacific Place Jakarta）是印度尼西亚雅加达高端商场之一，拥有200多家租户。雅加达太古广场附近还有各种精品店，以及著名的雅加达硬岩咖啡馆和丽思卡尔顿酒店。雅加达中央公园（Central Park Jakarta）购物中心是一个可以俯瞰大型宽敞公园的两座塔楼，位于印度尼西亚雅加达市中心。商场拥有各种快餐店，以及当地和国际品牌时装店。

巴厘岛是印度尼西亚最受欢迎的购物目的地之一，Bali Collection位于巴厘岛旅游开发公司努沙杜瓦旅游飞地，是一家集购物、餐饮和娱乐于一体的繁华商业街，是高端购物胜地。该商业街占地逾8公顷，毗邻多家五星级国际酒店，同时也是努沙杜瓦最大的商场。

库塔海滩步道购物中心，汇集了无数商店、餐厅和娱乐设施，更是各大国际品牌店和连锁店的聚集地。"海滩步道"是巴厘岛首个建筑设计独特的购物中心，其风格与典型的购物中心大相径庭。

乌布艺术品市场被当地人称为"Pasar Seni Ubud"，它位于乌布皇宫对面，每日开放。此处出售丝巾、轻便衬衫、编织袋、帽子、雕像、风筝以及其他手工商品。大多数商品都是在附近的村庄里制作完成的，如Pengosekan、Tegallalang、Payangan和Peliatan。乌布艺术品市场坐落于众多艺术品制作村庄的中心，地理位置极佳，是购买巴厘岛手工艺品和纪念品的不二选择。

巴厘岛葛雷立亚购物中心拥有多家餐厅、书店、时尚商店、大型超市、电影院和纪念品店，其中庭和主厅经常会举办展览。前区主要包括一家免税店和Planet Hollywood餐厅；后区主要是巴厘岛葛雷立亚玛塔哈瑞时装店。

Sukawati艺术品市场位于Sukawati主街道上，是在巴厘岛购买手工艺品和传统手工产品的最大市场。

4. 生态和谐游

苏门答腊岛曾在2014年被世界著名旅游杂志评为最棒的旅游目的地之一，因为这里是一个狂野而又美丽的冒险乐园。苏门答腊岛北部有着茂密的热带雨林，在这里可以看到很多大象，还可以在武吉拉旺看到红毛大猩猩。

在岛上最大的公园——克尼西士巴拉国家公园，还可以见到老虎和苏门答腊犀牛。所以整个苏门答腊岛就是一个热带雨林与野生动物共存的生态环境。

整个爪哇岛拥有12个国家公园供游客探索。因为位于赤道地区，热带丛林茂密，所以自然环境也特别优美，适合徒步旅游。

世界上最大的蜥蜴——巨蜥科莫多只存在于印度尼西亚的五个岛屿上——科莫多、林卡、弗洛雷斯、吉利莫当和帕达尔。它们重达150磅并且咬了人会吐出有毒的液体，令人不敢靠近。

婆罗洲的野生岛屿（其中加里曼丹占2/3左右）让冒险者着迷。茂密的热带雨林、原始的土著部落和丹戎普廷国家公园的红毛猩猩，都是这个地方最具特色的景观。

洛伦兹——东南亚最大的国家公园，是巴布亚岛上的联合国教科文组织世界遗产，面积广阔，占地25056平方千米。这里拥有多样的生态系统，包括红树林、热带雨林、高山苔原和赤道冰川。它的最高点是查亚峰，是介于喜马拉雅山脉和安第斯山脉之间最高的山峰。同时，这里还有123种哺乳动物和630种鸟类，其中许多都是该地区特有的。

5. 研学游学体验游

印度尼西亚的千岛风光和特色的人文风情以及世界顶级海洋海岛风光，每年吸引众多国际游客和世界各地学校学生到此开展研学、游学、夏令营活动，如巴厘岛的夏令营旅游活动、雅加达的城市大学和泰莱大学的游学以及火山研学科考等活动。

6. 潜水体验游

印度尼西亚素有"千岛之国"的称号，海岛多，所以潜水的地方也非常多。珊瑚三角是世界上最好的潜水点。珊瑚三角是太平洋的一个区域，包括印度尼西亚、马来西亚、菲律宾、巴布亚新几内亚、东帝汶和所罗门群岛周围的水域。探索它的最佳方式之一是在印度尼西亚西巴布亚省四王群岛附近乘船。在这片海域潜水可以发现世界上已知的75%的珊瑚物种，以及多达2000种珊瑚鱼。

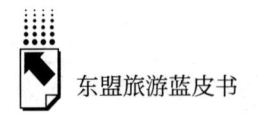

7. 边境旅游、旅游枢纽和低成本航站楼

印度尼西亚周边为马来西亚、新加坡、澳大利亚等国家，特别适合开展边境旅游项目。印度尼西亚的特殊地理位置，为其建设成为国际旅游枢纽中心奠定了坚实基础。千岛之国，需要低空飞行解决旅游交通问题，自助式的低成本航站楼满足了旅游发展需要。

（四）老挝

老挝地处中南半岛，与中国、越南、柬埔寨、泰国接壤，是一个狭长形的内陆国家。老挝是佛教国家，历朝历代建起的大小寺庙遍布全国，赤着脚、穿着橘黄色袈裟的僧侣随处可见。那里环境天然、民风淳朴、古迹良多，是修行的一片净土，也是旅行旅游者梦寐以求的"桃花源"。老挝是"一带一路"倡议的积极响应者，随着现代国际旅游市场的发展和消费者需求的变化，老挝旅游业处于转型升级发展时期，新的旅游业态也不断呈现，主要表现如下。

1. 文化体验游

（1）世界文化遗产体验游——琅勃拉邦。

琅勃拉邦是世界文化遗产地，民风淳朴，自然生态保护完好，没有过分商业化的人际关系，被公认为是东南亚传统与殖民风格保存最为完好的城市，成为西方游客追求的"世外桃源"。

（2）夜间旅游新体验——万象的《甘帕·象牙公主》文化旅游演艺。

万象隔着湄公河与泰国相望，是世界上极少数紧邻他国边境的首都之一，是老挝最大的城市。过去，老挝白天旅游内容丰富，晚上西方游客习惯喝酒，东方游客闲得发呆，现在中国、老挝两国的艺术界正在联手打造高水准的文化盛宴，一个老挝家喻户晓的历史文化故事《甘帕·象牙公主》正在由两国一流艺术家搬上演出舞台。演出地点在万象的国家文化宫，有一百多人的演员阵容，是一场表现老挝历史文化内涵的大型演出。

（3）研学文化体验游。

王宫博物馆建于1904年，为西萨旺·冯国王的寝宫，该王宫同时作为博物馆供人们参观。王宫博物馆最适合成为琅勃拉邦的旅游第一站，在这里可以看到澜沧王国的遗迹和许多国家级的文物。

老挝国家博物馆位于万象三兴泰大街，老挝民族文化大厅对面，是老挝最大的博物馆。其内部陈列再现了老挝的历史，弘扬了老挝人民艰苦奋斗努力摆脱殖民统治和帝国主义侵略的伟大精神。

占巴塞省博物馆是位于首府巴色的一个地方博物馆，博物馆内收藏着占巴塞省内许多历史文物以及资料，是了解占巴塞省文化生活最重要的地方。

香通寺始建于1560年，位于琅勃拉邦半岛北端，是由赛特哈赛莱斯王建的一个佛教寺庙。如同许多其他寺庙一样，香通寺也位于湄公河附近，是琅勃拉邦最华丽又最具代表性的寺庙。

沙格庙始建于1818年，位于首都万象澜沧大街与萨特哈赛赖特大街的交会处。它是一座佛教寺庙，也是万象最古老的寺庙。法国殖民者曾于1924年和1930年进行过两次修复。沙格庙由国王昭阿努下令修建，因为他曾经在曼谷宫廷里受过教育，所以沙格庙整体采用佛教建筑中的暹罗风格，而不是传统的老挝建筑风格。有人说正是因为沙格庙与暹罗大多数寺庙有相同的风格，所以当暹罗人1827年镇压昭阿奴的反叛时，老挝大多数寺庙被夷为平地，沙格庙却幸免于难。但也有人说，暹罗人进攻万象时曾把沙格庙作为他们的总部以及住宿休息的地方，因此才保存下来。

老挝民族文化大厅是中国出资建造的，该文化大厅建成于2000年3月。文化大厅共有四层，其中礼堂可容纳1500名观众，还有2个会议室和1个休息室。它坐落在万象三兴泰大街，建筑宏伟，入口大门的老挝木雕更让它光彩出众。除非举办大型活动，文化大厅很少对公众开放，大多数时候这里用来召开政治会议、举办音乐会、播放电影、开办展览。

玉佛寺是澜沧王国的赛塔提腊国王于1565年下诏修建的，主要用来供奉从龙坡邦带来的碧玉佛像。

2. 户外运动拓展体验游——万荣

万荣是背包客的圣地、户外运动的天堂。万荣拥有与中国桂林山水、越南下龙湾媲美的喀斯特地貌，一座座山峰拔地而起，巍然耸立，形态万千，

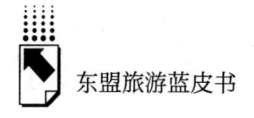

气势雄伟。山清水秀，民风淳朴，人们称之为"小桂林"。在万荣除了能够欣赏到秀美的山水外，还能体验各种户外运动，如卡丁车、跳水、高空滑索、漂流、热气球、攀岩等。南松河围绕在万荣周边，两岸风光秀丽，奇山秀水组成一副优美的山水画卷，也打造了一个闻名世界的漂流天堂。

3. 生态和谐游

老挝是野生亚洲象的生活地之一，在距离琅勃拉邦约 35 千米的"玛里发"大象营地，骑大象项目是游客的必备体验。

（五）马来西亚

马来西亚旅游业是马来西亚第二大外汇贡献产业，也是第六大经济贡献来源，旅游业还带动了其他行业的发展，如餐饮业、住宿业、服务业等。在马来西亚，休闲度假旅游、会展商务旅游、医疗旅游、修学旅游、高尔夫旅游及潜海旅游等创汇能力较强、层次较高的非观光旅游产品正逐渐成为市场的新宠，吸引了大批高端旅游消费者，并且呈现增长趋势，主要体现如下几个方面。

1. 文化体验游

马来西亚悠久的历史底蕴、各具特色的多元民族文化为马来西亚创造了独具魅力的人文景观。马来西亚各种各样的宗教建筑，如清真寺、佛教寺庙、印度教庙宇以及基督教堂都体现了其多元文化的融合。马来西亚也有大量不同民族风格和特色的历史建筑。葡萄牙、荷兰和英国风格的建筑，中国古典式的厅堂、庭院和园林，印度建筑和传统的马来式建筑，构成了各具特色、风格迥异的历史文化遗迹。此外，一些豪华的购物商场、现代化的娱乐设施和重大的交易会、展览会等也成为重要的旅游地点和项目。

2. 休闲体育体验游

国际海钓游。马来西亚已经成为中国钓手出国钓鱼的首选目的地之一，马来西亚每年举办众多钓鱼赛事，可满足中国钓鱼爱好者的需求。比如，中国精英钓手云冰旗鱼挑战赛、吉打州中国专业钓手马鲛挑战赛、肯逸湖淡水游钓等。

高尔夫休闲游。马来西亚是高尔夫球爱好者的天堂,美丽、休闲而充满活力。这里拥有众多世界顶级的高尔夫球场。全国共有逾200个,它们分布在高山上、热带雨林中或者市中心。游客不但可以尽情享受打球的乐趣,还可以欣赏马来风光。比如吉隆坡高尔夫球场与乡村俱乐部、皇家雪兰莪高尔夫球俱乐部、哥打柏迈高尔夫及乡村俱乐部、纳闽国际高尔夫球场、邓普勒公园乡村俱乐部、桑加纳高尔夫乡村俱乐部、拉雅峰高尔夫度假村、棕榈园高尔夫俱乐部、大红花球场、矿山高尔夫俱乐部、沙巴岛高尔夫球场、吉隆坡巡回赛球员俱乐部、槟城高尔夫俱乐部、阿娃娜云顶高原高尔夫球场等。

潜水游。马来西亚岛屿众多,蓝天碧海,拥有世界上最大最丰富的海洋生态系统,被誉为"世界潜水天堂",蔚蓝深海之下,藏着如梦如幻的醉人风景。仙本那诗巴丹岛位于东马来西亚西南方,5米的浅滩之后就是垂直落下的600~700米深的湛蓝海洋,被誉为世界上"海滨潜水之最"。Mantanani岛也被称为美人鱼岛,距亚庇的外海约30分钟的船程,由三个离岛组成,是安静美丽的小岛。这里归世界生态保护组织管制,只能从事无污染的水上活动(浮潜或深潜),绵延的白沙、随风摇曳的椰树都是赏玩拍摄的好景观。此外还有芭雅岛、兰卡央岛、热浪岛、刁曼岛、停泊岛、拉秧拉秧岛等。

3. 医疗旅游

马来西亚政府大力推广医疗旅游。为了推动医疗旅游业的发展,马来西亚在2009年专门成立了马来西亚医疗旅游理事会,以便为全球患者提供高品质的医疗服务。极具性价比的高质量医疗服务、舒适宜人的疗养环境,以及政府的大力推动和重视,使马来西亚成为全球最热门的医疗旅游目的地之一,马来西亚也凭借上述优势在美国《国际生活》杂志"2017年全球最佳医疗国家"排名中位列榜首。2018年马来西亚医疗旅游收入超过10亿林吉特,增长约25%以上。

4. 城市购物游

近年来,马来西亚政府致力于将马来西亚打造成世界级购物景点,所以

每年马来西亚都会有至少 3 次购物嘉年华,分别在 3 月、6~8 月、11~1 月,旨在创造全年性的购物气氛。著名的购物点有双子塔购物中心 KLCC（吉隆坡顶尖购物商场）、三井奥特莱斯购物城、吉隆坡中央市场、槟城光大大厦、布城阿拉曼达购物中心、沙巴曙光购物广场、升禧艺廊购物中心、吉隆坡机场免税店、成功时代广场、巴比伦购物广场等。

5. 会奖旅游

多元文化的融合一直是马来西亚会奖的一大卖点。马来西亚有众多会奖旅游目的地,设施、服务、活动项目配套完善,如槟城、兰卡威、沙巴、古晋和吉隆坡五个会奖旅游目的地的会展中心、酒店、娱乐活动、餐饮美食、医疗、潜水等要素一应俱全,满足不同会议奖励旅游团体的需求。

（六）缅甸

对于许多游客来说,缅甸仍然是一个神秘之地。随着缅甸逐渐对外开放,越来越多的环球旅行者来到此地。缅甸拥有大量壮观的景象,从古老的寺庙、绵延未受破坏的银色沙滩,到神秘的洞穴和风景如画的日落。伴随着现代旅游市场的需求多元化和多样化,缅甸旅游业融合发展,出现了新的旅游发展业态,主要体现在如下几个方面。

1. 文化研学体验游

缅甸是一个信仰佛教的国家,也是一个少数民族众多的国家,有着深厚的历史文化底蕴和丰富的人文资源。缅甸的佛教文化和地方民族文化体验越来越受国际游客的青睐。

仰光大金塔是缅甸最神圣的佛塔,也是佛教的信仰中心。它坐落于仰光市中心,游客通常会被它的"金光闪闪"所震撼。仰光大金塔位于仰光的最高点——茵莱湖畔的圣丁固达拉山上。缅甸人将大金塔视为佛教的圣地,它已经经历了 2500 多年的沧桑岁月,相传是为收藏释迦牟尼八根佛发而建的,其间经过君王不断的扩建,现在塔高超过百米。大金塔上部贴的金箔重达六吨,塔顶宝伞上悬挂着 1065 个金铃和 420 个银铃,塔顶镶嵌

7000多颗钻石以及一颗世界上最大的红宝石，塔周围还环绕着68座各式小塔。

此外，仰光乔达基卧佛寺，供奉着缅甸最大的卧佛像。蒲甘被称为"万塔之城"，是缅甸第一个王朝蒲甘王朝的首都，被旅行者视为缅甸最美丽的地方。蒲甘是世界三大佛教古迹之一，与柬埔寨的吴哥窟、印度尼西亚的七层浮屠齐名，是世界文化遗产。金岩石宝塔是缅甸第三大重要的佛教圣地。曼德勒是著名故都、缅甸第二大城市，也是华侨大量聚集的城市，曼德勒地区被列为联合国世界文化遗产，其最著名的文化体验地是曼德勒皇宫、乌本桥、世界最大书本、千人和尚庙、金色宫殿僧院等。若开邦遗址的骠国古城遗址于2014年被联合国教科文组织列入世界文化遗产名录。宾德亚石窟收录了8000多个建造于不同时期的佛陀神像。

缅甸的历史文化体验和研学体验的文化旅游新业态有博物馆研学体验，缅甸主要有缅甸国家博物馆、蒲甘考古博物馆、昂山博物馆、缅甸电影博物馆等。

2. 生态和谐游

缅甸生态环境优越，拥有美丽的原生态滨海风光和热带雨林风光景色，同时也拥有众多的少数民族文化资源和地方文化资源。因为其是佛教国家，人们爱护自然生态环境，呈现生态环境与人文景观的和谐共生景象。其中最有名的是茵莱湖、缅甸皇家植物园、印多吉湖野生动物保护区等。

3. 低空飞行体验游——热气球游

缅甸的蒲甘仅次于土耳其的卡帕多西亚，是全世界乘坐热气球的热点地区之一，是世界十大热气球旅游目的地之一。虽然价格不菲且每年涨价，但游人还是络绎不绝。等热气球到了高空，游客低头可以看到无数佛塔散落在蒲甘平原上。据说在蒲甘全盛时期，在这方圆几十平方千米的平原上，曾经矗立着数万座佛塔，现在大概有4400座大大小小的寺庙。

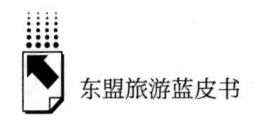

4. 边境体验游

缅甸与中国相邻，边境风情和体验项目深受游客喜欢，缅甸对中国游客开通自驾车体验游线路、边境口岸互市体验游等旅游项目活动。

（七）菲律宾

菲律宾位于亚洲东南部，西濒南中国海，东临太平洋，是一个群岛国家，共有大小岛屿7107个。7000多个岛屿，迷宫般的群岛、棕榈成排的白沙滩、美丽的珊瑚礁……菲律宾也因此拥有"西太平洋明珠"的美誉。如今的菲律宾已成为东南亚的旅游胜地，众多岛屿吸引了全世界的水上运动爱好者，丰富多样的海洋生物、良好的海洋生态使菲律宾许多地方成为观察海洋生物的最佳潜水地之一。菲律宾的旅游业随着国际游客市场的新变化和新需求而发展，产业融合更加密切，新的旅游业态不断创新，主要体现在如下几个方面。

1. 文化体验游

菲律宾的文化体验游主要是历史文化和人文景观以及自然景观的融合体验。菲律宾的巴洛克式教堂群位于菲律宾吕宋岛的巴奥艾、圣玛利亚、马尼拉以及班乃岛的米亚高等地。菲律宾的巴洛克式教堂群是东方基督教文化与建筑艺术相结合的建筑杰作，已被联合国教科文组织列为世界文化遗产。其中抱威教堂是形状如金字塔的三角建筑，是一座典型的西班牙风格教堂。

维甘古城建于16世纪，300年前是国际上重要的港口，现在则是世界上唯一一个在欧洲殖民建筑中融合亚洲设计风格的建筑。简单地说，维甘是一座极具魅力的历史小镇，以西班牙建筑的丰富层次为主，融合了菲律宾的缤纷色彩与中国传统特色，是许多外国游客必去的景点之一。

伊富高省的科迪勒拉水稻梯田景观。科迪勒拉山的水稻梯田中被列为世界文化遗产的是4个城市的5个梯田群。另外，最著名的巴纳韦梯田群并没有被列入世界遗产，但因其具有天国阶梯般的美景，反而被部分旅游网站评选为"世界第八大奇景"。

科迪勒拉山的梯田群已有2000年的历史，为世界上最大规模的梯田群，拥有世界上最大的人造灌溉系统。伊富高族2000年以来，完全靠人工从吕宋岛以北的崎岖山脊上开垦灌溉，并代代相传农耕知识与技术。但随着社会的发展和人口的增长，种植水稻已无法支撑当地居民生活，壮年人口外移、种植荒废，梯田文化曾经面临消失危机。后菲律宾政府成立"国际梯田委员会"专门管理伊富高梯田，因此美丽梯田得以继续保存。

阿亚拉博物馆坐落于菲律宾的马卡迪市，建立于1967年，是菲律宾最重要的关于文化和艺术的博物馆，旨在回忆过去，记录现在，记载了菲律宾丰富的历史和文化传统。

2. 生态和谐游

菲律宾的自然景观相当丰富，广为人知的美丽沙滩、海洋、山中瀑布、梯田皆举世闻名。

哈密吉坦山及其周边山区是菲律宾境内生物多样性最丰富的区域。在这里最具标志性的就是菲律宾老鹰——食猿鹰，现今最大的鹰类，以及不同品种的猪笼草。山区内约2000公顷为森林保护区，它最为人所知的是魔幻般的森林，里面有生长在超镁铁岩浆土的百年世纪老树，还有许多濒临灭绝的稀有生物。

巴拉望公主港的圣保罗地下河公园，是早已远近驰名的公主港地下河。全长8千米的地底河，不仅是当今世上最长的地下水道，更蕴藏丰富的原始自然生态，岩石形状独特，早在1999年就被联合国列为世界文化遗产，并入选"世界新七大自然奇景"之一。旅客可乘坐小艇穿越水道探险，千万年历史的钟乳石奇形怪状，一时又有几千只蝙蝠在游客头顶飞过，令人惊叹。

图巴塔哈群礁国家公园。图巴塔哈位于巴拉望公主港以东的苏禄海，是一个独特的环状珊瑚岛礁，海域里有超过600种的鱼类、360种的珊瑚、11种鲨鱼、13种海豚与鲸鲨类，以及100种的海鸟，拥有丰富的海洋生态，因此被菲律宾政府列为环境保护区。想要一睹图巴塔哈群的美丽，唯一方式是参加船宿潜水的活动，而且一年只有3~6月开放，费用相当昂贵，但多样的海洋生物群与能见度极高的湛蓝海水，吸引全球各地的潜水客前往，往

往一票难求。

沙璜湾1973年被联合国教科文组织列为人与生物圈保护区，有种类多样的水下地貌和海洋生物，拥有全亚洲最多样化的珊瑚礁，是知名的潜水胜地。

埃尔尼多保护区目前是菲律宾最主要的高档旅游目的地之一，这片自然保护区占地96000公顷，有着多样的生态系统，如雨林、红树林、白沙滩、珊瑚礁以及距今已有5000万年历史的石灰石悬崖。这里自然景观得天独厚，有着各种各样的野生动物，其中包含种类繁多的鱼、100多种鸟类和3种濒危的海龟，另外还有被当地人叫作dugong的海牛，非常像传说中的美人鱼，长达3米，重达400多公斤。

苏米龙岛位于宿雾东南部奥斯洛布镇外海，岛屿不大，近似于一个私人小岛，是菲律宾第一个海洋生态保护区。苏米龙岛周边海水清澈，每天早上都可以看到鲸鲨，附近还有大片珊瑚礁，拥有一流的深潜和浮潜环境。苏米龙最热门的景点便是形状随季节变化的沙洲，当然，洁白的沙滩美景也是一大亮点。岛屿西边是圆沙滩，东面是长沙滩，游客可以尽情享受热带岛屿的日光浴。

凯央根湖也叫镜湖，位于科隆岛西北侧海拔高约43米的山腰，是一个比海水淡的咸水湖。凯央根湖是巴拉望最经典的旅游景点，曾上过《国家地理》杂志的封面。它拥有纯净的水质与变幻多端的色彩，被誉为全菲律宾最干净的湖泊，能见度非常高，一入水就仿佛进入了动物乐园。

3. 度假蜜月游

菲律宾的最佳旅游季节是每年的11月至次年4月，适合蜜月度假，其中最佳旅游目的地是长滩岛、薄荷岛、杜马格特以及爱妮岛等。

4. 潜水体验游

菲律宾拥有独特的海岛景观和优良的海洋生态系统，是潜水体验的旅游目的地。其中，图巴塔哈是潜水人的梦幻天堂；加莱拉港是世界著名的潜水胜地，特别适合浮潜和水底摄影；长滩岛适合潜水和浮潜；科伦是东南亚最著名的沉船潜点；巴里卡萨岛是顶级的潜水天堂，是浮潜首选之地；锡基霍尔岛是浮潜和潜水的圣地。

（八）新加坡

新加坡提供的旅游体验，不仅限于丰富多彩的景点，还有更多的新业态融合体验，是世界级旅游目的地。

1. 文化体验游

新加坡的文化体验是立体呈现的。

鱼尾狮公园是新加坡地标建筑，也是新加坡的国家标志性景点。

新加坡有中西宗教文化融合体验景点，主要代表有马里安曼兴都庙（德拉威风格）、斯雷拉马尔兴都庙（德拉威风格）、天福宫（中式，专供女海神妈祖）、新加坡佛牙寺龙华院（中式）、圣安德烈教堂（新哥特式）、圣诺犹太教堂（新文艺复兴风格）、苏丹回教堂（新文艺复兴风格）、阿斯雅法回教堂（现代风格）、圣体堂（后现代风格）等。

新加坡植物园。新加坡植物园是新加坡首个联合国教科文组织世界文化遗产。新加坡植物园内建有历史博物馆，以互动和多媒体的特色形式详细介绍了植物园的历史文化。

牛车水（新加坡民族社区唐人街）、新加坡"小印度"、甘榜格南社区（马来文化和伊斯兰文化融合社区）都是极具文化融合特色的胜地。

2. 研学游学体验游

新加坡是花园式城市，现代与传统、时尚与个性等的融合呈现新的生机活力。新加坡的研学和游学地点主要有新加坡植物园、新加坡动物园、新加坡国家美术馆、滨海艺术中心以及新加坡国立大学、南洋理工大学、新加坡管理大学等。

首都戏院曾经是新加坡最华丽的戏院（电影院），沉寂了将近20年后，经过翻新，连同旁边的首都大厦和史丹福大厦变身为一个综合发展旅游地，集中了餐饮、娱乐、购物、酒店及服务式公寓等设施。

另外，新加坡众多博物馆也是开展研学教育的目的地。

3. 生态和谐游

新加坡的生态环境与城市发展完美融合，突出的生态和谐游目的地有新

加坡植物园、新加坡动物园、新加坡夜间野生动物园、滨海湾花园、麦里芝蓄水池公园、福康宁公园、拉柏多自然保护区等。

4. 会展会奖旅游

新加坡一直被视为最具优势的展览城市，不仅连续多年被评为亚洲首选会展举办地，也被评为世界第五大"会展之都"和"全球最佳会议城市"。许多世界驰名的专业展览组织、公司，如励展博览集团、杜塞尔多夫展览机构等，均将亚太地区的总部设在新加坡。经过50多年的发展，如今的新加坡会展市场渐趋稳定，虽然竞争激烈，但是这些会展公司始终坚守质量与服务取胜的办会办展理念。得益于发达的会展经济，新加坡其他的相应产业也得到了广阔的发展空间。统计显示，新加坡每年举办大型会展活动近4000个，展会规模和数量居亚洲第一位，主要集中在新加坡博览中心、新达城会展中心、莱佛士城会议中心等三大场馆。

崭新的国家设计中心原是一栋建造于1879年的圣安东尼修道院，现在它成了展示新加坡优秀设计及举办各种设计活动的场所。中心经常会策划精彩的设计展览，包括全面的新加坡设计50年的展览，展示了新加坡设计产业的发展历程。

5. 休闲娱乐度假游

圣淘沙是个全方位玩乐休闲的度假胜地和度假综合体，是世界级的海上运动场所、高尔夫球场和度假休闲中心，是广受欢迎的新加坡岛屿和旅游胜地。

新加坡滨海湾金沙酒店号称是当今世界上最昂贵的酒店，拥有世界上最大的室外泳池。

莱佛士酒店被誉为新加坡殖民史的缩影，以新加坡的创始人莱佛士爵士命名，是六星级酒店，于1887年12月1日正式开业，成为著名的文化地标，酒店拥有当时新加坡首个公共走廊，被众多名人顾客赞为"灵感发源地"。

新加坡圣淘湾大酒店位于新加坡的西海岸，靠近怡丰城购物中心和港湾地铁站，毗邻新加坡最古老的公园——花柏山公园，游客可以充分感受都市与自然的完美交融。

新加坡泛太平洋酒店位于滨海湾地区，屡次荣获世界旅游奖评选的"世界领先商务酒店"称号。

此外还有众多世界品牌酒店如香格里拉圣淘沙度假村、丽思卡尔顿美年酒店、费尔蒙酒店、Hard Rock 酒店、圣淘沙名胜世界节庆酒店、半岛怡东酒店、文华东方酒店、安缦酒店、阿丽拉酒店、六善度假酒店以及娘惹酒店等。

6. 城市购物游

新加坡是购物娱乐胜地，拥有众多顶级购物中心。

樟宜机场。樟宜机场环境优美、服务良好、设备充足，而且免税店品牌全、价格低、优惠多。不管是彩妆用品还是服饰，都可以在这里用最实惠的价格拿下。

乌节路。这里是新加坡最繁华的步行街，随处可见热闹的商城。在这里不仅能欣赏当地人文风情，还能满足购物需求，知名购物商城有爱雍、义安城、高岛屋等。

牛车水。牛车水被称为"chinatown"，既有当地风格，又有中国传统文化的味道。南桥路以西是珍珠坊、裕华国货、唐城坊等商城，以东除了各式庙宇外，便是邻近滨海区的新兴商业区域。

滨海湾金沙购物广场。是新加坡地标式购物中心，是新加坡的豪华购物中心之一，汇集了众多国际奢侈大牌、新锐品牌以及全新概念潮店。它坐落于中央商务区核心地段，可俯瞰滨海湾壮丽的天际线风光。

怡丰城。是圣淘沙对岸的一站式购物中心，作为新加坡最大的零售和生活方式目的地，怡丰城是新加坡购物天堂的重要组成部分。怡丰城坐落于圣淘沙岛对面的滨水之地，风景秀美，是一个惬意、有趣的购物中心。其设计师是日本建筑师伊东丰雄，充分利用了宽阔的空间，充满了生机与活力。怡丰城的购物商店门类齐全，书籍、食品、电子产品、娱乐设施、体育生活用品、宠物和时装等应有尽有。

武吉士五彩缤纷的街道，以及附近充满活力的哈芝巷和文化色彩丰富的

阿拉伯街，每天都吸引从四面八方涌来逛街购物的人群。这三条街相距不远，却各有特色。武吉士最吸引人的是旧货店和韩潮时尚店铺。

哈芝巷素来以融汇复古时尚、结合本土品牌闻名，因此处处可见时尚精品店设于充满复古风情的旧店屋里。

7. 医疗旅游

新加坡作为主要的医疗旅游目的地，之所以获得成功，可以归因于其长期的、综合的战略规划。新加坡广泛利用免费的商务环境，建设成为全球最好的会展业所在地。医疗专业人士前往新加坡参加医学会议和培训的人数比去其他国家的人数要多。同时，许多新加坡医生会到其他国家去分享知识。

新加坡每年都吸引大批国际上的医生和医学专业人士，来此寻找专业的发展机会。新加坡医疗旅游行业的优势之一是，外籍医生占总医务工作者的比例相对较高（在公共部门中，超过 1/3 的医生是外国人）。这反映了政府的目标：维持一个稳定的具有广泛临床和学术背景的医疗专业人员队伍。此外，在新加坡的医学从业者中，英语是一种广泛使用的语言，因此在很大程度上避免了误诊的问题。新加坡拥有世界十大医院之一的格伦伊格尔斯医院，可为医疗游客提供最先进的设施。该院通过先进的技术，如医疗机器人来完成复杂的外科手术。此外，新加坡还拥有两个著名的私人医疗集团，即百汇医疗集团和莱佛士医疗集团。这两家集团在新加坡都经营着几家知名的医院，同时与中国、印度和阿拉伯联合酋长国等国家的合资企业和全球战略联盟维持着强大的海外业务合作。同时，新加坡利用生物医疗技术发展其全体医疗技术部门。2011 年以来，新加坡医疗技术部门的贡献达到了 30 亿美元以上，提供了上万个就业岗位。政府投资于生物医学研发的费用在 2015 年达到 27 亿美元。

（九）泰国

泰国是东南亚最受欢迎的旅游目的地，拥有深厚的历史文化、丰富的民族文化和神秘的宗教文化，以及水晶般的蓝色海滩、梦幻般的岛屿、茂密的生态丛林，还有美味的食物、豪华酒店与医疗体育资源。

1. 文化体验游

历史文化、宗教文化、海洋文化和民族文化的交融，使泰国展现出无限的魅力。

大皇宫位于曼谷市中心区，是泰国历代王宫保存最完整、规模最大、最有民族特色的王宫。它由一组布局错落有致的建筑群组成，汇集了绘画、雕刻和装饰艺术的精华。曼谷王朝从拉玛一世到拉玛八世，均居于大皇宫内，如今该地仅用于举行加冕典礼、宫廷庆祝等仪式。其内部文化景点有武隆碧曼宫、阿玛林宫、玉佛寺、律实宫等。

清迈古城为兰纳泰王朝古国的王室宫殿遗址，呈四方形样式，依然保留着城墙和护城河。城内遗迹众多，名胜遍布，如清迈女子惩教所、塔佩门、帕辛寺、盼道寺、契迪龙寺。

素可泰古城位于曼谷市以北约540公里处，其缔造者泰族人据说来自云贵高原。在高棉王朝统治整个中南半岛的时代，一个泰族领袖起义，被泰人拥戴为印拉第王，于公元1238年创立了泰国第一个独立王朝素可泰。至兰甘亨大帝统治时期，为抵御元朝的领土扩张，素可泰与北方泰族各王国缔结同盟，疆域达到最大，成为泰民族第一个统一国家。1979年，联合国教科文组织与泰国政府合作，对荒废了600年的素可泰进行全面修葺。长达十余年的修复工程结束后，1991年，它以"东南亚五大奇迹"之一的身份，被列入世界文化遗产名录。

阿育他亚，又名大城，是泰国阿育他亚府首府，位于泰国中部、首都曼谷以北88公里的湄南河畔。阿育他亚由乌通王始建于1350年，是阿育他亚王朝首都。阿育他亚王朝经历了34代君主，历时417年，是泰国历史上最长的一个王朝，历代君主建造了数百座宫殿和佛寺，在其鼎盛时期，为东南亚最大的国际都市之一。1767年，该城被缅甸攻占后焚毁，现存废墟为阿育他亚历史公园所在地。

大城阿育他亚古城根据系统而严谨的城市规划图来布局建造，其位于三条河流交汇的小岛上，拥有天然的护城河，岛内道路均与渠道平行，并利用超过30座各式桥梁连接，主要建筑物周围由道路、水道、护城河构成。遗

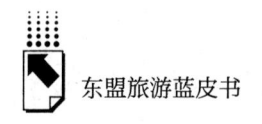

迹主要为圣骨塔和大清真寺,从残留下来的部分宫殿遗迹、佛像和雕刻中,可看出当时阿育他亚在绘画、文化、艺术方面都达到了较高的水平,其中以绘画艺术的成就最为显著。阿育他亚艺术流派展示了阿育他亚文明的智慧和创造力,吸收融合了大量的外来文化,所有建筑都典雅地装饰有精美的工艺品和壁画,这些工艺品和壁画一定程度上保留了素可泰的传统风格,同时借鉴融合了日本、中国、印度和欧洲17、18世纪的艺术风格,造就了一种独特而又绚烂多姿的多样性文化面貌。1991年联合国教科文组织将其列入世界文化遗产名录

班清遗址位于泰国的乌隆地区,20世纪60年代到70年代,青铜器在班清史前遗址的墓穴中被发掘出土,考古学家们开始思考东南亚发展红铜和青铜制作技术的可能性。随着对班清研究的不断深入,班清被视为东南亚发掘地区最重要的史前聚居地,是人类文化、社会、科技进步的中心。1992年联合国教科文组织将其作为人类文化遗产,列入《世界遗产名录》。清莱灵光寺建于1997年,也叫白龙寺、龙昆寺等。由泰国著名设计师Chakermchai Kosipipat设计建造。从远处看,这座寺庙似乎是用瓷器建造的,走近才会发现这种错觉是白色涂料和玻璃亮片造成的。清莱灵光寺以素白做底,通身无一处镶金,象征佛陀的纯洁;以银镜镶边,寓意着佛的智慧照耀全宇宙。寺庙进门处手臂造型,更是寓意地狱场景。里面的壁画,除了传统的佛教主题,还增添了许多现代元素。

曼谷唐人街,在泰国首都曼谷市区西部,是城区最繁华的商业区之一,其规模及繁华程度,在东南亚各地的唐人街中,堪称魁首。浓郁的潮汕风情是曼谷唐人街最大的特色,潮州话在这里通行无阻。

泰国国家博物馆建在曼谷附近湄南河的一条支流上,位于玉佛寺北侧,是东南亚各国博物馆中规模最大的一座,也是泰国规模最大、藏品最多的博物馆。它的前身是泰国王室的御用船坞,始建于1782年,1874年开始对公众开放,成为一座真正的博物馆。这座建筑临水而建,将厚重的历史气息与灵动的水性之美相融合,形成了河面上的独特一景。

九世皇庙又叫国王庙,是蒲密篷国王最爱的庙宇,庙中供奉着高僧的舍

利子,庙内的佛殿、方丈楼、厨房和其他建筑多是白色,四周是绿化极好的皇家园林。九世皇庙为泰国三大奇观之一,其余两大奇观为七珍佛山和蜡像馆。

2. 低空飞行旅游

"微笑国度"泰国是少数的可以把经商投资和旅游业结合起来的国家。泰国持续增长的经济吸引了一大批做贸易的外国人,很快他们便被泰国的阳光沙滩、魅力风情所吸引,有些人选择再次回到这里度假,而有些人则把出差变为出游。泰国拥有东南亚最好的航空服务供应商,为东南亚周边地区提供五星级服务的飞行链,游客可以从泰国选择包机前往任何一个周边想去的地方。主要航空运营商有:Mjets 私人飞机(泰国私人航空业的领头羊,提供前往各地区的奢华包机航班)、Siam Land Flying 暹罗飞行(在专业飞行领域保持领先地位 20 多年,无论是商务还是度假包机均为专业服务)、Orient SKYs 东方天空(总部位于曼谷,主要为美国、欧洲和中国的游客提供私人飞机业务)、Stratos Jet Charters 斯特拉托斯私人飞行、Advance Aviation 先进航空(泰国最大的 VIP 直升机包机服务供应商,同时还提供私人飞机业务)等。

3. 医疗旅游

泰国的医疗服务在一些领域已达到世界领先水平,被誉为"亚洲健康中心",素有"第三世界的价格、第一世界的享受"的美誉,已成为世界医疗旅游业的"领头羊",是全球最大、最为成熟的医疗旅游目的地之一,亚太地区著名的三大国际医疗旅游目的地之一,全世界接待医疗旅游者最多的国家,也是亚洲地区作为医疗旅游目的地赚取外汇最多的国家。

泰国是亚洲第一个获得 JCI 认证的国家,截至 2017 年 2 月底,泰国已有 42 家医院和诊所获得 JCI 认证。在数量上,泰国总计有 1200 家医疗院所,包括公立医院、私立医院、专科诊所、非营利性医疗机构,其中 471 家为私立医院,也是亚洲拥有私立医院数量最多的国家。

泰国正是凭借其领先的医疗服务水平和丰富的旅游资源,成为全球最大、最为成熟的医疗旅游目的地之一。据彭博社和《无国界病人》杂志报道,泰国的医疗旅游规模位居世界第一。近几年,泰国的医疗旅游服务每年

可以创收将近1200亿泰铢，并且每年保持两位数增长。

相比于其他一些国家，泰国的医疗旅游业起步较早。医疗旅游在1998年的亚洲金融危机中作为生存策略兴起于泰国。自2004年起，泰国政府开始着力推动医疗旅游发展，由泰国体育与观光部联合卫生部牵头医疗服务、健康保健服务、传统草药等相关产业部门，先后提出了把泰国打造为"世界保健中心""亚洲健康旅游中心""亚洲SPA中心"的战略计划。

泰国已经在很多医疗项目上赢得了国际声誉，最为著名和最受欢迎的医疗项目包括：整形美容、牙科治疗、体检、心脏手术、矫形手术、试管婴儿、减肥手术、眼科手术、变性手术等。著名的医疗旅游医院有康明国际医院、曼谷医院集团、三美泰医院等，三美泰医院还入选了医疗旅游质量联盟（Medical Travel Quality Alliance，MTQUA）评选的2017年全球10佳医疗旅游医院。

泰国堪称SPA的天堂，到泰国SPA疗养也是游客必做的事情之一。泰国人把传统按摩看作预防疾病和替代治疗的重要保健手段。泰国SPA会根据不同人的体质使用不同的按摩方式，SPA会馆的装潢及氛围也十分讲究。

泰国医疗旅游基本都是个性化定制，医院设施及环境堪比五星级酒店，顾客可以享受一对一的、人性化的从客房、点餐、翻译、签证、机票和酒店预定到康复医疗的全程跟踪服务，服务周到细致。预约便捷、无须长时间等候是泰国医疗服务的优势之一。

泰国最为著名的医疗旅游城市有曼谷、清迈、清莱、华欣、苏梅岛、芭堤雅和普吉岛。

4. 体育旅游

泰国是典型的旅游国家，随着运动风气的兴盛，泰国旅游业也把运动和旅游产业相结合，组织了各种体验类运动和体育赛事。比如高尔夫比赛、泰拳比赛、马拉松比赛、自行车比赛、帆船比赛等。潜水和攀岩也是亮点，由此带动运动周边产品的需求呈爆发式增长，如运动服装、设备、配件等。针对不同的时节和气候，泰国全境会安排不同类型的体育旅游项目，2017年泰国成功举办了多场马拉松赛事，如第26届芭堤雅马拉松赛、孔敬国际马拉松、象岛马拉松以及清迈马拉松等，2018年成功举办曼谷马拉松、2018年第三届湄公河自行车赛等。

5. 休闲蜜月度假游

泰国有丰富的旅游资源和民族文化资源，同时拥有休闲蜜月度假、养生配套服务的一流设施。泰国适合休闲蜜月度假的目的地有曼谷、金三角、清迈、董里等。知名的旅游名片是一年一度的水下婚礼。从1997年举办第一届算起，到2018年已经是第22届了。

6. 节事旅游

泰国是多民族文化、宗教文化和历史文化融合的国度，众多节事吸引世界各地游客体验，主要节日有元旦、中国春节、鲜花节、万佛节、宋干节（泼水节、傣历新年）、佛诞节、春耕节、母亲节、水灯节等。

7. 城市购物游

泰国曼谷是世界十大购物天堂之一，是亚洲最便宜的购物天堂。曼谷是首要的购物圣地，其他城市的水上市场、夜市、主题购物乐园也自成一派，吸引众多游客前去体验。主要购物中心见表1。

表1 泰国七大购物中心

名称	面积	楼层	定位	开业时间	特色
Emquartier	2.5万平方米	11层	生活体验场所	2015年	·东南亚最大人造瀑布 ·3000平方米的空中花园
Central Embassy	7万平方米	8层	顶级购物中心	2014年	·铝瓦流线型设计 ·400米全泰最长橱窗
Siam Center	3.3万平方米	4层	年轻时尚商场	1973年，2013年重开业	·融合最新科技手段以营造现代感十足的店内氛围
Siam Paragon	30万平方米	10层	亚洲最大综合娱乐商场	2005年	·亚洲最大的水族馆
Siam Discovery	2.8万平方米	8层	年轻时尚商场	1997年，2016年翻新	·小体量高楼层的成功调改
Terminal 21	5.5万平方米	9层	时尚年轻潮流聚集地	2011年	·以机场为设计理念，融合九国风情
The Commons	5000平方米	4层	户外生活休闲空间	2016年	·以社群的思路运营社区商业

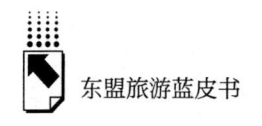

8. 绿色旅游（生态和谐游）

随着全球温室效应日趋严重，自然生态系统受到越来越多的危害，旅游业的发展也将加剧这种破坏的程度。针对生存环境的重要议题，泰国多年前已经开始发展绿色环保旅游项目。

从泰国东北部伊桑的农庄到南部原生态的沙滩，环境保护和游客与当地百姓之间的互动已经成为一种新的潮流趋势。家庭寄宿的形式越来越受到欢迎，泰国境内各国家公园又重新焕发了勃勃生机。目前可以提供的生态旅游项目越来越多，包括漂流、皮划艇、越野车、山地车、徒步远足等。在泰国，自行车一类的器械租赁已是随处可见。当然，绿色旅游的发展将会面临诸多困难。泰国国家旅游局因此不断推出各种绿色主题的活动，以保护环境。泰国国家旅游局秉承七个绿色发展理念。

一是绿色之心（Green Heart）。没有一个好的态度和正确的意识是无法对抗环境威胁的。在保护环境的过程中，任何一方都是不可或缺的。经营者、服务供应商、游客都必须意识到保护环境是一种责任。

二是绿色物流（Green Logistics）。到达目的地很重要，但是如何到达也很重要，游客应使用节能或者新能源交通工具。绿色物流也同样包括尽可能使用当地的产品和服务。

三是绿色景点（Green Attraction）。一个趣味十足，同时又拥有美丽的自然风景是十分重要的，同样重要的还有游客的责任心。

四是绿色社区（Green Community）。在保护环境的这张蓝图上，每个人携手合作是至关重要的。无论在城区还是郊区，支持以社区为单位的旅游是非常重要的，尤其是那些迫切想要保护其自然传统生活方式的社区。

五是绿色活动（Green Activity）。好的活动不仅要富有娱乐性，还要让游客更好地了解当地独一无二的文化底蕴或生态体系，同时不会对环境造成不好的影响。

六是绿色服务（Green Service）。优秀的服务可以给游客留下深刻的印象，但优秀的服务必须以对环境和社区的爱护为前提。

七是更多绿色（Green Plus）。支持保护环境社区有许多形式。经营者以可持续的方式发展社区，制造商和各类组织可以致力于发展一种人与自然和谐相处的方式，游客则可以带着责任心旅游。各方都可以为泰国的绿色转变做出一份贡献。

（十）越南

越南是一个融合了东方神秘色彩和法国浪漫风情的国家，拥有丰富的旅游资源和世界遗产资源。

1. 文化体验游

越南的文化体验项目大多体现世界文化遗产、历史文化及民族文化的融合。

顺化曾是三朝古都，建于1802年，在阮朝统治下直到1945年。在此期间它不仅是政治中心，同时也是文化和宗教中心。香河蜿蜒流经都城、帝国城、紫禁城以及内城，给这个独特的古都平添了许多自然景色。顺化历史建筑群于1993年作为文化遗产被列入《世界遗产名录》。

圣子修道院，又名美山圣地，位于越南中部。早在100多年前，考古学家就发现了该处遗址。圣子修道院是一处非同寻常的文化交流场所，公元4世纪到13世纪，一种独特的文化在现在的越南边境地区得到了发展，这种文化的宗教起源是印度教。正是通过这里，南亚次大陆的印度教建筑结构被引入东南亚。1999年，圣子修道院作为文化遗产列入《世界遗产名录》。

会安古镇位于越南中部，属广南省。1999年联合国教科文组织将会安古镇作为文化遗产，列入《世界遗产名录》。会安的建筑群突出体现了民族文化间的相互融合，同时也作为亚洲传统国际商港遗址被保护起来。

胡朝时期的城堡坐落于越南首都河内以南约150公里处清化省。城堡修建于14世纪，壮观的城堡建筑代表了东南亚王城建设历史中曾涌现出的一种新风格。2011年，作为文化遗产被列入《世界遗产名录》。

长安名胜群位于越南红河平原以南的宁平省，在红河三角洲南部，包括华闾古都国家级特别遗迹区、长安名胜—三谷—碧洞国家级特别遗迹区以及华闾特用林区等3处主要保护区，于2014年被列为世界自然和文化双重遗

产,成为越南第一项双遗产。长安名胜群的总面积为4000公顷,全部为长安石灰岩地质,既具有文化、审美价值,又符合地质、地貌价值的各项标准。

越南人类学博物馆。该馆展示了越南多元的文化艺术和民俗,提供越南语、英语和法语的解说,以及免费的中文宣传手册。展品异常丰富,令人叹为观止,包括艺术品和生活日用品,另外还有地图、录像和模型相辅。从圆锥帽的制作方法到萨满教的庆典仪式,充分展现了越南文化的多样性。

越南的首都河内作为一座历史文化名城,拥有众多名胜古迹。如胡志明故居、胡志明纪念堂、巴亭广场、独柱寺、文庙、河内大教堂、三十六行街、还剑湖、下龙湾、军事博物馆。

婆那加占婆塔,也译作天依女神庙,位于芽庄以北2公里,建于公元7~12世纪,是印度教风格的建筑。经过一千多年的风风雨雨后,仅有4座建筑较完整地保留了下来。这里供奉天依女神,在塔群旁边还有一处小型展示厅,展出象神雕塑。

越南的水上木偶戏是独具特色的艺术表演,以水面为舞台,艺术家们用竹竿操作可爱的小木偶,加上传统民族声乐以及人物声音的点缀,给人们带来全新的感受。现在,随着游客的大幅增加,水上木偶戏已经成为越南旅游观赏的首选节目。

2. 休闲浪漫度假游

岘港是越南中部的中心城市。港阔水深,有国际机场,位于越南三个世界文化遗产——顺化古都、会安古邑与美山圣地的交叉中心,被称为越南的第三大城市。岘港是越南最佳的海滨场地之一,也是东南亚最佳避暑区之一。

芽庄位于越南中南区,是一个备受欢迎的海滨度假胜地,如诗如画的高山、海滩和苍翠茂密的小岛吸引了无数游客。

美奈作为越南著名的海滨度假胜地,是冲浪者的天堂,拥有总长约50公里的绵长海滩。

大叻除了全年凉爽的天气,更有田园诗般的迷雾山谷、繁茂的松树和五彩缤纷的花朵，深受夏季避暑游客的欢迎。

胡志明市，曾叫西贡，是越南最大的城市，不仅有混合了现代与传统的景点，还有充满生机的购物、饮食和夜生活文化。

3. 边境区域旅游

越南与中国、老挝、柬埔寨相邻，边境景观丰富多彩，文化交往十分密切。口岸风光以及湄公河区域合作旅游区的开放，深受国际游客青睐。

4. 生态和谐游

越南山地自然生态景观和海洋生态景观十分突出，有下龙湾、方芽－科邦国家公园和长安景观等三处世界自然遗产，西部和北部萨帕山地景观、漫长的海岸景观和湄公河三角洲，都是开展生态和谐游的最佳体验地。

5. 海上邮轮游

越南东部海岸线设有下龙湾、岘港、芽庄邮轮港口，游客可以体验越南漫长的海岸线风光和"海上桂林"——下龙湾风光。

四 东盟旅游新业态发展研究结论与展望

（一）旅游新业态研究结论

新的旅游业态就是对于自身的发展要有新突破，在纯粹观光模式的基础上，在产品、组织经营方面实现多元化发展。对东盟十国旅游新业态研究发现，新业态的发展主要体现在如下几个方面。

（1）文化体验游。主要包括对世界文化遗产、历史文化、民族地方文化、宗教文化、民俗风情等的体验。

（2）研学和游学体验。研学主要针对宗教寺庙、博物馆、艺术馆、科技馆以及遗产文化和自然保护区。游学主要集中在各国著名大学特别是新加坡、马来西亚、泰国、印度尼西亚等国。

（3）生态和谐游。主要在自然保护区、国家公园、海岸、海岛、河流、山地景观等风景名胜区域。

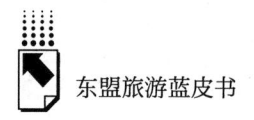

（4）休闲蜜月度假游。突出表现在文莱、新加坡、马来西亚、菲律宾、泰国、越南、缅甸、柬埔寨等国。

（5）会奖旅游。主要集中在马来西亚、新加坡、印度尼西亚和泰国等国。

（6）边境区域旅游。主要集中在马来西亚、新加坡、印度尼西亚、泰国、越南、缅甸、老挝、柬埔寨等国。其中最为突出的是马六甲海峡、湄公河流域、中越边境、中缅边境。

（7）医疗旅游。主要集中在泰国、新加坡、马来西亚等国。

（8）体育旅游。主要集中在泰国、新加坡、马来西亚等国。

（9）低空旅游。主要集中在马来西亚、印度尼西亚、泰国、柬埔寨等国。

（10）邮轮旅游。主要集中在马来西亚、新加坡、印度尼西亚、越南、泰国、菲律宾等国。

（11）城市购物游。主要集中在新加坡、马来西亚、印度尼西亚、泰国、越南、菲律宾等国。

（12）区域联盟组织。主要体现在东盟共同体、大湄公河次区域经济合作等。

（二）旅游新业态研究展望

东盟国家旅游业态的未来发展方向将更加满足旅游者的个性化需求，很可能在以下几个方面实现重大突破。

1. 新型业态不断涌现

随着现代旅游市场的不断变化和国际游客的需求变化，"N＋旅游"与"旅游＋N"的产业融合会不断扩大和深入，从而产生更多的旅游新型产品和业态品类，旅游新业态的发展会更加丰富和多元。特别是东盟国家的文化多元性和资源的多样性，会带来更多的旅游新业态品类和新型旅游产品项目。

2. 旅游经营创新更加富有智慧

现代科技的不断发展创新和旅游业态的相互交融，使现代旅游业经营更加富有智慧、更加人性化、更加便捷。不管是现代旅游业的营销跨界变革创新，还是小众市场的细化，精致、精品、精细、精深的旅游产品和服务产品的经营，都会更加满足多元而个性凸显的现代旅游市场的发展需求。

3. 产业融合发展愈发深入

旅游产业与其他产业深入融合之后，将形成新的产业融合体，延长旅游产业的边界。产业集成能够再创旅游产业价值链，塑造无边界旅游产业的持续竞争优势，成为旅游产业发展的新路径。工业旅游、研学旅游、情感旅游、休闲度假、康养旅游、智慧旅游、文化旅游、体育旅游、休闲农业旅游等新产品和业态形式不断出现，表明旅游业正与其他服务业，以及第一、二产业进行融合。其融合过程必将极大推进产业链延伸、产业链融合和产业链集群，从而使旅游行业六大要素"食、住、行、游、购、娱"全方位发展、交叉发展。

参考文献

郭为、许珂：《旅游产业融合与新业态形成》，《旅游论坛》2013年第6期，第1~6页。

汪鸿：《旅游新业态发展探索》，《经济师》2016年第1期，第208~210页。

王人龙、董亚娟：《旅游新业态的驱动机制研究》，《特区经济》2017年第3期，第114~115页。

伍艳玮、李银：《基于产业融合的旅游新业态形成及演变机理分析》，《广州城市职业学院学报》2017年第11卷第2期，第31~34页。

杨玲玲、魏小安：《旅游新业态的"新"意探析》，《资源与产业》2009年第6期，第135~138页。

张瑞真、马晓冬：《我国旅游新业态研究进展及展望》，《旅游论坛》2013年第6卷第4期，第55~58页。

邹再进：《区域旅游业态理论研究》，《地理与地理信息科学》2007年第5期，第101页。

B.6
东盟国家旅游安全报告

黄 婕*

摘 要： 随着近年来东盟及周边区域社会经济发展稳中有进、进中向好，东盟入境旅游人数快速增长，旅游业发展一片繁荣。但与此同时，随着游客大量涌入，在东盟各国社会经济发展不均衡等各种复杂因素的影响下，东盟旅游安全的不确定性也随之增加。报告主要以2018~2019年中国游客在东盟各国发生的旅游安全事件为主要研究对象，对东盟旅游安全态势进行分析与展望。

关键词： 东盟旅游安全 旅游安全事件 安全管理

安全是旅游的生命线，没有安全就没有旅游。[1] 旅游安全是旅游者最基本的需求和权利，也是实现东盟旅游业健康、稳定和可持续发展的重要基石。东盟十国拥有丰富的旅游资源，旖旎的自然风光和历史文化遗产，吸引了来自全球各地的旅游者，是全球热门的旅游目的地。近年来，随着东盟各国不断推进区域经济一体化，积极地实施经济发展战略，加强国际间合作，在经济全球化和全球经济增速普遍减缓的形势下，东盟各国保持弹性，多数国家经济实现中速增长。2018年，柬埔寨GDP增速为7.3%，越南GDP增速高达7.08%。[2] 目

---

* 黄婕，中国旅游研究院东盟旅游研究基地学术秘书，硕士助教，主要研究方向为东盟旅游、乡村旅游。
[1] 国家旅游局综合协调司：《旅游安全总论》，中国旅游出版社，2012。
[2] 《2018年GDP增速排名：越南排第二，缅甸第三，第一呢?》，搜狐网/东博社搜狐号，2019年1月27日，http://m.sohu.com/a/291750978_402008。

前，东南亚是世界上经济最活跃的地区之一。[①] 虽然东盟各国社会经济发展不断向好，旅游业发展欣欣向荣，但受各国经济社会发展不平衡等因素的影响，随着各国旅游人数不断增加，东盟旅游安全风险随之加大。2018~2019年东盟旅游安全事件中，涉水和交通安全事故、偷盗抢劫、旅游购物欺诈等安全事件发生频次较高，涉旅自然灾害和其他威胁旅游安全的事件时有发生，形势仍不容乐观。

一 旅游安全的相关概念

（一）旅游安全

旅游安全是一种保护、保障和管理的和谐状态，是指旅游活动可以容忍的风险程度，是对旅游活动处于平衡、稳定、正常发展状态的一种统称[①]。本研究报告主要对威胁旅游安全状态的各种现象和旅游活动过程中所发生的与人、环境、资源、设备等主体相关的安全现象进行研究。

（二）旅游安全管理

旅游安全管理是指对影响旅游者安全、旅游企业安全、旅游资源安全和旅游产业安全的各种因素进行预防、控制的各种行为活动的总称。[②] 政府主管部门、旅游行业协会、旅游企业以及旅游者等利益相关者是旅游安全管理的行为主体。旅游安全管理既包含监督管理、保障提升、宣传教育、信息披露、行为引导、标准制定等日常防控职责，也包含旅游应急管理和危机管理等职责。

（三）旅游安全事件与旅游突发事件

广义的旅游安全事件是指旅游领域的人员或设备因素、自然灾害因素、

---

① 王勤：《2017~2018年东盟经济形势：回顾与展望》，《东南亚纵横》2018年第2期。
② 谢朝武：《旅游应急管理》，中国旅游出版社，2013，第71~81页。

社会安全因素、公共卫生因素等造成游客或从业人员受伤、死亡或财物受损的各种意外情况。①旅游突发事件是指突然发生，造成或者可能造成旅游者人身伤亡、财产损失，需要采取应急处置措施予以应对的自然灾害、事故灾难、公共卫生事件和社会安全事件。②综上可知，旅游安全事件与旅游突发事件内涵基本一致，但前者外延更广，本研究将上述各种意外情况的发生，统称为旅游安全事件。

旅游安全事件主要包括以下类型。(1) 自然灾害类，包括暴雨、洪水、台风等气象灾害，海啸、风暴潮等海洋灾害，地震、山体滑坡、泥石流、火山爆发等地质灾害，以及由极端地理环境、气温等所造成的游客伤亡、财产损失、资源破坏等事件。(2) 事故灾难类，指由人为原因或技术性过错引发的重大伤亡或财产损失，会产生较大的社会影响。主要包含：①旅游交通安全事故，表现为公路、航空、铁路、水运等类型的交通安全突发事件；②设施设备安全事故，主要指游乐或服务设施设备故障、运行失灵导致的旅游突发事件；③火灾安全事故；④动物攻击事故；⑤其他事故灾难，如爆炸、煤气中毒、核事故等可能对旅游者造成伤害的事件。(3) 公共卫生类，指对旅游者健康造成或可能造成严重损害的重大传染病、重大动物疫情、食物中毒等事件，以及其他严重影响旅游者健康的卫生事件。(4) 社会安全类，是指人为因素造成或可能造成的严重危害社会安全并产生重大社会影响的突发事件。主要包括针对旅游者的刑事犯罪事件，如盗窃、诈骗、抢劫、性犯罪、赌博、恐怖袭击、政治动乱、种族暴乱等威胁旅游者生命和财产安全，以及影响旅游可持续发展的安全事件。

二 2018~2019年东盟主要旅游安全风险分析

本研究主要根据2018年1月至2019年5月中国外交部领事司官方网

---

① 李月调、谢朝武、王静：《时空因素对我国赴泰旅游安全事件的影响》，《世界地理研究》2017年第5期。
② 国家旅游局第41号令：《旅游安全管理办法》2016年12月1日。

站、中方驻东盟各国使领事馆官方网站发布的关于东盟国家的出行安全风险提示，以及东盟国家权威华文新闻媒体、官方微信公众号等渠道发布的信息，对2018~2019年东盟旅游安全事件及风险进行了梳理分析。

（一）自然灾害类涉旅主要安全风险

东盟各国由于地理区域差异，易发生的自然灾害各不相同，对旅游者活动的影响也存在差异（详见表1）。文莱、柬埔寨、新加坡、马来西亚、老挝几乎不受台风、地震、海啸、火山活动等自然灾害干扰，雨季期间天气变化较大，会有暴雨、洪灾或强风天气发生，对旅游者活动影响小。缅甸、泰国和越南主要的自然灾害有洪涝、山体滑坡、泥石流等。其中，缅甸受热带风暴影响较大，易发生风灾；越南受台风影响较大，易发生大风、强降雨等恶劣天气。而缅甸和泰国部分地区处于地震带上，是地震和海啸的易发地。印度尼西亚和菲律宾处于环太平洋地震带，地震、海啸和火山等地质灾害较为频繁，极端天气较多，对旅游者活动的影响程度较大。根据印度尼西亚国家减灾署的数据，2018年印度尼西亚发生了超过11500次地震和余震，比2017年的6500次多了将近一倍。[①] 菲律宾年均要遭受数十次台风袭击，地震、火山喷发灾害时有发生，是受自然灾害侵袭较多的国家。

虽然东盟国家自然灾害的发生各有不同之处，但由于东盟国家大部分位于热带、沿海区域，持续的高温天气易诱发旅游者疾病（特别是老年游客）。此外，沿海地区的离岸流、暗流、巨浪等海洋高危水动力"噬人"现象，以及强风、暴雨等恶劣天气影响下的涉水旅游项目安全问题值得共同关注。

---

① 《2018年印尼共发生11500多次地震和余震　比2017年多了将近一倍》，央视新闻客户端，2019年1月2日，http://m.news.cctv.com/2019/01/02/ARTIVy9zC8I3JjnfU2sKK0kA190102.shtml。

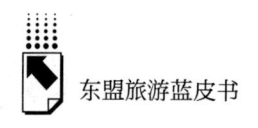

表1　东盟十国主要自然灾害风险概览

国别	自然灾害
文　莱	偶有台风来袭,雨季时,暴雨、小型山体滑坡等现象偶有发生
柬埔寨	雨季期间天气变化较大,个别年份会发生旱灾、洪灾等灾害。无台风、地震、海啸等自然灾害干扰
印度尼西亚	地震、海啸和火山等地质灾害较为频繁。强降雨期间,山区或低洼地带易发生洪水、泥石流等自然灾害
老　挝	内陆国,自然灾害较少,个别年份可能会发生旱灾、洪灾以及洪灾引发的泥石流等灾害,偶尔会遭受台风的影响
马来西亚	地处环太平洋地震带之外,免受地震、海啸和火山爆发等特大自然灾害的侵袭,但不时受到雨季洪水、山体塌方以及浓雾等灾害的侵扰
缅　甸	易受暴雨、热带风暴和地震等影响,容易导致洪灾、风灾、泥石流、滑坡等灾害
菲律宾	常受地震、台风、泥石流、火山喷发等自然灾害
新加坡	全年炎热潮湿,常有强风和暴雨等恶劣天气
泰　国	主要自然灾害包括洪涝、暴雨、山体滑坡和泥石流、地震、海啸等
越　南	主要自然灾害为台风、洪灾、泥石流等

（二）事故灾难类涉旅主要安全风险

2018～2019年东盟各国涉旅事故灾难主要类型为：涉水活动类、交通事故类（陆路、航空）、动物攻击类和其他意外类。为更好地进行研究分类，本研究将涉水旅游项目的交通安全事件统一归为涉水活动类进行分析，交通事故类主要为陆路交通和航空安全事件。其中，涉水活动类项目分为非游客自身因素导致的涉水旅游项目安全事件和主要由游客自身行为所致的溺水事件。其他意外类事件主要为跌摔事件、探险迷路事件等。

1.涉水活动类旅游安全风险

东盟各国均发生过多起涉水活动类安全事件，其中以泰国、印度尼西亚、菲律宾、越南发生的游客伤亡事件居多。仅在泰国南部，2018年1～8

月，就有79名中国游客在泰南普吉、攀牙、苏梅等地因涉水安全事故死亡。① 需要注意的是，涉水旅游项目如潜水、游艇、摩托艇、滑翔伞等，因船务公司和经营从业者规范程度不一，旅游者在选择时应提前做好攻略，选择正规的经营企业，乘坐有资质的船艇。恶劣天气时，不适合参与水上项目和出海。同时，游客应审慎下海游泳，不违规参与涉水项目，不能在靠近悬崖、礁石或台阶以及风浪较大的海滩等处活动，提高自身安全防范意识。此外，在酒店泳池游泳也须提高警惕，特别是在空腹、饱餐、醉酒及极度疲劳时不应下水，老人、小孩应有陪护，以免发生意外。在新加坡和柬埔寨等地，曾发生多起中国游客在酒店泳池不慎溺水，导致瘫痪或死亡的事件。

2. 交通事故类（陆路、航空）旅游安全风险

交通事故是导致旅游者意外伤亡的重要因素之一。旅游者在出行过程中会使用不同的交通工具。东盟各国由于人文地理环境和经济发展水平等差异，在交通基础设施状况上存在一定差别。

首先，在交通规则方面，柬埔寨、老挝、缅甸、菲律宾、越南为左舵，车辆右行，与中国相同；而文莱、印度尼西亚、马来西亚、新加坡、泰国与中国相反，为右舵左行。

其次，陆路交通方面，主要表现为由各类车辆混行、秩序混乱或车速过快、游客不熟悉交通规则导致的交通事故。文莱当地出行以机动车为主，路上无人行道和非机动车道，步行须格外注意安全；新加坡陆路交通高效便捷，但车辆车速普遍较快，一般在有路权的情况下通过交通路口不减速。据统计，2017年新加坡共发生9起涉及中国公民的交通事故。② 泰国陆路交通较为便捷，公路运输较为完善，但机动车速度普遍较快，个别区域多山，路窄弯道多，路况复杂，交通事故发生较为频繁。数据显示，2018年1~8月，

---

① 《提醒中秋、国庆期间来泰南中国游客注意事项》，中华人民共和国驻宋卡总领事馆，2018年9月19日，http://songkhla.chineseconsulate.org/chn/xwdt/zlgxw/t1596582.htm。
② 《驻新加坡使馆提醒来新中国公民注意交通安全》，中华人民共和国驻新加坡共和国大使馆，2018年3月30日，http://www.chinaembassy.org.sg/chn/lsfw/lsbh/lstx/t1546784.htm。

9名中国游客因租驾摩托车、汽车发生交通事故而死亡,由此引发的索赔案件多达数十起。① 在马来西亚东马和西马东海岸地区,平坦的高速公路相对较少,多为弯曲的州际公路和未铺设沥青的石渣路,易发生事故。虽然马来西亚民众安全意识较强,但有时市区内摩托车车速较快,对游客安全造成一定威胁。印度尼西亚陆路交通较为落后,雅加达等大城市交通拥堵严重,一些中小城市道路空旷但车速较快,易发生交通事故。菲律宾路况复杂,各种车型(如吉普小巴、摩托车、三轮车等)互相抢道,要注意避让。越南、老挝、柬埔寨、缅甸交通设施较为落后,道路一般较窄,车辆较多,民众安全意识较淡,摩托车混行,秩序混乱,公共交通不发达,交通事故较为频繁。

最后,虽然在航运方面发生事故的概率最小,但最为致命。2018~2019年,航运事件主要为2018年印度尼西亚狮航坠毁事件和2019年缅甸多起客机事故安全事件。

3. 动物攻击类旅游安全风险

东盟自然资源丰富,动物种类繁多,旅游者在参加与动物接触的旅游项目,或在大自然中游玩、探险时有被动物攻击的风险。例如,在泰国部分景点会有与动物接触的项目,曾发生过多起安全事故,如游客被蟒蛇咬伤鼻子、与鳄鱼合影被咬伤、骑大象摔倒致重伤昏迷等。在印度尼西亚巴厘岛著名的旅游景点"情人崖",这里的猴子因"顽劣"而闻名,喜爱抢夺游客的物品。根据印度尼西亚驻华领事馆消息,仅2018年8月初,就连续有4名中国游客的随身物品在该景点被猴子抢走,除了物品损失外,包内的护照被撕碎、啃咬,甚至被扔下了悬崖。此外,在东盟国家的森林公园等地进行徒步、登山或探险时,要避免去往人迹罕至的地方,以防蛇类等野生动物攻击。在海滩边玩耍时,要注意防范毒水母。在季风时节,泰国海岸偶尔会有毒水母被冲上岸。2018年2月,在泰国南部宋卡府萨米拉海滩出现大量含

---

① 《提醒中秋、国庆期间来泰南中国游客注意事项》,中华人民共和国驻宋卡总领事馆,2018年9月19日,http://songkhla.chineseconsulate.org/chn/xwdt/zlgxw/t1596582.htm。

神经毒素的蓝瓶僧帽水母，已致23名市民及外籍游客受伤，[①] 在马来西亚沙巴海域，近年发现被称为"杀手水母"的箱水母，其呈透明状，难以发觉，一旦被其蜇咬，可能在几分钟内丧命。

4. 其他意外类涉旅安全风险

其他意外类涉旅安全风险主要体现在不慎跌摔、探险迷路和战争残余地雷风险三个方面。在柬埔寨暹粒吴哥窟和缅甸蒲甘等历史文化旅游景区内，曾发生游客在攀登吴哥古刹和蒲甘佛堂时不慎跌倒伤亡的事件。

东盟十国中，在柬埔寨、缅甸、老挝以及越南的部分地区，特别是边境、山区等偏远地带，仍存在大量战争遗留爆炸物。[②] 此外，在文莱、印度尼西亚等山地森林资源丰富的国家旅行时，应避免前往偏远、交通不便和未开发的地区，以免迷路或遭遇不测。

（三）公共卫生类涉旅主要安全风险

东盟各国多处于热带地区，气候湿热，蚊虫滋生，食品不易保存，容易变质，热带疾病如登革热、痢疾等多发。文莱、新加坡、马来西亚、泰国经济社会发展水平较高，当地的食品安全和卫生医疗条件均有良好的保证。印度尼西亚和菲律宾的公共卫生安全条件处于中等水平，由于菲律宾在食品卫生知识宣传、从业人员教育以及保险消毒方面进行了大量工作，相关行业十分注重食品卫生，故菲律宾食品卫生状况好于印度尼西亚，很少发生食品卫生公共事件。在越南、柬埔寨、老挝和缅甸，食品安全和卫生条件相对较差，正规餐厅的卫生条件会更有保障。在医疗条件方面，越南相比柬埔寨、老挝和缅甸条件更好，处于一般水平。各国普遍有登革热病情，其他疾病分布情况则各有区别（详见表2）。

[①] 《驻宋卡总领馆提醒近期赴宋卡府、苏梅岛中国游客警惕剧毒水母》，中国驻泰国宋卡总领事馆，2018年2月21日，http://songkhla.chineseconsulate.org/chn/xwdt/zlgxw/t1536379.htm。

[②] 《万象：专家集聚首届地区研讨会，讨论地雷相关风险》，2019年7月8日，红十字国际委员会，https://www.icrc.org/zh/document/vientiane-experts-discuss-landmine-related-risks-during-first-regional-seminar。

表2　东盟各国公共卫生条件一览

国别	食品安全和卫生条件	医疗条件	常见疾病
文莱	良好	良好	登革热
柬埔寨	较差,建议正规餐厅	较差,处于起步阶段	登革热、疟疾和肠炎、伤寒、急性腹泻、肝炎、肺结核
印度尼西亚	一般,路边摊卫生条件较差	一般	登革热、伤寒、疟疾、痢疾
老挝	较差,建议正规餐厅	较差,处于起步阶段	登革热、疟疾、甲肝、乙肝
马来西亚	良好	良好,医疗设备先进,条件有保障	登革热、疟疾、腹泻
缅甸	较差,建议正规餐厅	较差,处于起步阶段	登革热、疟疾、霍乱
菲律宾	良好	一般,但医疗资源分布不均	登革热
新加坡	良好	良好	登革热、寨卡病毒
泰国	良好,路边摊卫生条件需注意。	良好	登革热、疟疾、肝炎、肺炎、艾滋病
越南	较差,建议正规餐厅	一般	登革热、肠炎、伤寒、甲肝、寄生虫感染等疾病

资料来源:根据中国领事服务网相关信息综合整理。

(四)社会安全类涉旅主要安全风险

社会治安环境是影响旅游者旅游安全和旅游体验的重要因素,社会治安良好、安定有序,旅游活动才能正常安稳地进行,旅游业才有可持续发展的基础。通过梳理2018~2019年社会安全类涉旅主要安全事件发现,东盟各国社会治安环境总体较好,但由于经济社会发展水平、人文历史等因素的影响,各国社会安全风险存在一定差异。

(1)偷盗抢劫发生频率较高。在偷盗抢劫方面,除文莱和新加坡外,在柬埔寨、印度尼西亚、老挝、马来西亚、缅甸、菲律宾、泰国、越南等旅游热点地区均曾发生过"飞车"抢劫事件。根据中国驻登巴萨总领馆消息,2018年4月期间,发生3起中国游客在印度尼西亚巴厘岛遭遇摩托车飞车抢劫财物证件的案件。此外,游客在入住酒店时须谨防入室盗窃,在泰国、柬埔寨、老挝等地，酒店行李财物被盗的情况时有发生。

（2）欺诈事件以旅游购物欺诈和电信诈骗为主。其一，旅游者在东盟国家购买旅游商品或物品时容易被"黑导游"或商家"欺诈"，买到掺假的珠宝、玉器或价格虚高的旅游纪念品，东盟国家中越南、柬埔寨、泰国存在此类问题较多。根据广西旅游质监部门12301平台2019年1月的投诉统计，平台共收到越南游投诉18件，占全区总投诉的34%，其中购物问题投诉15件，占全区购物投诉的75%，越南游购物问题是游客投诉的焦点。此外，据中国驻柬埔寨暹粒领事办公室消息，在2019年1月，柬埔寨还发生过多起真假美元"掉包"案件，遭到游客投诉。其二，东盟电信诈骗风险不定期出现，犯罪团伙主要分布在马来西亚、菲律宾、新加坡和越南。在越南已有较多中国民众被骗，造成了较大经济损失，马来西亚存在电信诈骗团伙和传销活动，新加坡电信网络诈骗犯罪不定期集中多发，犯罪分子的重点目标人群包括中国游客、留学生、务工人员、商务人士等。旅游者须提高防范意识，不轻信电话汇款、转款等信息，不要卷入金钱游戏、传销活动等投资陷阱。

（3）存在公职人员"索贿"引发冲突等旅游安全风险。近年来，一些中国游客出入境时遭遇当地公职人员索要"小费"等事件，有时甚至引发肢体冲突，冲突事件主要发生在泰国、越南和印度尼西亚。

（4）黄赌毒、暴乱等其他影响旅游安全的社会安全类事件偶有发生。一是在黄赌毒方面，旅游者应远离黄、赌、毒等较危险场所，特别是前往柬埔寨、菲律宾、马来西亚和新加坡等地时，不应涉足赌场和非正规娱乐场所。虽然菲律宾、柬埔寨赌博业属合法产业，但容易引发经济纠纷等案件，特别是菲律宾涉赌非法拘禁现象十分严重。根据中国法律规定，中国公民参与、从事赌博行业及为赌博行为提供便利均为违反中国法律的行为，涉赌引发有关纠纷，不受中国驻外使馆领事保护。二是东盟国家部分地区仍存在不稳定的政治因素和潜在的恐怖暴乱势头。近年来，在缅甸北部少数民族地方武装控制地区战事时有发生，克钦邦、掸邦、若开邦等部分地区不时发生武装冲突，安全风险较高。菲律宾南部棉兰佬地区治安形势恶劣，绑架、爆炸等暴力犯罪和恐怖袭击事件时有发生。在印度尼西亚、马来西亚，有恐怖组织渗透的痕迹，对旅游安全环境造成严重威胁。

表3　东盟各国社会安全类旅游安全风险及总体评价一览

国别	主要风险类型	社会治安条件总体情况
文　莱	偶有抢劫、偷盗	良好
柬埔寨	飞车抢劫、偷盗、欺诈、黄赌毒	较差
印度尼西亚	飞车抢劫、偷盗、性犯罪、出入境受阻（索要"小费"事件）、暴恐威胁	较差
老　挝	飞车抢劫、偷盗、涉毒	一般
马来西亚	偷盗、抢劫、绑架、欺诈（消费欺诈、电信诈骗等）、涉毒	一般
缅　甸	抢劫、偷盗、欺诈（消费欺诈）、地区武装冲突	一般
菲律宾	抢劫、偷盗、绑架、凶杀、枪支、电信诈骗、黄赌毒、地区恐怖势力	较差
新加坡	偷盗、欺诈（电信诈骗）、黄赌毒	良好
泰　国	飞车抢劫、偷盗、欺诈、出入境受阻（索要"小费"事件）、暴力事件威胁（爆炸案）	一般
越　南	飞车抢劫、偷盗、诈骗（消费欺诈、电信诈骗）、出入境受阻（索要"小费"）	一般

资料来源：根据近年来社会安全类涉旅安全事件和中国领事服务网相关信息综合分析整理。

（五）其他涉旅主要安全风险

其他涉旅安全事件主要集中在不尊重当地宗教信仰、民俗禁忌和法律法规等带来的风险。

一是在宗教信仰和民俗禁忌方面，要尊重不同民族和宗教的习俗与禁忌。东盟国家中，文莱是伊斯兰教国家，印度尼西亚和马来西亚民众多信仰伊斯兰教，在上述国家旅行期间，游客不可在公共场所（包括餐厅）饮酒，不可向穆斯林提供、推荐、售卖酒精饮料，要尊重当地宗教信仰和民俗。柬埔寨、老挝、缅甸、泰国、越南多信奉佛教，旅游者应当充分尊重佛教及当地习俗和宗教信仰。上述国家均认为头部是神圣的地方，不能随便触摸他人的头，特别是小孩的头顶；进入寺庙时，着装应整齐得体，不得穿无袖背心、短裙、短裤，女性应与僧侣保持一定距离等。在泰国旅游应对国王及皇室成员表示尊重，国王及皇室成员在泰国享有崇高地位，若在公开场合议论与皇室有关的话题，或发表有损皇室名誉的言论，即属重罪。同样，在新加坡、菲律宾，需要遵守和尊重不同民族和宗教的习俗与禁忌。例如，进入清真寺前要脱鞋，与马来裔或印度裔共同进餐时不要用左手取食等，与当地人交谈时不要议论种族摩擦、宗教是非问题。

二是在公共场所有关规定方面，文莱、新加坡、泰国、菲律宾等地对公共场所禁烟、垃圾扔放等均有条文规定。如文莱境内所有封闭公共场所全面禁烟，商业场所附近的人行道、禁烟建筑之外 6 米区域、公共交通设施内、酒店房间同样不准吸烟。在新加坡，在禁烟场所吸烟、乱穿马路、乱丢垃圾等均涉嫌触犯法律，在公交车、地铁上不允许携带榴梿。若在地铁、公交车上随意丢弃东西，视情节严重程度可能会被罚款，甚至判刑。在泰国，全面禁止电子烟，携带、使用、进出口、销售电子烟等行为均属违法。在菲律宾，2017 年 7 月 22 日开始已全面实施禁烟，烟民若在指定区域外抽烟将面临 500~10000 比索的罚款。

三是在海关检疫方面，东盟各国对游客所携带的物品类型、现金数量等都有明文规定，旅游者应充分熟悉当地的法律法规，入境后必须遵守当地出入境海关的规定，否则将会受到罚款、拘留或驱逐出境等处罚。例如，缅甸禁止私自携带翡翠原石出境，违反规定者将因"非法携带违禁品"被处以重刑。

四是在旅游者行为规范方面，东盟部分国家出于尊重当地风俗、保护旅游资源等原因，制定了相关条款。如柬埔寨《吴哥游客行为准则》规定，在游览吴哥时禁止穿着过于暴露的服装、不得触摸或损害石雕、不得大声喧哗、不得进入禁区或有标志牌的危险区域等。菲律宾长滩岛经过半年的重建于 2018 年 10 月重新开放后，实施较严格的环境政策。在长滩岛吸烟、乱丢垃圾，以及在沙滩吃东西均是违反法令的行为，将会受到惩罚。同时，为保护自然生态，泰国有24处海滩于2018年1月31日起全面禁止下列行为，如在指定区域以外的地方吸烟或丢弃烟头、垃圾、塑料等，若有违反将有可能被判1年监禁或10万泰铢（约2万元人民币）罚款，或两者并罚。

五是在其他法律法规风险方面，须注意东盟国家有关自驾车、租驾摩托车或摩托车艇以及使用"无人机"拍照范围的规定。如中国游客被准许自驾车入境老挝旅游，但需要按照规定办理人员和车辆的出入境手续，并在许可证允许的范围和期限内自驾旅游。若有3辆以上的同行车辆，须持有旅行社的担保文件，否则会被视为旅游团，将遭到警方或有关部门遣返。还需要注意的是，在泰国若无本地驾照或国际驾照，租驾摩托车及自驾属违规无证驾车，不受法律保护且会被罚款，发生事故将承担全责。

三 东盟旅游安全的影响因素

通过梳理东盟各国2018~2019年主要旅游安全风险可知，东盟旅游安全风险主要集中在涉水活动、旅游交通事故以及偷盗抢劫和购物欺诈等方面。在出入境海关时，也常发生游客出入境受阻、海关索贿以及旅客携带物品违反当地法律法规等事件。其中，涉水活动和旅游交通事故导致的伤亡人数最多。以中国游客海外旅游安全事故为例，涉水活动已成为引发海外中国游客旅游安全事故的主要方面，溺水和水上交通事故已成为导致游客死伤的最主要因素。据不完全统计，2017年以来，仅泰国、马来西亚、印度尼西亚、马尔代夫等几个热门旅游目的地，就发生百余起中国游客不慎溺水身亡的事故。[①] 东盟旅游安全事件的成因复杂，主要影响因素如下。

---

① 《文化和旅游部提示广大游客海外自助游要警惕各类风险》，文化和旅游部官网，2018年7月7日，https://www.mct.gov.cn/whzx/whyw/201807/t20180707_833695.htm。

（一）政府监管和处理突发事件的机制不完善

东盟部分国家对涉旅企业及相关从业人员、设施设备的监管不到位，以及涉旅突发事件的预警防控和应急处理机制、救援条件不完善，是东盟旅游安全事故频发的主要因素。监管的不到位导致部分涉旅企业存在疏忽和侥幸心理，放松了对旅游从业人员从岗资质和涉旅设施设备运营资质的检测，存在驾驶员无证上岗、公职人员索要"小费"等情况。例如，泰国普吉岛"凤凰号"沉船事件，综合反映了监管的疏忽、预警的失效、轮船质量不达标、导游和船上工作人员应急处理能力缺失等问题。同时，东盟部分国家的预警防控和应急处理机制不完善，特别是近年来，快速增长的游客数量超出了当地的接待能力，管理政策和安全设施设备建设跟不上，安全隐患增加。一些沿海区域无中文安全提醒标识，救生人员和涉水项目教练配备不足且缺乏救护设施和专业设备，一旦发生险情，应急救援机制不完善，往往容易错过最佳抢救时机。

（二）游客自身因素

一是部分游客自身文明素养不高，对当地的法律法规制度"明知故犯"，或不顾导游劝阻、景区景点规定，做出携带违禁物品，赌博，违规下海游泳、驾驶骑行或攀爬高地等不安全行为，会带来法律风险，引致溺水、交通风险和摔伤等安全事故。二是部分游客个人安全防范意识不强，让犯罪分子有机可乘。例如携带大量现金出门、喜欢单独外出、背包放在外侧等。三是游客自身身体素质方面，若游客在疲劳、醉酒或患有高血压、心脏病等个人身体条件状态欠佳时参与游泳、浮潜、摩托艇、高空跳伞等项目，可能会出现安全事故。随着境外旅游日趋大众化、自助化，在中国赴东盟国家旅行的涉旅安全事故中，因游客原有疾病和突发疾病导致的安全事件在不断上升。

（三）涉旅企业经营和人员管理不当

旅游从业人员素质不高、达不到岗位要求，涉旅企业对游客未尽到安全风险提示责任，以及涉旅交通设施质量不合规、旅游购物欺诈等问题，严重威胁东盟各国的旅游安全。随着中国人海外自助游的增多和互联网旅游公司、平台的大量兴起，大多数中国游客出境旅游会通过互联网渠道购买旅游服务项目，但项目的安全性、合法性和真实性有待考证，安全责任和保障义务模糊，如网上购买船票、当地旅游包车等均存在较大的安全风险。在2018年泰国沉船事件中，据官方统计数据，涉及通过飞猪平台预订的游客61名，通过携程平台订玩乐一日游的客户12名，通过携程预订代理旅行社产品的游客4名，另有通过懒猫平台购买旅行产品的游客44名。[1] 种种旅游企业经营管理乱象和不负责任的行为，都为东盟旅游安全埋下了隐患。

（四）自然灾害因素

东盟位于太平洋和印度洋的交汇地带，也是喜马拉雅地震带和环太平洋火山地震带的主要分布地区之一。东盟绝大部分国家沿海且处于热带地区，旱雨季分明，仅老挝为内陆国。强降雨天气、地震、火山以及台风等气象、地质类灾害事件较多，从而引发暴风雨、海啸、山洪、泥石流和洪水等灾害事故。沿海地区离岸流、暗流、巨浪等海洋灾害不易察觉，大部分自然灾害的具体发生时间不可预测，具有突发性和极大的破坏性，一旦发生将严重威胁游客的安全。

（五）政治经济和社会环境因素

东南亚在地缘政治中具有重要的战略意义，随着全球化进程的加快，各

---

[1] 《"凤凰号"沉船事件背后不可忽视的真相：旅游平台资本趋利是本性 推诿责任成"本事"》，搜狐网/潇湘财经，2018年7月25日，http://m.sohu.com/news/a/243218461_649045

种复杂因素渗入东南亚地区。① 民族与政治斗争所引致的军事战乱、爆炸事件、恐怖袭击等近年来时有发生。同时，由于东盟各国经济发展不平衡，社会治安条件各有不同，在游客聚集的热门旅游目的地，偷盗、抢劫事件常有发生。

四　东盟旅游安全趋势展望与建议

（一）东盟旅游安全趋势展望

1. 东盟区内外旅游安全合作持续加强，科技力量发挥重要作用

"科学技术是第一生产力"。在当今世界，科技力量是推动时代发展的重要因素。东盟是全球热门的旅游目的地之一，在经济全球化和互联网信息化社会的背景下，旅游者通过互联网、手机移动 App 软件进行旅游信息的搜索与分享，在线互联网（旅游）企业通过信息技术进行跨国间的交流与合作已屡见不鲜。虽然部分国家或地区仍存在保护主义倾向，但国际交流与合作是当今社会发展的大趋势。近年来，随着中国出境游客不断增长和中国互联网技术的不断进步，东盟国家为满足游客需求和适应旅游发展的需要，在旅游大数据和网络平台融合等科技方面与中方企业进行了合作，为中国游客提供了更加充分准确的旅游信息，为打造更为安全的旅游环境奠定了基础。如泰国旅游局携手阿里巴巴旗下飞猪旅行整合旅游市场信息，共同打造泰国旅游行业大数据；印度尼西亚旅游部与中国在线旅游企业携程建立合作伙伴关系，将携程的预订系统与印度尼西亚旅游部官方网站相对接，以便利游客出行。此外，携程上线全球 24 小时"旅行 SOS"服务，应急支援服务人员，可以随时免费提供紧急援助。② 在新一轮科技革命和产业变革的机遇

---

① 陈红梅：《中老缅泰湄公河流域执法安全合作的挑战》，《东南亚研究》，2014 年第 4 期，第 28~33 页。
② 左起超：《携程首推"全球旅行 SOS"服务　助力"让旅行更幸福"》，凤凰商业，2017 年 2 月 4 日，http：//biz.ifeng.com/a/20170204/44538853_0.shtml。

下,可预见,在不久的将来,东盟国家在旅游电子商务、数字经济、人工智能、大数据、网络安全等领域将不断与其他国家开展创新合作。科技力量将在东盟建设内外跨界互联的旅游安全防控体系和应急救援机制,实现及时精准的旅游安全预警监测,将在提高旅游相关主客体对安全事故的处理水平上发挥日益重要的作用。

2. 东盟旅游安全监管环境将愈加复杂,管理难度加大

东盟具有得天独厚的旅游资源和地缘优势,每年吸引大批游客前往,近年来中国已成为东盟第一大旅游客源国,中国游客赴东盟旅游的人数屡创新高。在东盟政治环境整体稳定的局势下,东盟旅游业蓬勃发展。但与此同时,东盟部分国家和地区的政治矛盾、民族宗教冲突、经济贫富差距加大和管理缺失等问题引发社会治安问题和旅游市场乱象,在东盟旅游人数不断增长、旅游电子商务不断发展和旅游散客化的趋势背景下,旅游安全风险和不确定性随之增加,安全形势仍然严峻。对旅游相关主管部门来说,这也意味着旅游安全监管的环境更为复杂,范围更广,难度更大。

3. 东盟旅游安全问题持续受到关注,推动制度不断完善

近年来,东盟旅游安全事件频发,且随着旅游人数的增加呈现不断上升的趋势。2018年7月普吉岛"凤凰号"沉船事件、2018年11月印度尼西亚狮航坠机事件以及2019年5月巴厘岛性侵事件等,持续受到社会的高度关注,频频曝光的旅游安全问题引起各方高度重视。在各类新闻媒体和社交网络的宣传下,旅游者的安全防范意识明显提升,旅游相关政府部门不断加强对涉旅企业安全规范运营的监管,完善海滩等景点的安全提示和安全措施,强化整改落实,以最大限度减少旅游安全事故的发生。

(二)东盟旅游安全管理建议

1. 利用大数据等智能化手段,推进东盟旅游安全管理体系建设

目前,跨部门、跨区域的东盟各国旅游安全预警机制和应急管理体系还不完善,东盟各国应该充分抓住新一轮科技变革的机遇,充分寻求和加强国

际合作与技术研发，利用大数据、互联网网络平台等智能化手段，实现旅游安全信息在各涉旅政府部门、行业协会、旅游企业和旅游者等利益相关者之间的实时传递。可建立主客体共享的旅游安全信息发布平台，前端面向旅游者、旅游企业等主体，后端为涉旅安全大数据管控系统。通过打造面向不同主体的旅游安全信息系统平台，让旅游者个人、旅游企业团体在旅行前充分接收到旅游安全预警信息；在旅游过程中，能够随时了解旅游安全信息"地图"，预知气象、交通等安全风险，避免前往风险多发地带，或做好充分的防范准备，以减少事故的发生。同时，设置"一键 SOS"功能，使应急管理部门第一时间接收事故信息，迅速出动并进行救援处置，从而真正实现东盟旅游安全监管防控以及事故应急处理等全方位全流程的智能化管理体系建设。

2. 建立健全旅游安全政策及相关法律法规，确保东盟旅游市场有序运行

东盟各国应持续加强监管，根据旅游市场最新动态，不断健全旅游安全政策及相关法律法规，明确各相关主体的职责范围和违法违规的惩罚机制。一是定期走访和排查，对未履行旅游安全管理监督职责的相关管理部门、不称职的涉旅企业经营者和从业人员、不遵守规章制度和法律法规的旅游者，按照规章制度，依法予以相应的惩罚和处分。二是随着东盟旅游市场自助游客的增多和旅游电子商务的发展，旅游车船租赁、"一日游"和"旅游线上产品"等产品形态为旅游者自主选择旅游线路提供了极大便利，但由于信息不对称，部分旅游企业经营资质不足、涉及虚假宣传及不履行责任等旅游安全风险问题日益突出。东盟各国需加大对旅游类企业的监管力度，确保经营资质的真实性和合法性，以最大限度维护旅游消费者的合法权益。三是针对飞车抢劫、偷盗和欺诈等违反社会治安的违法犯罪行为，东盟各国要加大对社会治安的治理力度，同时加强旅游警察队伍建设，严厉打击惩罚此类违规违法犯罪行为。四是加大反恐力度和国际旅游安全合作的力度，加强边境安全管理，以防暴力事件和大规模伤亡事件的发生。

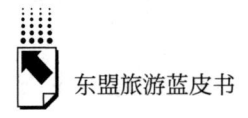

3. 加大安全宣讲和文明旅游宣传力度，提高旅游从业者和游客的安全意识

旅游企业经营者及其从业人员职业素养和安全意识不足，以及旅游者个人安全防范意识不强是导致东盟旅游安全事件发生的重要因素。因此，相关管理部门应当定期组织面向旅游企业经营管理者及其从业人员的安全宣讲和专业知识培训。邀请旅游应急救援部门或高校教师，开展安全知识培训和职业技能培训。另外，可通过多方渠道，向游客通告旅游安全预警信息，并持续加大旅游安全知识宣传力度。可通过微信、微博等社交网络媒体，让潜在的旅游者在日常生活中获知有关东盟旅游安全风险防范的知识，从而提高游客安全意识，防范风险。

B.7 东盟民宿发展研究

程冰 刘云婷 谭学琳 林辰[*]

摘　要： 作为住宿业的重要补充，东盟各国民宿近年来得到了较好的发展，特别是在旅游业较为发达的国家，如马来西亚、泰国、印度尼西亚、新加坡等。民宿业在逐渐壮大的同时，也通过民宿标准化建设不断规范和提升接待服务质量。面对未来的发展趋势，东盟民宿在坚持服务社区的同时，也在通过法制化、规划范、共享化的发展道路，不断拓展发展空间。

关键词： 东盟民宿　民宿旅游　民宿标准

民宿作为连接游客和目的地社区的纽带，近年来得到了快速的发展。作为社区旅游和社区发展的一部分，游客能够与主人住在一起，与世居民族互动，体验世居民族的日常生活，并有机会欣赏当地的社区文化。此外，民宿旅游也对保护当地文化遗产、促进当地社区的社会经济发展产生了积极影响，包括增加就业机会，提高当地企业的收入以及促进基础设施升级。

东盟国家多元的文化为开展民宿旅游提供了得天独厚的条件和优势，也为包括中国游客在内的世界游客带来了丰富多彩的住宿和旅游体验。回顾东

---

[*] 程冰，毕业于俄罗斯圣彼得堡国立大学，地理学硕士，高级经济师，现任桂林旅游学院继续教育学院院长，主要研究方向为乡村民宿、旅游目的地营销；刘云婷，毕业于澳大利亚悉尼大学，教育学硕士，教师，任职于桂林旅游学院国际教育交流学院，主要研究方向为教育学、民宿研究；谭学琳，教育学硕士，助教，现任桂林旅游学院国际交流处留学生项目专责，主要研究方向为教育学、民宿研究；林辰，毕业于英国伯明翰大学学院，旅游与酒店管理硕士，助教，现任桂林旅游学院国际交流处留学生项目专责，主要研究方向为旅游市场、文化旅游开发。

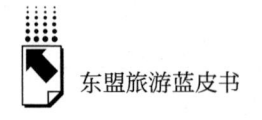

盟民宿发展的历程，泰国、印度尼西亚、马来西亚、新加坡等旅游资源丰富、旅游业较为发达的国家在民宿旅游方面充当了领头羊，早在20个世纪60~70年代，在泰国、马来西亚的一些景区就出现了现代民宿的雏形，为游客提供住宿和基本的餐饮服务。今天，东盟民宿的规模和质量都得到了较大的提升。根据马来西亚联邦文化、艺术和旅游局的统计，2016年马来西亚全国近4000家民宿接待游客41万人次。根据世界最大的分享住宿平台爱彼迎（Airbnb）的统计，2017年超过18万人次的中国游客入住了泰国Airbnb民宿。

在东盟民宿业的发展历程中，国家旅游组织（NTOs）发挥着重要作用。在马来西亚、新加坡、泰国、菲律宾等东盟国家，旅游业的快速发展已经得到了政府广泛的支持和干预。国家旅游组织开发的The Homestay计划的价格具有竞争力，并且在所提供的产品上具有优势。国家旅游组织对民宿业的支持和管理，还包括为民宿从业人员，特别是青年人提供创业技能培训。青年人希望管理民宿主要有以下几个原因：创收、家庭鼓励、舒适的工作场所等。因此，政府对青年的支持对于吸引青年留在家乡创业非常重要。其他方面的支持，还包括将民宿纳入目的地营销计划以及组织制定民宿经营标准等。特别是民宿经营标准的制定，在民宿旅游发展中起到了关键性的作用。1995年，马来西亚政府正式启动新民宿发展方案，并将其置于国家乡村旅游总体规划之下。为了规范行业，联邦文化、艺术和旅游局（MOTAC）组织制定了民宿经营标准，只向符合标准的房主发放许可证。自2003年以来，泰国国家旅游局设立了泰国民宿标准以改善当地社区接待质量。2016年1月，东盟秘书处在雅加达颁布了《东盟民宿标准》（AHS），东盟成员国可根据《东盟旅游战略规划：2011~2015》的建议，以美观、安全和吸引人的方式展示其乡村资源，创造高质量的游客体验。该标准的制订考虑到东盟所有成员国的需要、能力和多样性文化，通过有组织的方式达到专业管理水平，提高东盟民宿服务、设施和人力资源的水平和质量。《东盟民宿标准》的颁布，标志着东盟民宿进入了一个规范化发展的新时期。

民宿业态的自身特点，深度契合了共享经济发展的要求。根据 Airbnb 的统计，在所有"一带一路"国家中，东盟国家最受中国 Airbnb 用户的欢迎，泰国也是中国游客出境使用 Airbnb 最多的目的地国家之一，游客前往最多的地区包括曼谷、清迈、芭堤雅等，还包括马来西亚、新加坡、印度尼西亚等国家。

东盟民宿业的广泛开展也带来了一些问题，主要表现在民宿监管的立法缺失上。民宿在执照办理、消防、安全、税收等领域都存在管理漏洞，也导致了一些问题。如何在共享经济的理念下，制定符合民宿业发展的法律法规，引导民宿业健康发展，是今后一段时期东盟国家民宿发展要关注的重点问题。

考虑到泰国、马来西亚、印度尼西亚在东盟民宿发展上的领先地位，本报告主要以上述三国为研究对象，通过对三国民宿发展历程、管理体制、标准化建设、问题和趋势的梳理，为深入了解东盟国家民宿发展提供参照和依托。

一　东盟国家对民宿的定义

《东盟民宿标准》将民宿活动定义为"游客与民宿家庭住在同一栋房子里，体验家庭和当地社区的日常生活方式"。

泰国国家旅游局 2003 年制定了标准：鼓励社区和个人建立民宿，作为旅游业的一种发展工具，创建各种旅游活动、创造就业机会，社区自力更生实现可持续化发展。随着民宿活动的开展，2011 年，泰国国家旅游局对泰国民宿旅游的定义明确为：旅行者和当地居民同住在一栋楼或者几栋建筑，总共不超过 4 个房间，总人数不超过 20 人，为旅行者提供临时住宿的一项有补偿的旅游业务。马来西亚联邦文化、艺术和旅游局在 1995 年启动的发展方案中将马来西亚民宿定义为"让游客与当地居民住在一起，以直接和间接的方式体验当地人的日常生活方式"。2014 年，印度尼西亚旅游部旅游和创意经济部长通过颁布 2014 年第 9 号令确立，民宿是以住宅建筑形式提

供住宿的经营个体将部分房屋出租给游客。民宿单位应该允许游客和民宿之间的日常生活互动。此外，民宿必须是当地社区拥有的单位，以促进当地经济的发展。

根据上述定义，东盟国家民宿与当地社区紧密结合在一起，游客高度参与当地世居民族社区的社区活动和体验，社区共同参与、共同受益于民宿发展，这也是东盟民宿与日本、英国以及我国民宿发展的不同之处。

二 东盟民宿旅游研究综述

（一）泰国

在泰国旅游业是支柱，而民宿结合 shelves 的旅游是本国旅游可持续发展的最主要因素。相关的学者对泰国的较为典型的民宿发展村落 TaKang 的食品、住宿、农产品、传统文化、景区和相关的旅游项目做了深入的分析，发现民宿特色聚集的社区拥有统一的管理和相关的服务标准。还有学者研究了泰国59个府的当地艺术文化的特色，其中包括19个泰国东北地区、26个泰国中部地区及14个泰国南部地区。研究发现，各个地区的当地艺术和手工艺是农业社会的智慧与文化遗产。其他的研究人员也发现，大部分旅游者青睐泰国北部清迈，因为他们对当地的一些文化传统活动和习俗有更多的了解，并且愿意参与其中，亲自体验当地人的生活，"泼水节"和"水灯节"对国外旅行者来说，吸引力很大。民宿旅游充分利用了旅客的好奇心，开展相应的活动，提升服务体验。

（二）马来西亚

事实上，一些研究者在对比了日本、欧洲各国、美国的民宿后，指出，"相比日本的民宿、欧洲的民宿农场和英国的民宿，马来西亚民宿最大的区别在于游客高度参与当地乡村中的社区活动"。马来西亚政府非常重视整个社区在民宿产业中的参与度和受益度，因为民宿产业带来的好处不仅是经济收益，还有社会、环境和文化等方面的有益影响。民宿将提高游客的可持续性发展意识，并鼓励游客和当地居民互相传递文化上可接受的行为；它还能通过将环境和文化标识的经济价值具现化，解决乡村环境污染、传统文化流失和乡村成年人口流失的问题。乡村地区发展部（MRRD）设置的民宿培训方案中指出，马来西亚民宿是一个基于社区参与的住宿和早餐设施，住宿价格相对低廉，必须将其打造为基于在地体验的接待服务，它可以被视为一种乡村文化的旅游产品。

（三）印度尼西亚

在印度尼西亚民宿管理的相关研究中，有学者认为印度尼西亚民宿的成功取决于其他利益相关者辅导活动和旅游设施支持的协同作用。Sharpley认为，从根本上说，民宿业务不仅是一个廉价而简单的住宿业务，还有关于整个村庄的体验和旅游体验。此外，民宿计划也与教育有关，因为游客可以学习、接收信息，并体验当地人的文化和日常生活。印度尼西亚的民宿管理标准包括三个部分：行政管理、安全和安全管理以及人力资源管理。行政管理关注社区如何管理寄宿客人。安全和安全管理涉及尽量减少不必要情况的预防工作。人力资源管理侧重于提高社区管理民宿的能力。

三 民宿发展历程及现状

（一）泰国

泰国最早从20世纪60年代中期就出现了民宿旅游，大部分旅游主体为学生。他们主要的目的是了解当地的生活。而较少一部分为国外的旅游者，他们对泰国的北部比较感兴趣。

从20个世纪80年代到90年代中期，户外旅行开始流行起来，民宿随之发展，并发展成村落社区。但同时，农村社区出现了毒品、卖淫、偷盗等社会问题。

1994~1997年，泰国社会对生态环境逐渐重视，生态旅游随之产生，泰国游客也开始关注民宿旅游。泰国非政府组织发现这一问题后采取措施使民宿的发展与生态的发展结合在一起。比较典型的是泰国南部的两个村落Nakhon Sri Thamarat 和 Kiriwong。自非政府组织参与进来以后，当地的生态环境有明显的提升。

2000年开始，泰国政府正式参与民宿旅游，宣布了"奇妙的泰国"（Amazing Thailand）旅游方案并大获成功。2001年泰国政府又开始推行"一乡一产品"（One Tambon One Product，OTOP）项目。"一乡一产品"项目目标是在发展民宿旅游的同时，推广7255个乡镇的手工产品，每一个乡推出一个有代表性的产品，以此来提高当地的经济收入。

政府参与民宿旅游建设以来，不断出台的政策推动了泰国的民宿旅游发展，政府渐渐探索出一部标准来规范市场，提高了国内的民宿旅游质量和水平，更好地服务世界各地的游客。

从2004年开始到现在，泰国旅游部门对通过"泰国民宿标准"评定的民宿授予"泰国标准民宿"的牌子。

泰国进入东盟经济共同体之后，旅游部门在国内不断推行民宿标准化，吸引了更多的国际游客。泰国的民宿旅游结合了当地文化、手工艺、居住方式、自然风光等多种旅游元素，民宿旅游逐渐在各个活动中占据主导地位。

2008年，泰国根据《旅游业务和指南法》来规定民宿获得的经营许可。

2011年，泰国旅游局发布《泰国民宿旅游服务标准》。同年，泰国旅游局又发布了关于评估泰国民宿标准的公告，成立了民宿标准审查董事会，各省有泰国民宿家庭评估委员会。同时制定了相关的标准、评估方法、评估表、申请表和评估请求。

（二）马来西亚

马来西亚的民宿产业有相对悠久的发展历史。最早的民宿出现于20世纪70年代，在距离彭亨州首府关丹40公里远的一个名为遮拉汀海滩

（Cherating Beach）的周边村庄，当地村民利用自己的房子为前来海滩漂流的游客提供早餐、晚餐和住宿（Hamzah，1997）。很快，从事此类服务的民宿数量便在沿海地区的乡村增长起来。

20世纪80年代初，政府注意到了民宿产业在民间的兴起，并将其置于联邦文化、艺术和旅游局监管之下。同时，政府开始有计划地将民宿与文化产业、乡村发展相结合，在乡村鼓励民宿发展，尤其是传统马来语村庄（Malay Kampungs）。在这段时期，民宿的主要客源群体为从日本到马来西亚的大学交换生，其原因在于马来语村庄迎合了日本大学生学习、体验马来文化的受教育需求（Hamzah，2008）。同时，马来西亚大型国家控股企业菲尔达（FELDA，马来西亚最大的棕榈树种植公司）利用棕榈种植园的资源开设民宿，组织住宿者参观油棕园，体验马来西亚传统农业，成为农业体验项目的先驱。

1988年，马来西亚政府在彭亨州淡马鲁市的Desa Murni区域挑选了5个马来语村庄（分别是Desa Murni Sanggang、Desa Murni Sonsang、Desa Murni Kerdau、Desa Murni Ketam以及Desa Murni Perangap）设立Desa Murni民宿集群，作为马来西亚民宿发展计划的示范点。联邦文化、艺术和旅游局在这5个村庄中按照当地传统的建筑方式新建了一些房屋作为Desa Murni的注册民宿，并培训有意向的青年（不一定是当地的）作为民宿主人入住并经营。同时，要求当地的乡村福利与安全委员会协同Desa Murni的民宿主人一起成立合作社。合作社成员组织本村村民共同策划富有柔佛马来民族风俗民情的演出和活动，并设计和生产文化旅游商品。这种做法后来也成为马来西亚民宿的主要经营模式，即社区共同参与。研究者对这样的经营模式作了生动的描述："马来西亚民宿套餐的典型场景始于游客最初来到乡村社区时，受到当地学童演奏传统乐器kompang的欢迎。接着，当地的青年俱乐部展示文化表演或传统游戏。而在客人入住期间，民宿主人会带客人游览乡村、体验当地的手工艺品制作以及品尝当地食物。客人与民宿主人共进晚餐，乡村中还随处可见贩卖的纪念品和工艺品"（Pusiran & Xiao，2013）。Desa Murni民宿群运营的第一年，5个村庄只接待了10名游客。然而，在之后的十年里，得益于旅游部门的大力宣传，游客数量急剧增加。在此期间，民宿经营者的人数增加到 100 人，游客总数每年增加 3000 多人。起初，大多数游客依然是日本的大学交换生，后来更多的游客来自欧洲、澳大利亚和美国。

1995 年，马来西亚政府正式启动新民宿发展方案，并将其置于国家 21 世纪乡村旅游总体规划之下，其项目主旨在于增加乡村的旅游业参与度、减少贫困、分享文化。新的民宿发展方案在全国乡村（主要还是马来语村庄）范围内推广民宿项目，并基本沿用了 Desa Murni 民宿群的做法，区别仅在于政府不再出资建设新民宿，而是由在乡村中拥有房屋的人自行按联邦文化、艺术和旅游局的要求，将自有住宅装修改建成符合民宿经营标准的房屋，并向联邦文化、艺术和旅游局申请经营许可证用于民宿经营。为了规范行业，联邦文化、艺术和旅游局制定了民宿经营标准，只向符合标准的房主发放许可证。这些标准包括主要道路的无障碍性、必需的硬件设施（如单独的卧室和浴室等）、房主没有犯罪记录和传染性疾病史、高标准的卫生条件等。此外，房主还需要参加马来西亚乡村地区发展部（MRRD）下属的乡村发展研究处（INFRA）举办的基础培训课程。

联邦文化、艺术和旅游局在新民宿发展方案中分别给政府和参与民宿经营的国民设定了总体目标。

其中，由政府达成的目标包括：

①以中等的价格提供旅游的相关配套服务，诸如水电、交通设施；

②发展乡村地区的基础设施建设；

③促进商务旅游；

④提高乡村地区人民的经营水平；

⑤疏通地区人民与政府的沟通渠道；

⑥消除贫困。

由民宿经营者达成的目标包括：

①获得增加家庭收入的机会；

②发展传统商品市场；

③扩大当地人就业；

④向游客宣传当地文化、食品、活动；

⑤拓宽当地人的全球视野；

⑥取得国家机构的资助；

⑦通过参加培训课程增加经营知识、提升经营能力。

2000年，马来西亚全国民宿协会（Malaysian Homestay Association）成立，由Desa Murni民宿发展委员会会长任第一任协会会长。其主要职责是为全国民宿行业提供经营指导、数据共享、行业意见等。

2001年，联邦文化、艺术和旅游局推出了马来西亚民宿与铁路旅游项目（The Malaysian Homestay Railway），旨在推广半岛的文化、传统和生活方式。该项目在贯穿西马来西亚的铁道沿边选择了21个民宿，形成一条狭长的民宿集群，为乘坐铁路出游的游客提供优惠和一体化服务。

2012年，联邦文化、艺术和旅游局推出Kampung民宿项目，以政府出资建造、当地人购买或租用的方式，在世居民族乡村按传统马来风格修建一批房屋，专门出租给长期停留的游客。Kampung民宿项目是根据乡村旅游总体计划制定的、面向长期停留游客的新型住宿方式，旨在进一步鼓励乡村社区参与旅游行业，也是马来西亚民宿发展方案的延续。

民宿发展案实施后，马来西亚民宿行业迅速发展，民宿数量快速提升，形成了多个民宿集群。其中，除Desa Murni民宿群外，最为成功的还包括Banghuris民宿群（位于雪兰莪州）、Relau民宿群（位于吉打州）、Pelegong民宿群（位于森美兰州）（Hamzah，2008）。

2007~2016年，在联邦文化、艺术和旅游局注册登记的民宿数量从2533个增长至3486个，增长率37.6%；入住人次从72423人次增长至410522人次，增长率为466.8%；收益从492万林吉特增长至2770万林吉特，增长率为463%。马来西亚民宿行业收益在2007~2016年间以平均6%的速度增长，2016年民宿收入占旅游业总收入的0.03%（见表1）。

表1 马来西亚民宿产业年度统计数字（2007～2016年）

年份	民宿项目总数（个）	参与项目的民宿总数（个）	住宿人次	收入（百万林吉特）
2007	135	2533	72423	4.92
2008	146	3034	91533	6.39
2009	141	3283	161561	10.9
2010	139	3005	196472	12.4
2011	150	3211	254981	15.7
2012	159	3424	325258	18.5
2013	164	3495	350954	21.5
2014	157	3395	339360	21.7
2015	159	3448	345137	25.2
2016	162	3486	410522	27.7

数据来源：马来西亚联邦文化、艺术和旅游局，2017。

从游客构成的角度来说，马来西亚国内游客的增长率要超过国际游客。国内游客包括学生、商务人士、政府人员和当地游客。国际游客来自新加坡、日本、中国内地、欧洲、印度尼西亚、澳大利亚、美国、韩国和中国台湾等。

马来西亚各州的民宿发展情况差异较大，民宿行业主要集中在西马来西亚的南部，而北部相对稀少。从2013年的收益看，最发达的地区为彭亨州，其次是雪兰莪州。北部的吉兰丹州、玻璃市州则仅有少量民宿。东马来西亚的沙捞越州和沙巴州虽因占地宽广而有较多民宿，但消费疲软（见表2）。

表2 2013年马来西亚各州民宿发展数据

州名	民宿集群（个）	民宿村（个）	民宿经营者	房间数（个）	收益（美元）	入住人次
玻璃市州	3	3	56	64	56797	4981
吉打州	14	19	324	421	240960	19517
槟榔屿州	9	9	200	227	139470	6964
霹雳州	6	30	231	308	97446	6440
雪兰莪州	15	18	458	660	1274056	64247
马六甲州	7	7	115	173	452176	22157

续表

州名	民宿集群（个）	民宿村（个）	民宿经营者	房间数（个）	收益（美元）	入住人次
森美兰州	11	31	265	397	320007	9597
柔佛州	16	35	508	663	433675	47140
吉兰丹州	8	9	152	182	78319	3201
登嘉楼州	6	6	101	103	109200	4978
彭亨州	15	20	259	387	2421306	125422
沙捞越州	28	32	419	549	654966	15948
沙巴州	16	25	228	438	811167	18032
纳闽州	3	3	79	97	106766	2320
总计	157	247	3395	4669	7190316	350954

（三）印度尼西亚

印度尼西亚民宿业因国家对旅游业的逐渐重视而得到了进一步的规范，政府就民宿业出台了相关法律法规。印度尼西亚旅游部旅游和创意经济部长颁布 2014 年第 9 号令，确定了印度尼西亚的民宿行业标准，对民宿行业进行了具体细致的规范。

2016 年，印度尼西亚旅游部在《印度尼西亚共和国旅游部长关于可持续发展旅游目的地准则》〔2016 年第 14 号条例〕第二章第一部分"可持续发展旅游目的地管理：关于可持续发展旅游目的地标准体系"，就酒店、民宿、旅游经营者评价标准、指标等细节进行了进一步阐释。

2017 年 3 月 4 日~5 日，印度尼西亚班加岛的 Pangkal Pinang 组织了世界越野摩托车锦标赛 Indo MXGP 2017 第二站比赛，因酒店房间供给严重不足，赛事委员会收到大量投诉，产生了不良的影响。为了适应快速增长的游客量，印度尼西亚政府考虑为游客提供更多更经济便利的住宿方式，因此，将民宿列为国家优先计划。

2018 年 5 月，印度尼西亚农村与落后地区发展部与旅游部共同推出开发 10 万家民宿的计划。印度尼西亚政府为该计划拨款 60 万亿印尼盾，这些资金将被划拨到 10 个具有旅游开发潜力的村庄，用于新建民宿，以及对当地民宿

主人的培训。

在2018年举行的印度尼西亚旅游部年度大会上，旅游部部长阿里耶夫·叶海亚提出，未来5年，印度尼西亚旅游业要面向国内外吸引500万亿印尼盾（约合2437亿元人民币）的投资，用于开发新景区、修建民宿，改善旅游相关基础设施。阿里耶夫·叶海亚强调，要大力支持印度尼西亚民宿行业的发展。印度尼西亚有近7.5万个村庄，每个村庄都有独特的文化和魅力。

与此同时，印度尼西亚政府也在想方设法满足民宿行业的融资、贷款需求。印度尼西亚旅游部已联合印度尼西亚央行，开始为民宿从业者提供住房融资贷款，降低融资门槛和贷款利率，分期还款年限最长可达到20年，力求让民宿从业者没有资金的后顾之忧。

此外，印度尼西亚政府还非常重视对民宿从业者和政府管理者的培训。目前，印度尼西亚政府对民宿业的培训计划已涵盖全国31.42%的民宿业从业者。

四　东盟民宿标准化体系

《东盟民宿标准》（AHS）包括民宿标准、民宿审核表、审核流程和认证机构四个部分。在制定标准时，机构分析了东盟所有成员国使用的现有民宿标准和准则，找出了共同点和差距，集中在九个标准上，即主人、住宿、活动、管理、位置、卫生与清洁、安全与保障、营销和可持续原则。使用了9个主要标准和27个子标准，包含91个要求。AHS设立了民宿评估体系，根据标准达成情况和质量对民宿进行排名，在评估中表现良好的民宿将被授予"东盟标准民宿"。该评估标准也用于确定尚未符合条件的民宿存在的差距。

AHS的制定体现了东盟各国在民宿标准化领域的实践，东盟国家也通过民宿标准进一步规范了民宿业的发展。

（一）泰国

泰国旅游和体育部2011年发布的《泰国民宿旅游服务标准规定》包含

了民宿定义、行业标准、评估方法、评估流程和投诉上诉这几大板块。2016年又对民宿标准做了相应的修改，具体内容见表3。

表3 泰国民宿标准

类型	具体要求
分类	普通民宿、标准民宿
基本资格	1. 民宿收入只能为附加收入，不能为主要收入； 2. 房子还有额外的空间才能提供住宿； 3. 游客必须和房屋所有者一起过夜，并且有机会交流当地的知识和文化，了解当地的生活方式； 4. 民宿经营者的家人必须很高兴并且愿意接待游客，同时承担游客居住的责任； 5. 房主或家庭成员积极地与社区配合民宿旅游管理； 6. 房主要加入社区民宿管理的合作社； 7. 所有请求评估的房子，必须有政府机构颁发的用户家门牌号； 8. 禁止民宿建在国家公园等保护区内，除非有特殊许可； 9. 根据民宿标准要求，至少要提前六个月进行申请； 10. 家庭应该是管理该社区民宿合作社的成员。
住宿	1. 房屋特征是成比例的； 2. 床干净舒适； 3. 有干净的浴室和卫生间； 4. 在房子和户外有休息区域。
食品	1. 烹饪和食物配料符合标准； 2. 水为清洁饮用水； 3. 必须有容器装干净的食物； 4. 厨房和设备很干净。
安全	1. 有急救设备； 2. 有安全管理系统。
环境	1. 社区内或周边有景点； 2. 提供旅游护理； 3. 有减缓全球变暖的计划。
产品	1. 社区纪念品； 2. 创造社区独有的产品。

"泰国民宿标准"牌匾标识试用期为三年，到期后须重新申请。

（二）马来西亚

MOTAC 于 2016 年制定了最新的民宿标准，用于考察申请民宿的房屋，以及对运营中的民宿进行合格检验。MOTAC 将民宿标准分为两个部分，分别针对家庭民宿和民宿集群。

对于家庭民宿，主要规定了 6 项标准。

（1）房屋位置。民宿必须位于正常交通可以到达的地方，且周围无明显环境污染。此外，还必须处于能够展现马来西亚文化或传统生活方式的环境中。

（2）基本设施。客房应和房子里的其他卧室分开。为了确保主人家庭成员和客人的舒适，作为客房的最大房间数量不得超过四间正常尺寸的卧室。通常，客房内应配有一间浴室。民宿内应配有使用舒适的浴室、卫生间、餐厅、客厅以及其他基本设施。有能力应客人要求准备和供应膳食、毛巾和其他物品。基本设施应妥善维护并保持整洁，以确保游客感到舒适。

（3）清洁。住宅区应该干净，没有堆放的垃圾。应确保有效的废物处理和排放方式，以避免难闻的气味。民宿经营者应无传染性疾病史。

（4）安全。住宅区应该安全，未堆放危险物品及易燃物品，应配有标准的防火设施。民宿经营者应无犯罪记录。并建议民宿主了解一家以上注册过的保险公司的保险政策，以在发生危险或纠纷时保护游客。

（5）食物。必须密切注意食物的储存和处理，对食物储藏处妥善管理。食物放置的场所需要保持清洁，注意防虫防鼠。食品垃圾应每日收集和处理，同时垃圾处理区和容器必须定期清洁。

（6）器材及电器用具。用于制备和处理食物的所有设备和器具应符合规定，以防止食物中毒。设备和器具使用后应清洗，并保持卫生。电器线路应定期检查，并安全操作。

对于民宿集群，除了上述标准外，还规定了以下几条标准。

（1）在民宿集群中至少有 10 个已注册的民宿，以反映该地区的社区参与度和凝聚力；

（2）支持大部分交通和通信方式的使用；

（3）当地居民对旅游及外来者持开放和积极的态度；

（4）保持高度的安全性和清洁度；

（5）能提供以乡村为基础的传统活动，如农事活动、传统游戏、文化表演等。

（三）印度尼西亚

印度尼西亚旅游部旅游和创意经济部长颁布的2014年第9号令，对民宿行业进行了具体细致的规范（见表4）。这些标准涵盖了硬件设施、服务和管理的各个方面。

表4 印度尼西亚民宿基本要求和标准

类型		具体要求
硬件设施	楼房	1. 可用于出租的房间数量1~5间； 2. 房间要求采光、通风良好。
	房间	1. 保持清洁,定期清扫。且须提供以下物品： （1）房间钥匙； （2）梳妆台； （3）衣柜； （4）灯； （5）垃圾桶。 2. 床铺被褥整洁(按照酒店标准)。 （1）枕头、枕套； （2）床单。
	设备设施	1. 楼栋牌标识明显、清楚； 2. 卫生间需要有毛巾架、垃圾桶、马桶(或蹲厕)、水桶、下水道,水量充足； 3. 配备干净的餐具； 4. 提供充足的饮用水。
	厨房	1. 干净、无油无异味； 2. 配备厨具(锅灶、电饭锅等)； 3. 有洗碗池； 4. 厨房下水道通畅； 5. 带盖垃圾桶； 6. 用于清洗的干净水源。

续表

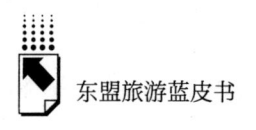

类型		具体要求
服务	服务内容	1. 订房； 2. 住宿登记； 3. 支付方式（现金或刷卡）； 4. 有专人负责打扫公共区域； 5. 有专人负责清洁客房； 6. 让客人感受到安全舒适； 7. 及时处理投诉； 8. 需要将民宿相关的信息张贴至显眼处（张贴内容包含房间价格、附近的医院、附近的公共场所、旅游景点、当地文化）。
管理	销售管理	1. 提供基础的家庭生活用品； 2. 客人信息须在当地公安局备案。
	安全和救护	1. 有明显的消防标识、逃生路线； 2. 有急救药品。
	服务标准	1. 保证民宿安全，按照政策提供良好服务； 2. 定期参加国家组织的培训。

五　东盟民宿业存在的问题

（一）行业缺乏有效的立法监管

民宿提供小规模的旅游食宿服务。酒店行业的运营必须遵守相当严格的法律。例如，酒店运营者必须根据法律获得商业管理、犯罪控制和税收相关的执照。然而，在东盟很多国家，并没有相关的法律直接规定民宿业。以泰国为例，即使发布了泰国民宿标准，但并没有规定民宿业必须注册相关证书，只能靠民宿经营者自觉遵守。同时，从建筑的结构、地点、安全规定和卫生条件来看，民宿的建筑实际上是居民建筑，很难满足泰国相关法律的规定，比如酒店法、建筑法和公共健康法。

泰国缺乏民宿注册系统和监管系统，民宿主人可以合理地避税，加上越来越多的经营者发现这个漏洞，从酒店转型为民宿的情况越来越多，避税情况也相应增加。由于民宿标准并非法律性文件，所以民宿行业亟须政府立法规范。

以马来西亚为例，政府制定有6项民宿行业标准，同时制定了民宿的培训手册，但对于标准的实施缺乏监控，其服务标准、安全设施、房屋质量等标准往往被不负责任的民宿经营者有意或无意地忽视。另外，尽管马来西亚政府制定了严格的民宿行业准入流程和标准，但将申报视为经营者自愿的事情，对于未作申报却实际正在作为家庭民宿的住宿产品并无管制。

（二）作为接待业的补充，对旅游业的贡献仍偏小

以马来西亚为例，马来西亚旅游部门很少关注民宿与国内主要景点的融合与相互推广。马来西亚民宿被视为一个社区参与的接待服务，一个基于乡村文化体验的旅游产品，主要景区、重要文化遗产、城市文化的旅游资源长期与民宿发展脱节，2016年民宿收入仅占旅游业总收入的0.03%。在东盟其他国家，民宿业也多作为旅游住宿业的补充，在接待规模、品牌影响力等方面仍较为弱势。

（三）经营者过度依赖政府的资金支持，缺乏独立创新的动力

在东盟国家民宿发展中，政府机构充当了重要的角色，但在助推民宿发展的同时，也带来新的问题，即民宿经营者过度依赖政府支持，行业缺乏独立创新的动力和能力。如马来西亚和印度尼西亚都对已注册的民宿提供持续的资金、培训和营销援助，包括向创业阶段的民宿提供资金支持使其发展到顺利营业的阶段。2006～2010年，马来西亚政府共提供了三轮政府资金，总额为4000万林吉特。2011年，又提供了1000万林吉特用于让民宿经营者改善住房和设施。2012年，乡村地区发展部又为一些新的准备加入民宿项目的乡村地区提供了670万林吉特，用于基础设施建设。2018年5月，印度尼西亚农村与落后地区发展部与旅游部共同推出开发10万家民宿的计划，拨款60万亿印尼盾。

对政府资金的过度依赖导致民宿经营者对于市场创新缺乏兴趣，在马来

西亚，除了本身就是马来西亚大型国家控股企业的菲尔达以外，至今没有在民宿行业成为独立企业的案例。

（四）出现了与民宿本质相违的趋势

根据东盟国家对民宿的定义，民宿本为一所普通的房子，业主将自己所拥有的部分闲置房间出租给短时间到访的游客，游客和民宿主人住在一起。民宿建立的初衷是加速当地经济的发展，提高当地人的经济收入水平。可事实上，存在大量的社会公众投资建造的民宿，并非当地居民的投资，自然回报亦不是直接反馈给当地居民，当地居民在民宿发展中受益有限。

同时，传统意义上的民宿，民宿主人只需要提供卧室、卫浴、饮用水和早餐。但在印度尼西亚旅游景区出现的部分民宿，例如 Tanjung Lesung、Labuan Bajo 等，配备了餐馆、运动场、游泳池等酒店旅馆才会提供的额外的设施设备。经营者并没有把这个地方定位为旅馆酒店，而是以民宿的名义出租给游客。这给当地的税收以及社会治安都带来了问题。

（五）东盟各国家民宿发展不均衡

目前，在东盟国家，民宿得到较好发展的国家一般也是旅游业较为发达的国家，一些后发国家，如越南、菲律宾等国，近年来随着旅游业的发展，民宿业得到了一定程度的重视。而在老挝、缅甸等国家，酒店住宿业整体尚不发达，民宿发展还停留在较为初级的水平。

六 发展趋势展望

综上，作为住宿业的重要补充，东盟各国民宿近年来得到了较好的发展，特别是在旅游业较为发达的国家，如马来西亚、泰国、印度尼西亚、新加坡等。各国民宿业在逐渐壮大的同时，也通过民宿标准化建设不断规范和提升民宿的接待服务质量。特别是 2016 年东盟秘书处在广泛调研的基础上，颁发了《东盟民宿标准》，对东盟各国的民宿业规范化发展起到了有力的助推作用。但也要看到，在缅甸、老挝等国家，民宿业受制于整体经济水平和旅游业的发展，发展仍较为滞后。

本报告通过研究东盟民宿和旅游业，发现在面向未来的东盟民宿发展中，有三个较为明显的趋势。

一是外部旅游市场和客源在发生变化。在境外客源方面，中国游客成了东盟国家的主力军，中国游客的观光和休闲方式，与以海滩度假为主体的西方游客有很大差异。而近年来中国国内民宿的崛起，也让很多中产阶级的中国游客对境外民宿产生了浓厚的兴趣，如2017年就有超过18万人次的中国游客入住泰国爱彼迎房源。中国客源的壮大对东盟民宿发展起到了积极的促进作用。

此外，随着近年来外国游客增长速度变缓，民宿的服务对象也在发生变化，从境外游客为主到国内游客开始占据一定比例。以马来西亚为例，政府最初推出Desa Murni民宿群项目时，将外国游客来乡村学习体验马来西亚传统文化视为主要营销目标。20世纪90年代初期，日本大学交换生也一直是民宿的主要消费群体。但最近十年，当地民宿对外国游客的吸引力有明显下降的趋势。2010~2016年，外国游客增长率仅为16.4%，相比之下，国内游客增长率则为140%。这一方面是由于21世纪东南亚整体经济发展较快，国内旅游人数大量增长，另一方面是由于欧美经济疲软，以及频繁出现航运安全问题，国外旅游人数增长缓慢。由于马来西亚MOTAC对当地民宿的定位为"住宿价格相对低廉，通过社区的整体接待服务、当地工艺产品、美食等提高社区的整体收益"，民宿被游客当作便宜的住宿场所。随着客源的变化，东盟国家民宿的社区接待服务内容和形式也要发生相应的调整，以满足更多国内游客的需求。

二是国家在民宿发展中的引领作用和影响正在逐渐加强。在马来西亚等国民宿发展以及《东盟民宿标准》出台的过程中，均可以看到政府和行业行为对民宿业产生的重要影响。政府对民宿业的支持，会在相当程度上推动经济不发达地区民宿业的发展。此外，民宿业发展中广泛存在缺乏有效管理的问题，2017年日本《住宅宿泊事业法》出台后，各国开始对民宿

行业加强管理，管理的方式、尺度都会对东盟国家民宿发展产生较大影响。

三是分享经济的发展对民宿业起到了积极的助推作用。民宿作为非标住宿，有着极强的分享经济属性。随着爱彼迎等共享经济平台的迅速扩张，投资小、门槛低的社区民宿得到了较大的发展。但同时也要注意到，一些地方出现了民宿奢侈化的趋势，背离了社区共享以及民宿发展的初衷，需要得到政府和行业的关注。

七 经典民宿案例

（一）泰国Mae Kampong乡村社区的社区旅游活动

泰国最早最成功的民宿案例是清迈省的Mae Kampong。Mae Kampong在清迈的东北部，距离清迈有50公里。村落的名字来源于一条河和一种花的结合。根据泰国政府2018年的数据，这个村有333人，居住在123间房屋中。整个村落分为六个模块，沿河分布。有一座1100米的山坐落在这个地区，这个区域是茶叶的理想种植区，加上温和的气候，茶可以发酵做成一种具有提神效果的小吃miang。农业多样化、旅游业发展和社区收入的提高使人们对miang的需求下降，而微型水力发电越来越占据重要位置。在过去的30年里，Mae Kampong利用其自然条件，建造了三台微型水力发电机来发电。此后，该村向国家电网出售电力，摆脱了贫困。之后这个村开始种植阿拉加比咖啡作为补充收入。随着道路的修缮，越来越多的游客开始来到这个地方。除了宜人的气候，源源不断的流水、原始森林、山峰和岩石都造就了它的独特性。

为进行自然和文化资源开发，Mae Kampong的居民自发组织了CBT（Community Based Tourism）项目，开始推广民宿，并从最初的5家民宿推广到2018年的22家。刚开始，每年只有几百名游客来到Mae Kampong旅游。从2006年开始，游客保持在4000名左右，近80%的游客会选择过夜，其中有一半的国际游客。区别于其他传统的商业住宿，这里的民宿邀请客人共同参与日常的活动，比如烹饪和分享美食，在清晨向僧侣施舍，以及参观种植或参与当地农产品制作，包括茶叶、咖啡、藤工艺品、枕头等。

从收入、环境保护和积极的社区参与上来看，CBT 运作的民宿旅游框架非常成功，并成为其他地区旅游规划、管理和发展的典范。在第一年的 CBT 项目运作中，Mae Kampong 全年的收入是 2730 美元，到了 2012 年，总收入提高了 31.5 倍，超过了 88737 美元。项目的运作带动了个人、家庭和社区经济水平的提升，这个成功案例，获得了大众的认可，2007 年和 2010 年它分别获得了泰国旅游奖和亚太旅游协会颁发的文化旅游金奖。

Mae Kampong 民宿项目取得成功的原因有以下几点。

（1）积极主动的带头人。项目负责人担任了 12 年的村长，之后继续担任旅游委员会主席，他参与设计了民宿项目，最大限度为社区分配利益。

（2）长期的协商和审议过程确保了社区中的其他成员对民宿项目有归属感。

（3）政府的支持。政府组织（如旅游和体育部）、一些非政府组织为民宿提供了营销等支持。

（4）得天独厚的地理环境。离清迈不到一个小时的车程，以及具有优越的自然资源。

（二）印度尼西亚 Bromo Tengger Semeru 国家公园地区的民宿发展

印度尼西亚的民宿大多位于农村地区，与自然旅游有关。例如，Bromo Tengger Semeru 国家公园（TNBTS）周围的民宿。它们出现于 20 世纪 90 年代，作为对游客住宿需求的回应。大多数游客到 TNBTS 的目的都是观看日出。因此，游客必须在清晨到达 Penanjakan。许多游客倾向于选择廉价住宿方式，这些民宿大多位于 TNBTS 入口附近。游客只在 TNBTS 附近的民宿作临时停留，这些民宿很大程度上满足了游客的住宿需求。周围的民宿数量达到将近 500 个。当地的民宿以两种不同的方式经营。

其一，为由相关部门统一管理的乡村民宿社区。如 Gubugklakah 村，其

大部分人口都是农民。该村距离 TNBTS 入口 20 公里，有瀑布、苹果种植园和橙子种植园，有发展生态旅游的潜力。2010 年，为了维护该村的生态旅游发展，Ladesta 组织应运而生。该组织不仅管理 Gubugklakah 的旅游潜在资源，还负责住宿经营。民宿由起初的数十家发展到了约 70 个。民宿的积极经济影响促使社区政府更多地参与民宿的发展。Ladesta 指派专人管理 Gubugklakah 的民宿，规范民宿的各项硬件设施及软件服务。

其二，个人自行管理的民宿。与 Gubugklakah 不同，地方政府尚未在 Ngadisari 建立专门的旅游管理机构。其中一个原因是 Ngadisari 社区没有旅游景点。因此，该村的民宿主要由个人自行管理。Ngadisari 靠近 TNBTS 的入口，方便游客入住。Ngadisari 的住宿方式有宾馆、酒店、别墅和民宿，目前 Ngadisari 的民宿大约有 50 个。

Gubugklakah 的民宿必须达到 Ladesta 设定的最低标准。其中一个条件是民宿拥有维护良好的卧室和厕所。Ngadisari 的民宿旨在让游客在家中感到舒适。对于 Ngadisari 的民宿提供者来说，住宿似乎只被视为旅游产品，而在 Gubugklakah，人们认为住宿应该能够创造旅游体验。

参考文献

Ali Ria Aminudin. "Pelaksanaan Pengelolaan Homestay Di Desa Lubuk Kembang Bunga Kawasan Eko Wisata Tesso Nilo Kabupaten Pelalawan Provinsi Riau," *Jom Fisip* 2（2015）：2.

Amman Ghapar, Othman Jama. "The Role of Government on Community Resilient in the Homestay Industry in Malaysia," *Tourism, Leisure and Global Change* 2（2015）：98 - 99.

Asst Prof. Dr Songkoon Chantachon, Asst Prof Pisit Boonchai, Dr. Pairat Thidpad. "Cultural Identity and Local Art Values and Application of Local Products for Economic and Cultural Tourism Value Added of the Northeast, the Central and the South of Thailand," *Journal of Culture Diversity*（2009）：224 - 233.

Hamzah, A. "Malaysian Homestays from the Perspective of Young Japanese Tourists：The Quest for Furusato," *Asian tourism：Growth and change*（2008）：193 - 207.

Hamzah, A., & Stabler, M. J. "The Evolution of Small-scale Tourism in Malaysia：

Problems, Opportunities and Implications on Sustainability," *Tourism and Sustainability: Principles and Practices* (1997): 199 –218.

Mengurus Izin Tetap Usaha Pariwisata (ITUP), https://dunianotaris.com/category/izin-pariwisata.

Muhammad Iqbal Rosyidi. "Comparative Study of Homestay Management in Gubugklakah and Ngadisari," *The Second Bali International Tourism Conference* (2018): 389 – 391.

Pemahaman Homestay dan Pengaturannya, https://kumparan.com/topic/pariwisata.

Pusiran, A. K., Xiao, H. "Challenges and Community Development: A Case Study of Homestay in Malaysia," *Asian Social Science* 9 (2013): 1 – 17.

Rapeepan Chantub, Linjong Pocharee. "Tourism Identity Factors Affecting the Success of Tourism Management in Chang Ta Kang Village, Surin Province," *WMS Journal of Management* (2016): 48 –59.

Regulation of The Minister of Tourism of The Republic of Indonesia Number 14 of 2016.

Rinpron C., Khlangwichian P., Pongnurak P. "Study on Sustainability of Homestay in the Lower Northern Part of Thailand," *The Thailand Research Fund*, Nakhonratchasima (2007): 57 –61.

Rohaslinda Ramele et al. "Statistics of Malaysian Homestay Program by December 2016," http://www.motac.gov.my/en/., Ministry of Tourism.

Singh Singkhajorn, Rasika Angkura, Patcharapa Euamornvanich, "Communication of Thailand Homestay Standard Compares ASEAN Homestay Standard," *The European Conference of Media, Communication & Film*, (2018): 113 –119.

Standar Pengelolaan Homestay, http://www.berdesa.com/kiat-usaha/ (2015).

Tenth Malaysia Plan (RMK –10). Published by Negara, 2010.

"Tourism Ministry to Build 100000 Homestays in Tourist Villages, The Jakarta Globe," http://jakartaglobe.id/news/tourism-ministry-build –100000 – homestays-tourist-villages.

B.8
东盟国家邮轮旅游发展现状

马靖雯[*]

摘　要： 2018年，东盟国家持续加大对邮轮旅游资源的开发，注重邮轮旅游基础设施建设，积极对接中国以及全球游客旅游需求，重视打造东盟单一旅游目的地品牌，展示出文化多元的魅力。邮轮旅游市场活力得到极大提升。本报告介绍了东盟国家的邮轮旅游产业概况，介绍了东盟邮轮航线布局开发情况以及东盟邮轮旅游带动相关产业发展的情况，并对东盟邮轮旅游的发展趋势进行了展望。

关键词： 邮轮旅游　目的地市场　邮轮产业

一　东盟十国邮轮产业概况

东盟国家降雨量丰富且水域平静，是发展河轮及海上邮轮旅游的理想之地。该区域旅游资源非常丰富，有25000多个岛屿和30多个世界文化遗产，因此具有文化多元、旅游目的地多样的特点。东盟本身作为一个新兴的共同体，吸引了来自全球各地的游客。本区域居民生活水平提高后，也热衷旅游，这些造就了一个有希望且富有活力的邮轮旅游市场。

---

[*] 马靖雯，中国旅游研究院东盟旅游研究基地行政秘书，助教，主要研究方向为东盟旅游、旅游教育、跨文化比较。

（一）文莱

文莱位于亚洲东南部，北面中国南海，东、西、南三面接壤马来西亚的沙捞越州，并被沙捞越州分隔为两部分。文莱海洋资源丰富，拥有33个岛屿，全国海岸线长约162公里，沿海地势以平原为主。气候属于典型热带雨林气候，年平均气温为28°。文莱的河流资源也很丰富，境内主要有四大河流，分别是白拉奕河、都东河、淡布伦河和文莱河，全国水域率为8.6%。适宜的气候和丰富的水资源为文莱的水上交通及旅游提供了优良的先天条件，水上出租车业发达，建造在文莱河上的"水上村"是将展示普通人生活和旅游相结合的著名景点之一，每年吸引了大量游客前往参观。

近年来，随着文莱旅游业的蓬勃发展，文莱政府持续重视对旅游业的投入，以吸引更多客源。根据世界旅游组织2018年的数据，2017年文莱共接待入境游客约259000人次，比2016年增长约18.35%。2019年，根据文莱海洋与港口局的数据，文莱可停靠邮轮的国际港口1个，为穆阿拉国际港口，距离斯里巴加湾17英里，离机场25分钟车程。其泊位岸线长度为223米，泊位长度861米，深度12.5米，道宽400米，船舶转头地300米、深度为13米，可靠泊5000吨级船舶。港口周边景点有：皇家博物馆（Royal Regalia Museum）、水上村庄（Kampong Ayer）、国家公园（Ulu Temburong National Park）等。未来文莱将对穆阿拉港口提质升级，加强港区基础设施建设，开发更多航线，将其打造为国际一流港口枢纽。全球知名邮轮集团在文莱拥有多条高端航线。2018年，出发或经停穆阿拉港口的邮轮公司由2017年的11家升至13家，带来约18058名国际乘客和船员入境，比2017年增长66%。经停穆阿拉港口的邮轮品牌为：精致邮轮（Celebrity）、水晶邮轮（Crystal）、冠达邮轮（Cunard）、大洋邮轮（Oceania）、庞洛邮轮（Ponant）、丽晶七海邮轮（Regent Seven Seas）、维京海洋号（Viking Ocean）、银影号（Silver Shadow）、银啸号（Silver Whisper）、精钻旅程号邮轮（Azamara Journey）、大洋邮轮英锡亚号（Oceania Insignia）、星风邮轮星之传奇号（Star Legend）、维京太阳号（Viking Sun）、七海航行者号（Seven Seas Voyager）等。

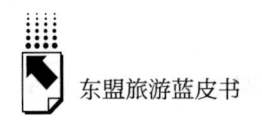

（二）柬埔寨

柬埔寨位于中南半岛南部，东南部与越南连接，北部与老挝交界，西北部与泰国相邻。国家海岸线长约460公里，沿海多岛屿，主要有高龙岛、龙岛等。属于热带季风气候，年平均气温为25°。柬埔寨水资源丰富，全国水域率为2.5%，湄公河在境内贯穿东部地区，长约500公里，最大的湖泊为洞里萨湖，水量充沛，降雨量最大时湖面面积可达1万平方公里。丰富的水资源使得柬埔寨人民的水上生活多姿多彩，如水上人家社区、水上学校等，同时也造就了内河游轮、海上邮轮等水上交通业的发达。随着湄公河流域旅游的开发，近年来柬埔寨的河轮旅游发展脚步加快，主要河港有金边、磅湛、磅清扬等。多家河轮品牌入驻市场，如潘达河轮（Pandaw）、风景河轮（Scenic）、阿瓦隆河轮（Avalon Waterways）、水湾探险邮轮（Aqua Expeditions）、APT河轮、维京河轮等。柬埔寨旅游局官方网站推介的河轮航线有金边—西贡湄公河3日游，暹粒—金边3天2夜游等。①

在海上邮轮方面，柬埔寨主要的海港为西哈努克港，又简称"西港"。港口建于20世纪60年代，2018年6月由日本公司对港口进行改造。距离机场车程15分钟，总泊位长度1330米，目前有9个泊位，旧码头深度为9~10米，南面及北面道宽分别为3.5英里和3英里，船舶转头地为300米，港口兼具乘客港和货物港功能。港口周边景区有：索卡海滩浴场（Sokha Beach for Swimming）、浮潜区、水肺潜区、村庄旅游区、瓦克朗和瓦卢寺（Wat Krom and Wat Leu Temple）等。2018年，港口吸引了35家邮轮停靠，比2017年的23家有较大幅度增长。停靠的邮轮品牌有诺唯真邮轮（Norwegian Cruise Line）、公主邮轮（Princess Cruises）、珊瑚探险号（Coral Expeditions）、大洋邮轮（Oceania）、丽晶七海邮轮（Regent Seven Seas）、水

---

① Cambodia Cruise Tour, 2019年1月6日，http://www.cambodiatourist.com/cambodia-cruise-tours/.

晶邮轮（Crystal）、荷美邮轮（Holland America Line）、P&O邮轮、皇家加勒比邮轮（Royal Caribbean International）、世邦邮轮（Seabourn）等。从柬埔寨出发的邮轮航线有金边—西贡3天2夜游、暹粒—西贡8天7夜游、金边—西贡6天5夜游等。根据大湄公河次区域协调办公室2018年数据，2017年全年到柬埔寨的国际游客有5602157人次，其中海港入境游客占2.6%，约145656人次。

（三）印度尼西亚

印度尼西亚，是全世界最大的群岛国家，印度尼西亚海洋旅游资源丰富，政府也一直重视资源开发，其中包括了邮轮旅游。从2016年开始，印度尼西亚政府加大力度推进邮轮旅游的开发，制定港口设施建设规划，计划在2020年实现国际游客人数比2015年翻一番。根据世界旅游组织的数据，印度尼西亚2017年全年国际游客人数为1404万人次，通过海港入境285.8万人次，占国际游客总数的20.4%，这充分说明了印度尼西亚对港口通关及港口建设的利用及重视程度。而在海港入境的人数中，通过邮轮港口入境的人数为32万人次，比2016年有较大幅度增长。

印度尼西亚港口较多，主要邮轮港口有9个，分别是伯诺阿港/巴厘岛港（Benoa/Bali）、雅加达港（Jakarta）、科莫多岛港（Komodo Island）、利姆巴港（Lembar）、孟加锡港（Makassar）、普罗博林戈港（Probolinggo）、沙璜港（Sabang）、三宝垄港（Samarang）和泗水港（Surabaya）。其中，资源最丰富的港口是靠近巴厘岛等优质旅游资源的伯诺阿港。2017年印度尼西亚政府有方案有步骤地将伯诺阿港打造成大型的邮轮航运枢纽及邮轮母港，提升吸引游客到访的能力。随着港口质量的提升，2017年预订邮轮游客达到300万人次，但由于港口容量有限且缺乏现代化设施，只接待了大约20万国际游客。庞大的游客订单量推动印度尼西亚政府加大并加快对伯诺阿港口及周边码头的建设力度，伯诺阿/巴厘岛码头于2017年9月开工，码头建成后可容纳世界上最大级别的客轮（即5000名乘客和1500名船员的容

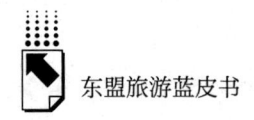

量），相当于44架波音737的载客量。此外，印度尼西亚政府在2017年底至2018年3月期间对巴厘岛北部塞卢坎巴望港口（Celukan Bawang）进行开发，打造巴厘岛多元化的世界旅游目的地品牌。① 此外，印度尼西亚政府还有多项对其他港口提质升级的计划。

伯诺阿港口离最近的巴厘岛乌拉莱机场有20分钟车程，入港船舶最长110米，设3个码头，均可停靠邮轮。在印度尼西亚"千岛之国"魅力的吸引下，途经或来往的邮轮品牌众多，其中停靠伯诺阿港口的邮轮基本上涵盖大部分到东南亚的邮轮品牌，主要有：精钻邮轮（Azamara Club Cruises）、精致邮轮（Celebrity）、珊瑚探险号（Coral Expeditions）、大洋邮轮（Oceania）、丽晶七海邮轮（Regent Seven Seas）、水晶邮轮（Crystal）、荷美邮轮（Holland America Line）、P&O邮轮、皇家加勒比邮轮（Royal Caribbean International）、世邦邮轮（Seabourn）、诺唯真邮轮（Norwegian Cruise Line）、公主邮轮（Princess Cruises）、银海邮轮（Silversea）等。

（四）老挝

老挝是中南半岛唯一的陆锁国，湄公河在老挝境内流经的距离最长，约有1987.7公里，水域率为2%。每到降雨量充沛的时候，在接近柬埔寨边境的地方有约50公里宽的河道，而旱季水退后会露出数以百计的小岛，展现被称为"四千美岛"的美景。因湄公河从南至北流经老挝，因此河轮交通及旅游一直受到老挝政府的重视，但又因老挝境内的河道较浅，河轮交通及旅游的发展受到一定限制。老挝的河轮港口主要有6个，如波乔（Bokeo）、沙湾拿吉（Savannakhet）、北宾（Pakbeng）、甘蒙（Khammouane）等，河港周边的旅游资源众多，游客较感兴趣的有佛教遗迹、古镇等人文景点以及大象园等生态旅游景点。目前，在老挝发展较好的河轮品牌为庞洛河轮（Pandow），该品牌于2015年入驻老挝，目前已在老挝发展了3条航线。此外，还有欧洲奢华河轮品牌APT、阿瓦隆（Avalon Waterways）、精钻邮轮

---

① Cruise Mapper，2019年1月25日，https：//www.cruisemapper.com/ports/benoa-port-16.

（Azamara Club Cruises）、湄公河河轮（Mekong River Cruise）、寰宇精品河轮（Uniworld Boutique River Cruise）等。

（五）马来西亚

马来西亚位于太平洋和印度洋之间，北部与泰国连接，南部与新加坡毗邻，东部面向南中国海，西部濒临马六甲海峡，全国海岸线长4192公里，水域率为4.2%。马来西亚全年雨量充沛，无明显的四季之分。良好的气候环境和丰富的自然资源为旅游业的发展带来很好的基础发展条件，特别是在海上邮轮旅游方面。马来西亚在东盟区域内属于旅游发展较早较成熟的国家之一，政府对邮轮旅游的发展制定了相关规划。2015年，马来西亚邮轮理事会成立，对马来西亚全国的港口进行管控并加强提升港口基础设施建设。2017年，在世界旅游组织发布的数据中，马来西亚全年入境游客为2594.8万人次，其中水路入境106万人次。在水路入境人数中，邮轮旅游入境人数为924885人次，全年有599艘邮轮分别停靠境内的11个国际邮轮港口，人数较2016年同比增长27.3%。

马来西亚的热门港口有十个，分别是马六甲港（Melaka）、巴生港邮轮码头（Kelang）、槟城港（Penang）、兰卡威港（Lankawi）、哥打基纳巴卢港（Kota Kinabalu）、古晋港（Kuching）、民都鲁港（Mindulu）、关丹港（Kuantan）、刁曼岛港（Pulau Tioman）、热浪岛港（Pulau Redang），其中比较热门的港口是槟城港和巴生港邮轮码头。槟城港是马来西亚最大的转口港，距离最近机场40分钟路程，泊位有3个，道宽及船舶转头地均为1000米，水深10.5米。巴生港是马来西亚最大的港口，最早开发于19世纪末，距离最近机场1个小时车程，泊位有3个，道宽和船舶转头地均为700米，可停靠深海巨轮。停靠这两个主要港口的邮轮品牌有精钻邮轮（Azamara Club Cruises）、精致邮轮（Celebrity）、丽晶七海邮轮（Regent Seven Seas）、水晶邮轮（Crystal）、荷美邮轮（Holland America Line）、皇家加勒比邮轮（Royal Caribbean International）、世邦邮轮（Seabourn）、公主邮轮（Princess Cruises）、银海邮轮（Silversea）、风之颂邮轮（Windstar Cruise）等。

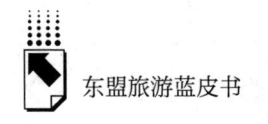

（六）缅甸

缅甸位于中南半岛西部，西北部接壤印度和孟加拉国，东南与老挝、泰国交界，东北与中国为邻，西南部面向孟加拉湾和安达曼海。缅甸的水域率为3%，海岸线长达2832公里，内陆湖水资源丰富，河流密布，主要河流有伊洛瓦底江和萨尔温江等，湄公河经由中国的西双版纳流入缅甸，内陆江湖面积约达820万公顷。在缅甸著名的旅游景点莱茵湖，水上人家随处可见，几乎家家户户都以小船为主要交通工具。在缅甸仰光，政府充分利用河道资源，2017年投资开通了水上公交服务系统。

近年来，缅甸的邮轮旅游稳步发展，特别是较早占据市场的庞洛河轮（Pandow）和APT邮轮，开通的航线吸引了众多前往缅甸欣赏古佛塔和秘境村落的游客，特别是澳大利亚游客。缅甸旅游数据显示，2017年入境游客约达344万人次，其中水路入境约为7000人次。停靠港数量为12个，最繁忙的主要港口为仰光港，距离最近机场2个小时路程，拥有5个泊位，泊位总长1公里，深度10米。访问该港口的品牌有APT河轮、阿瓦隆河轮（Avalon Waterways）、精钻邮轮（Azamara Club Cruises）、珊瑚探险号（Coral Expeditions）、大洋邮轮（Oceania）、丽晶七海邮轮（Regent Seven Seas）、荷美邮轮（Holland America Line）、世邦邮轮（Seabourn）、银海邮轮（Silversea）、庞洛河轮（Pandow）等。此外，多家邮轮公司在缅甸有固定内河航线，特别是伊洛瓦底江流域，2017年约有2万人次乘坐河轮旅游。

（七）菲律宾

菲律宾岛屿众多，由7107个岛屿组成，海岸线长达18533公里，水域率为0.61%。属热带海洋性气候，雨季多，年降水量丰富。凭借拥有众多海岛资源及政策开放的优势，菲律宾的邮轮旅游业起步早、规模大。根据世界旅游组织数据，2017年菲律宾入境游客达662万人次，其中水路入境达11.4万人次。因岛屿众多，菲律宾的机场也多，因此主要港口距离机场较近。菲律宾的停靠港数量达72个，其中主要港口有3个，最繁忙的港口为马尼拉港。马尼拉港距离机场仅10分钟车程,泊位1个,长度为360米,深度9~11米,是游客上岸游览大马尼拉区景点的最佳港口。近年来,菲律宾大力发展吕宋岛西海岸的苏比克港和西部的巴拉望港,特别是长滩岛于2017年进行环境整顿后,更多的航线开往苏比克港和巴拉望港,优质的海岛和遗迹旅游资源吸引了众多游客。

目前,公主邮轮(Princess Cruises)、荷美邮轮(Holland America Line)等拥有前往菲律宾的固定航线。奢华邮轮品牌银海邮轮(Silversea)2018年开通菲律宾航线。前往马尼拉港的邮轮品牌有:精钻邮轮(Azamara Club Cruises)、精致邮轮(Celebrity)、冠达邮轮(Cunard Line)、大洋邮轮(Oceania)、P&O邮轮、丽晶七海邮轮(Regent Seven Seas)、皇家加勒比邮轮(Royal Caribbean International)、世邦邮轮(Seabourn)、银海邮轮(Silversea)等。

(八)新加坡

新加坡毗邻马六甲海峡南口,北部与马来西亚隔着狭窄的柔佛海峡,南部隔新加坡海峡与印度尼西亚的巴淡岛和民丹岛等有轮渡往来。新加坡国土面积由60多个岛屿组成,海岸线总长200多公里。凭借良好的经济发展基础以及区域位置优势,新加坡的邮轮旅游发展在东盟国家中最早,并已逐渐形成了以邮轮母港运营为核心的邮轮母港产业集群,运营水平居于世界领先地位,被国际邮轮协会(CLIA)誉为"全球最有效率的邮轮码头经营者"。[①] 在近几年的发展中,新加坡政府不断加强对邮轮旅游产业的投入,如2012年新加坡国家旅游局建立邮轮发展基金,基金面向航线、旅行社、(租)船公司及行业培训等。在政府的大力支持下,邮轮游客逐年增长。根据世界旅游组织的数据,2017年新加坡水路入境游客约达1742万人次。在新加坡2016~2020年规划中,政府将持续加强对旅游的支持力度,其中,邮轮旅游产业及邮轮相关的后勤保障、设施服务等成为政府重视的一大方面。

新加坡旅游资源融合了古老与时尚、多元与独特等多种元素,邮轮游客

---

① 李涛涛、叶新梁、蔡二兵:《新加坡邮轮母港的运营之道》,《中国港口》2016年第2期。

可观赏新旧建筑、品尝多种美食、感受文化碰撞。新加坡主要的邮轮国际港有2个，均靠近机场，可联运系列便捷的交通工具，分别为新加坡邮轮中心（Singapore Cruise Centre）和新加坡滨海湾邮轮中心（Marina Bay Cruise Centre Singapore）。新加坡邮轮中心为深水港，水深11.5米，有2个泊位，泊位长度分别为335米和360米，道宽400米，船舶转头地为540米。滨海湾邮轮中心建于2012年，拥有一流的邮轮设施，2个泊位，泊位长度分别为270米和255米，水深分别为12.4米和11.4米，道宽分别为180米和100米，船舶转头地为405米，双泊位使得港口运营非常高效率，随时可接待多达6800名乘客。此外，为提高新加坡交通运营能力及服务旅游业的发展，2006年新加坡启动Fly-Cruise（机场与港口联运）发展基金，主要为旅客提供海空行李转运、快速检票、托运行李和换领登机牌等优质服务。

目前，前往新加坡的邮轮品牌有：精致邮轮（Celebrity）、歌诗达邮轮（Costa Cruise）、水晶邮轮（Crystal）、荷美邮轮（Holland America Line）、诺唯真邮轮（Norwegian Cruise Line）、公主邮轮（Princess Cruises）、丽晶七海邮轮（Regent Seven Seas）、皇家加勒比邮轮（Royal Caribbean International）、银海邮轮（Silversea）、世邦邮轮（Seabourn）、精钻旅程号邮轮（Azamara Journey）、庞洛邮轮（Ponant）等。

（九）泰国

泰国海岸线长约2614.4公里。泰国的地形由北部的山地、东北部的高原及中部和南部的平原组成，流经亚洲6个国家的湄公河在泰国境内长约1352公里，是泰国的第一长河，为泰国的农业灌溉及河轮运输业发挥了重要的作用。

泰国政府历来重视对旅游资源的开发，凭借良好的海洋资源与开放政策，邮轮旅游业的发展速度在近年来有很大的提升。特别是在2017年，邮轮停靠达到291艘，成为亚洲邮轮旅游发展最快的国家之一。2015年和2016年，泰国的林查班港（Laem Chabang）和苏梅岛港（Ko Samui）被邮轮乘客评为"最受欢迎的港口"，因此近年来泰国政府也大力加强普吉岛、苏梅岛和攀牙的港口基础设施建设。目前，泰国最主要的港口有3个，分别是曼谷港、苏梅岛港和普吉岛港。曼谷港距离廊曼机场大约 45 分钟车程，是泰国最大的港口，港区邮轮泊位最大水深 9.5 米，泊位长度 350 米，港口附近可游览大皇宫、大金佛等曼谷主要景点。2017 年，普吉岛深水港扩港工程启动，工程预计 18 个月，建成后普吉岛将迎来更多游客。

目前，前往泰国各港口的邮轮品牌有：阿瓦隆河轮（Avalon Waterways）、精钻邮轮（Azamara Club Cruises）、精致邮轮（Celebrity）、水晶邮轮（Crystal）、冠达邮轮（Cunard）、荷美邮轮（Holland America Line）、诺唯真邮轮（Norwegian Cruise Line）、大洋邮轮（Oceania）、P&O 邮轮、公主邮轮（Princess Cruises）、丽晶七海邮轮（Regent Seven Seas）、皇家加勒比邮轮（Royal Caribbean International）、世邦邮轮（Seabourn）、银海邮轮（Silversea）、维京河轮（Viking River Cruise）等。

（十）越南

越南的国土呈"S"形，拥有长达 3260 公里的狭长海岸线，濒临北部湾、南海和泰国湾，北部与中国连接，西北与老挝接壤，西南与柬埔寨毗邻。越南基本上属于热带季风气候，降雨量丰富，因此河轮和海上邮轮旅游业均较发达。近 5 年来，越南积极打造邮轮旅游目的地，试图延长邮轮停靠时间并吸引更多邮轮到港及返港。越南旅游部门及企业联合打造多项工程，旨在更大程度地开发和提升邮轮旅游的热度。2015 年，越南有超 100 万邮轮乘客入境，此外，越南也在努力提升各项基础设施及服务，旨在到 2020 年取得与新加坡、泰国和马来西亚竞争的优势。在各项努力下，越南邮轮旅游市场热度持续升高，即使在 2017 年（被认为是邮轮市场低迷的年份），越南依旧有 407 艘邮轮靠港，并被评为亚洲第六位最热门邮轮旅游目的地。2018 年，公主邮轮的越南航线游客数量增加了 40%，[1] 可见越南邮轮旅游市场的活力。

---

[1] ASEAN Cruise News, 2019 年 2 月 1 日, https://aseancruising.com/princess-cruises-ups-capacity-vietnam-40-per-cent/.

越南主要的邮轮港口有下龙湾港、胡志明港、芽庄港等,最繁忙的港口有岘港、顺化港、真梅港等。岘港是越南的第四大城市,拥有中部的主要港口。岘港港口距离机场20分钟车程,拥有5个泊位,泊位水深最深达10米,道宽110米,船舶回转地最宽达388米,条件良好。目前,靠港越南的邮轮品牌有:APT河轮、阿瓦隆河轮(Avalon Waterways)、精钻邮轮(Azamara Club Cruises)、精致邮轮(Celebrity)、水晶邮轮(Crystal)、荷美邮轮(Holland America Line)、庞洛邮轮(Ponant)、丽晶七海邮轮(Regent Seven Seas)、世邦邮轮(Seabourn)、银海邮轮(Silversea)、寰宇精品河轮(Uniworld Boutique River Cruise)、维京河轮(Viking River Cruise)、风之颂邮轮(Windstar Cruise)等。

二 东盟邮轮航线布局开发情况

具有吸引力的邮轮文化和高水平的航线布局是邮轮产业可持续发展的重要保障。在航线布局上,邮轮产业主要注重邮轮港口的选择、岸上产品开发和邮轮旅游服务三个方面,最优航线的设计目的在于供给与需求方面的关键变量与考量指标(见表8-1)达到最佳平衡与匹配。[1] 可见,航线的开发设计一方面要满足游客旅游休闲的需求,另一方面也要考虑到供给的可行性

表1 邮轮航线需求与供给方面的关键变量与考量指标

需求角度	供给角度
游客便捷性(签证、通关等)	停靠港数量
最优巡游时间	停靠港顺序
观光时间与航行时间的平衡	港口接待能力
目的地偏好与满意	港口可达性
岸上活动偏好	港口之间的距离
季节性(气候与制度)	港口转换及交通承接
交通衔接成本	船舶尺寸
预算与花费行为	船舶速度

---

[1] 孙晓东、吴晓瑞、冯学钢:《邮轮航线设置的基本特征与规划要素研究》,《旅游学刊》第30卷第11期,2015。

和持续性，如须考虑港口的设施及停靠的时间与成本等，这样才能达到游客满意与邮轮产业发展获利的共赢。

（一）邮轮港口情况

东盟邮轮港口一般分为母港和停靠港。母港综合设施齐全，是邮轮旅游的始发地、目的地及游客集散地，不仅拥有完善的设施设备，附近的旅游资源也非常丰富，母港的建设是自然条件、政策、经济条件和基础设施等综合造就的。停靠港具有配套的接待设施，周边有较完善的消费区和景点，是游客"岸上活动"的场所，停靠港作为旅游点也是游客选择航线的重要指标。在东盟十国中，印度尼西亚拥有的热门邮轮港口最多，近70个，分布在全国各地，由此可见印度尼西亚邮轮旅游资源的丰富以及对邮轮旅游资源的开发由来已久，且一直相当重视。其次较多的是泰国，拥有16个热门港口，分布在泰国湾和安达曼海的重点旅游胜地。马来西亚、菲律宾和越南的热门港口开发数量旗鼓相当，这三个国家均非常重视邮轮旅游产业的发展，都有国家层面的战略规划，特别是越南近几年邮轮旅游的发展属于后起之秀，大有进阶东盟前三名的趋势。

表2　东盟十国邮轮较热门港口

国家	热门港口数量	主要港口	备注
文莱	1	穆阿拉港	—
柬埔寨	2	西哈努克港（母港计划）、暹粒港（河轮港）	—
印度尼西亚	67	伯诺阿港（母港计划）	—
老挝	0		陆锁国
马来西亚	10	巴生港（母港）、槟城港（母港）、哥打基纳巴卢港、兰卡威港、热浪岛港（母港）	—
缅甸	4	仰光港、蒲甘港（河轮港）	—
菲律宾	12	马尼拉港、长滩岛港、巴拉望港、苏比克港	—
新加坡	2	新加坡港（明星母港）	—
泰国	16	普吉岛港（母港）、曼谷港、林查班港（母港计划）、苏梅岛港（母港计划）、沽岛港	—
越南	11	岘港、下龙湾港、胡志明市港、芽庄港、西贡港（河轮港）	—

资料来源：据亚洲邮轮港口网站数据统计整理，https://www.vacationstogo.com/cruise_ports.cfm，2019年1月8日。

（二）邮轮品牌进入东盟的情况

近年来，世界著名邮轮集团非常注重对东盟邮轮市场的开发投入。从品牌进入东盟国家的航线以及整体开发情况来看，东盟国家作为单一旅游目的地，大致可划分为三种市场类型。文莱、印度尼西亚、马来西亚、菲律宾、新加坡、泰国为热门市场；柬埔寨、缅甸、越南为邮轮和河轮品牌竞相入驻的新兴市场，特别是近年来柬埔寨和缅甸小众高端河轮市场的开发进展迅速，如作为目前欧洲最新且顶级的品牌 AMA 阿玛河轮进入柬埔寨市场，受到越来越多游客的青睐；老挝是陆锁国，河轮航线的设计沿着湄公河布局，近年来也显示出差异化发展的活力，比如，以拥有米其林美食著称的寰宇精品河轮进入老挝市场等。

表3 近年来邮轮品牌（含细分名称）进入东盟市场的情况

序号	邮轮品牌（含细分名称）	文莱	柬埔寨	印度尼西亚	老挝	马来西亚	缅甸	菲律宾	新加坡	泰国	越南
1	阿玛河轮		√								
2	APT河轮		√		√		√				√
3	水湾探险邮轮		√								
4	阿瓦隆河轮		√		√						
5	精钻邮轮			√	√	√	√		√		√
6	精钻旅程号邮轮	√							√		
7	东方快车						√				
8	嘉年华邮轮								√		
9	精致邮轮	√		√		√			√		
10	珊瑚探险号		√				√				
11	歌诗达邮轮								√		
12	水晶邮轮	√							√		√
13	冠达邮轮	√						√	√		
14	星梦邮轮								√		
15	极地探险邮轮										
16	赫伯罗特邮轮（欧罗巴号）			√		√					

续表

序号	邮轮品牌	文莱	柬埔寨	印度尼西亚	老挝	马来西亚	缅甸	菲律宾	新加坡	泰国	越南
17	荷美邮轮		√	√		√	√	√	√	√	√
18	拉彼鲁兹邮轮		√			√			√		
19	湄公河河轮			√	√						
20	喀里多尼亚邮轮						√				
21	诺唯真邮轮		√	√					√	√	
22	大洋邮轮英锡亚号	√									
23	大洋邮轮	√	√	√			√				
24	P&O 邮轮		√	√				√		√	
25	潘达河轮		√	√	√		√				
26	庞洛邮轮	√							√		√
27	公主邮轮		√	√					√	√	√
28	丽晶七海邮轮	√	√	√							
29	皇家加勒比邮轮		√	√							
30	圣殿游轮						√				
31	风景河轮		√				√				
32	世邦邮轮		√	√							
33	七海航行者号	√									
34	银影号	√									
35	银啸号	√									
36	银海邮轮			√		√	√		√		√
37	星凤邮轮星之传奇号	√									
38	寰宇精品河轮		√		√						√
39	维京河轮									√	√
40	维京海洋号	√									
41	维京太阳号	√									
42	风之颂邮轮						√				√
43	庞洛河轮			√			√				

（三）东盟与全球知名邮轮集团的合作情况

根据邮轮市场观察（Cruise Market Watch）的数据，1990～2020 年，全球海洋邮轮业的旅客复合年增长率为 6.63%。从新增邮轮数量上看，2018

年全球邮轮新增13艘船只,增加提供33379个床位。2018年邮轮市场游客占比份额嘉年华集团最多,多达47.4%,其中嘉年华号占22.0%,收入占比为8.9%。皇家加勒比集团位列第二,游客份额占比为23%,其中皇家加勒比号游客份额占19.2%,而收入占14.0%,收益高于嘉年华号,从一定程度可见游客对高端邮轮品牌的青睐。2018~2020年,全球将新增37艘船只共99895个床位,预计三年将取得117亿美元的邮轮产业收入。在庞大且强劲的邮轮旅游市场发展趋势下,2018年亚洲游客市场份额位列全球第三名,占9.2%,在北美市场(占54.5%)和欧洲市场(占26.0%)之后。亚洲将成为未来全球邮轮旅游市场发展的中心,旅游资源多样的东盟板块将成为亚洲市场的重要地带。

从全球主要邮轮集团对东盟内部市场的布局角度看,根据旅游网站查询到的2019年东盟邮轮航线情况,呈现长短途、高档中档等差异化布局的模式。[①] 歌诗达邮轮集团(Costa Cruise)2019年将派出大西洋号、幸运号和新浪漫号等船只,主要针对中国、菲律宾、新加坡、马来西亚和泰国市场。大西洋号和新浪漫号以6天5晚的中短途为主,价格亲民,3000~5000元不等。幸运号以15天14晚的长线为主,价格约为9000元。从整体来看,该集团航线航次多,贯穿全年。公主邮轮集团旗下派出钻石公主号和蓝宝石公主号等,长短途相结合,最长有22天21晚,其中蓝宝石号航次多,贯穿全年,主要进入的国家有新加坡、越南、泰国、马来西亚和印度尼西亚等。荷美邮轮集团派出威仕特丹号和马仕丹号,以长线为主,最长有41天40晚的航次,价格高昂,主要进入新加坡、泰国、越南、柬埔寨、马来西亚等国家,航次较少。皇家加勒比邮轮集团主打短途,排航较多,上半年主打海洋航行者号,进入新加坡、马来西亚、泰国、越南等国家,航期最短有4天3晚的休闲游,价格亲民,年底主要派出海洋量子号。精致邮轮集团航次不多,以中长线为主,派出星座号和千禧号进入新加坡、泰国、越南、菲律宾等市场。丽晶七海邮轮集团派出水手号、领航家号、航行者号进入新加坡、

① 航线情况参考环世邮轮网,2019年1月20日,http://www.66cruises.com。

马来西亚、缅甸、泰国、越南、柬埔寨等市场，以中长线为主，价格高昂。其他集团品牌如精钻邮轮、诺唯真邮轮、大洋邮轮、银海邮轮等均在东盟排航，航次不算多，中短途与长途集中在新加坡、越南、印度尼西亚、马来西亚、菲律宾、泰国等国家。该区域的主要邮轮航线有：新加坡—吉隆坡—普吉岛—新加坡、新加坡—巴生港—兰卡威—普吉岛—槟城—马六甲—新加坡、新加坡—苏梅岛—林查班—西哈努克市—新加坡、新加坡—亚庇—芽庄—富美—林查班—苏梅岛—新加坡、新加坡—槟城—普吉岛—新加坡—苏梅岛—曼谷—胡志明市—新加坡、新加坡—巴厘岛—巴生港—槟城—普吉岛—新加坡—哥打基纳巴卢—芽庄—胡志明市—西哈努克市—曼谷—苏梅岛—新加坡等。从航线站点的安排上看，新加坡作为高效率的港口，受到邮轮公司的青睐。

　　从外部进入东盟的航线布局，或从东盟部分国家始发到外部的航线来看，呈现以长线为主、航期长的特点。歌诗达邮轮集团主要以炫目号进入东盟国家港口，42 晚与 74 晚的超长航期均从西班牙始发，途经大洋洲、南美、非洲等地，价格为 4 万~6 万元。公主邮轮集团主要派出太平洋公主号、太阳公主号和碧海公主号等分别从南美、南极、大洋洲、新西兰、日本、韩国、中国等进入东盟停靠，多条航线终点设为新加坡，其中，最长的航程时间 106 晚，价格高达 13 万元。银海邮轮集团旗下的银啸号、发现号和银神号等以中短途为主，从印度尼西亚巴厘岛、新加坡等开出，进入日本、韩国、大洋洲等地区。其他品牌如精致邮轮集团、诺唯真邮轮、冠达邮轮等均有多期长线或超长线的排航。从排航的情况上看，东南亚是长线排航的热门旅游目的地，欧美及大洋洲等地区游客对停靠该地区兴致很高，可见虽然欧美及大洋洲等地区有很多海洋资源及海岸线，但东盟神秘且多样化的文化资源也极具吸引力。中国作为东盟的友好邻居以及全球第一大客源市场，多家邮轮公司设计了中国至东盟的航线，站点以深圳、厦门、上海、香港居多。其中，歌诗达邮轮的航线以中国赴菲律宾和越南的航线为主。荷美邮轮以始发新加坡，途经三亚、香港、上海等为主。东盟与外部的主要航线有：日韩—东南亚、东南亚—大洋洲新西兰、东南亚—大溪地—大洋洲新西

兰—南美/南极等,其中新加坡、印度尼西亚、菲律宾等均为热门出发或停靠国家。

三 东盟邮轮旅游带动相关领域发展的情况

(一) 带动经济产业的发展

邮轮产业被称为"漂浮在海上的黄金产业"。该产业链又可分为上游、中游和下游三类。上游产业链包含邮轮设计、邮轮建造、邮轮维修等;中游产业链包含邮轮旅游、邮轮金融、邮轮培训等;下游产业链包括物资采购与供应、港口建设等。在东盟邮轮旅游产业中,除上游产业链的邮轮设计和建造鲜有涉及外,其他方面都是支撑整个产业发展的重要环节。根据邮轮市场观察(Cruise Market Watch)的数据,以平均邮轮航程持续时间为8天7晚计算,2018年平均每位邮轮乘客每天的消费约为223.42美元,其中票价为161.26美元,船上其他消费为62.16美元。在2018年,仅亚洲邮轮乘客达239.21万人,可见邮轮经济体量的巨大。而从邮轮产品线路的价格包含项目上看,除了船上产生的费用,岸上产生或付给港口及周边产业的费用有港务费、税费、岸上观光费、导游服务费、景点门票费、小费、保险费、交通费、餐饮费、住宿费及其他个人消费等。只要邮轮停靠港口,乘客上岸活动,便可给当地旅游业带来巨大的经济效益。港口停靠后,邮轮产品补给或邮轮维修也会产生经济效益。一艘邮轮的乘客和船员达3000~4000人,产品补给的需求量是巨大的。根据海事服务网提供的常规数据,一艘大型邮轮每航次在酒店用品和食品等方面的采购量可达100万美元。如以一艘7天6夜承载2700名乘客的邮轮计算,需要准备的物资包括:12000升苏打水、4500公斤鸡蛋、2500公斤培根熏肉、3500升冰激凌、20000瓶饮用水、10000瓶各类酒及饮料等。在邮轮公司更加注重品质与品牌等趋势下,物资供应链产业的市场和体量还将进一步增大。从某种程度上看,物资供应链市场的扩大也将对港口的经济发展、基础设施建设等方面起到巨大的促进作用。再如新加坡政府于2006年制定了海事金融激励计划，并鼓励成立新加坡海运信托基金，民众可购买该基金，这能支持本国乃至全球的邮轮产业发展，促进经济的提升。

（二）展示文化的魅力

文化与旅游的影响是相互的，文化能吸引游客的到来，旅游也可促进文化的传播。在邮轮旅游中，港口的活动和景点线路的设计是让游客体验当地文化的重要部分。它可以跟美食、购物、旅游纪念品等相结合，形成具有吸引力的文化与旅游相结合模式。东盟国家文化多元，经济、政治、地域、民族和宗教等均有差异，经济差异体现为新加坡的现代与发达、老挝经济的保守等；政治差异体现为文莱的君主制、菲律宾开放的民主政治制度等；地域上的差异表现在服装与饮食等方面，如柬埔寨因全年炎热，人民喜穿纱笼，菲律宾种植菠萝较多，因此用菠萝纤维制作国服等；民族差异可体现在节日、礼仪、饮食等方面，如游客在泰国可体验泼水节，到了缅甸可体验给佛像贴金等；宗教差异上，东盟国家主要的宗教有佛教、天主教、基督教、伊斯兰教等，参加邮轮旅游，就可体验各个国家宗教差异的魅力：在巴厘岛体验印度教的神秘，到了泗水又可体验佛教、天主教等宗教的多元魅力。

（三）促进人力资源的开发

在邮轮旅游产业的中游产业链中，邮轮培训是其中的重要一环。一艘航行的邮轮，游客与服务人员的比例大约为1∶1.2，即一艘中型的邮轮，按2700名游客计算，便有3240名按照游客国籍比例配备的来自多个国家的服务就业人员。在邮轮旅游产业潜力巨大的背景下，邮轮人力资源的开发受到更多高校、旅游产业部门和服务产业部门等的重视，具有专业和行业背景的面向游客的一线人才、邮轮旅游的高级管理人才，乃至上游产业链的邮轮设计、建造、维修人才，以及下游产业链的港口建造专业人才等，都将需求巨大。以服务品质著称的荷美邮轮公司，在印度尼西亚有专属的训练学校以提供高素质的服务人才，因此，高效率的荷兰籍工作人员和友善的印度尼西亚籍、菲

律宾籍服务人员被认为是最佳的组合。同样是在以服务业输出闻名的菲律宾，有多所高校开设了以邮轮服务为方向的本科专业，如莱西姆大学（Lyceum of the Philippines University）有专门的邮轮服务与管理、邮轮运营与烹饪艺术等专业。

四 发展趋势

（一）东盟邮轮旅游在政策机遇下将迎来行业大发展

旅游业的高速发展给东盟经济及人文交流带来极大的积极影响，东盟各国政府越来越重视发挥湄公河流域及海洋资源的优势，共同制订及实施将东盟作为整体旅游目的地的规划。2015年底，在大湄公河次区域协调办公室发布的《大湄公河次区域2016~2025年旅游发展战略》中，将改善全体成员国的内河及沿海港口发展列入了重点投资计划及项目，提出将努力改善或发展水路客运码头，提高旅游景点和次级目的地的便利性。同时，也将对湄公河沿线邮轮旅行套餐进行开发和推广。2017年1月，在东盟旅游论坛期间，东盟各国旅游部门部长对东盟邮轮旅游的发展规划达成共识，并专设邮轮对话环节，对区域内邮轮旅游的发展潜力、港口基础设施建设、航线设置等问题进行了讨论。东盟计划在2035年使邮轮游客数量达到450万人次，同时大力开发游艇、河轮等旅游业态。

（二）"邮轮旅游+"模式将更加多样化

"飞行+邮轮"巡航的异地上船方式将越来越受到大众的喜爱。目前，东盟很多航线的始发点和终点都设在新加坡港。新加坡港作为明星港口，服务游客的各项设施愈加完善，不仅有便捷的交通运输系统，还有大型综合购物中心和酒店等设施，为游客以邮轮旅游的方式探寻多个旅游目的地提供了极大方便。借鉴新加坡港的方式，泰国、马来西亚、越南、菲律宾等国家也极力开发异地上船的邮轮旅游套餐模式。另外，根据游客喜好设计的具有明显主题的邮轮旅游也将细分邮轮旅游市场。比如以几乎 24 小时娱乐项目不间断的嘉年华邮轮，是爱玩的年轻游客喜欢的品牌。挪威邮轮在美食主题上下足功夫，邮轮上餐厅众多，是喜欢美食的游客的极佳选择。再如中国德云社相声表演团队也将登上邮轮，为相声迷和游客们带来精彩表演。除此之外，讲座学习型的邮轮航次、相亲型的邮轮航次、医美养生型的邮轮航次等在未来也会继续成为细分市场的主题。

（三）短途豪华游将成为热门

根据国际邮轮协会（CLIA）2017 年发布的数据，亚洲游客比较倾向选择短途游，其中有超过一半的亚洲游客选择 4~6 晚，1/3 选择 2~3 晚，亚洲游客喜好的平均邮轮航程是 4.5 晚。在已知数据的基础上，根据中国和东盟国家公共假期以小长假为主，且中国具有庞大的邮轮潜力游客的情况，可预见未来亚洲区域内邮轮航程将继续以短程为主。其中，新加坡、巴厘岛、普吉岛、槟城、马尼拉、下龙湾、香港、深圳、广州等地将持续成为热门目的地。

（四）河轮旅游极具发展潜力

随着澜湄合作和大湄公河次区域经济合作的持续推进，澜沧江 - 湄公河流域的旅游合作将迎来更有利的发展机会，其中河轮旅游将成为发展该流域旅游的新业态，特别是在对老挝和柬埔寨旅游的支持方面，河轮旅游的发展将发挥更大作用。特别是在小船只探险、游览体验水上人家、领略文化差异等方面，河轮旅游具有独特的优势。目前，庞洛邮轮和 APT 河轮等已在该区域布局，在新形势的引领下，未来河轮旅游也将成为该区域水上旅游的有力补充。

国 别 篇

Country Report

B.9
东盟轮值主席国——泰国旅游发展研究

张倩 〔泰〕Incharroen Rattapon*

摘　要： 2018年泰国总计接纳外国游客3827.7万人次，游客数量较2017年增长了7.54%。游客数量的增长几乎覆盖了全球所有国家和地区，2018年国外游客总收入约为20075.03亿泰铢，与上一年相比增长了9.63%。作为亚洲排名第四的旅游目的地，泰国旅游业与亚洲其他国家相比有着极强的竞争力。本报告分析了泰国旅游发展的主要竞争对手，并从促进泰国旅游业可持续和繁荣发展的角度提出了相应的泰国旅游发展战略措施。总结全球旅游发展趋势，对泰国旅

---

* 张倩，桂林理工大学商学院讲师，昆明理工大学管理与经济学院博士研究生，主要研究方向为物流与供应链管理、战略管理；〔泰〕Incharroen Rattapon，博士，桂林旅游学院国际教育与交流学院教师，主要研究方向为旅游管理、科教创新管理。

游发展趋势进行了预测，并提出了适合泰国旅游发展的模式。

关键词： 泰国　旅游发展战略　可持续发展

一　泰国旅游发展情况简述

（一）丰富的旅游资源

泰国是世界上主要的旅游目的地之一，以其充满活力的文化遗产和自然美景而闻名。在2012年全球十大拍照地点中，素万那普机场和暹罗百丽宫购物中心分别排名第一和第二，比纽约时代广场或巴黎埃菲尔铁塔更受欢迎。自2013年来，泰国一直都是世界旅游排名中的第10个"最佳旅游目的地"。2016年，曼谷在顶级城市旅游目的地名单中排名第一，超过伦敦和纽约，拥有2100万游客。

泰国成为受欢迎程度极高的旅游目的地主要归功于其良好的气候，其气候主要是热带季风气候。泰国大部分地区有三季：11月底到2月的凉爽干燥季节；3月到5月的炎热干燥季节；5月至10月的雨季，白天气温在30°以下，夜间气温在20°左右。有些地区的雨季相对较短，例如苏梅岛，通常只有大约六周，从10月开始到11月结束，通常空气湿度很高。

泰国拥有大量的国家公园，国家公园被定义为具有生态重要性或独特美景的自然资源，或特别重要的动植物群生存区域。截至2015年，泰国的保护区包括147个国家公园、58个野生动物保护区、67个非狩猎区和120个森林公园。它们占据了泰国领土的近20%。有33个国家公园和3个海洋公园在创建过程中，并计划在未来的泰国皇家政府公报中正式公布。2018年泰国自然保护区内旅游景点数量已达458个，参观自然保护区的游客人数共计12941868人次，其中国外游客4607055人次，国内游客8334813人次，

游客满意度达到了79.46%。①

据2018年最新数据统计,泰国国内共有约75300人从事导游职业。泰国境内拥有注册酒店11400家,酒店房间总数为419340间,平均入住率为68.07%,游客平均停留时间为2.33天。全国拥有注册餐厅7370家,平均每人每天食物成本为656.91泰铢。②

(二) 旅游产业成为泰国经济发展的助力

旅游业是泰国的主要经济贡献者。在万事达卡2014年和2015年全球目的地城市指数中,泰国首都曼谷排名第二,仅次于英国首都伦敦。美国新闻"2017年最佳国家"报告中将泰国的冒险价值评为全球第四,文化遗产排名全球第七。随着世界各地生活水平的提高,国际旅游业正成为新的趋势。航空运输部门新技术的引入,使旅行变得更快、更可靠。

泰国目前的经济是缓慢发展的,旅游业是泰国的重要产业,是泰国的主要收入来源之一,也是解决泰国失业问题的重要手段。此外,旅游业有助于将经济繁荣带到区域一级,从而促进减贫。同时,旅游业也能够促进国家基础设施建设,如机场、道路和用于接纳国外游客访问泰国的公用事业设施。泰国旅游业一直呈现不断增长的势头,泰国外国游客访问人数从1967年的336000人次增长到2016年的3259万人次。③ 为了接待外国游客,泰国政府成立了一个单独的旅游警察部队,在主要旅游区设有办事处,并设有中央紧急电话号码。泰国发电局(2015年)预测到2032年,泰国每年将接待超过1亿人次游客,其中40%访问普吉岛及其邻近地区,如甲米。平均而言,游客的用电量是当地居民的四倍。④

---

① Ministry of Tourism & Sports. *Strategic Plan for Tourism Development in Thailand* 2017 – 2021. 2016, 30 – 41.

② Ministry of Tourism & Sports. *Strategic Plan for Tourism Development in Thailand* 2017 – 2021. 2016, 30 – 41.

③ Trinity Co., Ltd. *Full report Thailand's 10 – year travel development direction project*. Propose to Tourism and Sports Economics Office, 2016, 32 – 47.

④ Tourism Council of Thailand, *Annual Report* 2017. 2017, 13 – 20.

近年来，大量中国游客涌向泰国，导致泰国旅游业收入形成了对中国游客的严重依赖。2014年有460万人次中国游客前往泰国；2015年，中国游客数量达到790万人次，占所有国际游客人数的27%；2016年875万人次中国游客访问了泰国；2017年，访问泰国的游客中有27%来自中国，共有980万人次。据估计，中国游客平均在泰国逗留一周，每人每次花费30000~40000泰铢（约合1000~1300美元）。中国游客平均每天花费6400泰铢（约合180美元）。[①] 媒体称泰国在2013年"五一"假期期间取代中国香港成为中国内地游客的首选旅游度假目的地。2013年，中国国家旅游局发布了"文明旅游指南"，其中详细说明了如何在泰国旅游。

（三）旅游带动多元文化交流

泰国有戏剧、舞蹈等多种表演艺术。综艺节目表明，曼谷、普吉岛和清迈都有许多不同的戏剧艺术。暹罗Niramit表演是最受游客欢迎的泰国文化节目，每年都吸引越来越多的游客前往泰国观赏。古代泰拳比赛、泰国部落舞蹈和木偶戏也是泰国的热门文化旅游项目。

泰国民族文化的起源可以追溯到19世纪后期朱拉隆功国王统治时期。泰国的文化随着时间的推移而发生了很大的变化，从素可泰时期的相对孤立，到更加现代的大城时代，受到了来自亚洲各地文化的影响。在传统的泰国文化中，印度、中国、缅甸和其他东南亚国家的影响很明显。佛教、万物有灵论和西方文化也在塑造文化方面发挥着重要作用。泰国拥有近94%的佛教徒，此外，泰国还有基督徒（1%）和其他宗教教徒。泰国上座部佛教（Thai Theravada Buddhism）由政府支持和监督，僧侣获得许多政府福利，例如免费使用公共交通工具。

（四）各类地方美食及其影响

泰式烹饪的菜肴具有强烈的芳香和辛辣的口味。与许多其他美食不同，

[①] In-touch Research & Consultancy, *The behavior of the Chinese market tourists visiting Thailand in Years* 2018. 2018, 2–3.

泰式烹饪拒绝简单。2017年，7种泰国菜肴荣登"世界50种最佳食品"名单。①

泰国菜主要为五种区域菜肴，对应泰国的五个主要地区。

①曼谷：大都市的美食，有潮州和葡萄牙风味。此外，作为首都，曼谷美食也受到皇家美食的影响。曼谷的食物口味和外观随着时间的推移有所改变，因为它们受到其他地区美食的影响，如亚洲、欧洲。

②泰国中部：潮湿的中央稻米平原的美食。椰奶是泰国中部的主要美食之一。

③泰国东北部：更干旱的Khorat Plateau地区的菜肴，与老挝的文化相似，也受到高棉美食的影响，最著名的美食可能是Plara（发酵鱼）。

④泰国北部：泰国高原凉爽山谷和森林覆盖的山脉地区的美食，与Isan地区的美食食材有许多共同之处。

⑤泰国南部：Kra Isthmus的美食，两边是热带海洋，有许多岛屿，一些食物的做法受到中国海南人和广东人的影响。

泰国美食以及泰国邻国的烹饪传统和美食在几个世纪的历程中相互影响。泰国北部的美食与缅甸的掸邦、老挝北部以及中国的云南省有很多共通之处，而Isan（泰国东北部）的菜肴与老挝南部相似，也受柬埔寨南部的高棉美食以及东部越南美食的影响。泰国南部有许多含有大量椰奶和新鲜姜黄的菜肴，与印度菜、马来西亚菜和印尼菜相同。除了这些区域美食外，还有泰国皇家美食，可以追溯到大城王国的国际大都会美食。它的精致与烹饪技术以及食材的使用对泰国中部平原的美食有很大的影响。

现在泰国流行的许多菜肴有一大部分源自中国。它们是从15世纪开始由福建人引入泰国的。从18世纪后期开始大量迁往泰国居住的潮州人，形成了现在的泰国华人。这些菜肴包括米粥、包子、炒饭、面条和炖猪肉（或猪脚）饭。中国人还将炒锅油炸和炒菜的技巧引入了泰国，几种面条、

---

① Tourism council of Thailand, *Annual Report* 2017. 2017, 32-33.

豆腐酱、酱油和豆腐也是由中国人带入泰国的。印度和波斯的美食是由贸易商和到这些地区的移民者带来的。他们使用干香料，引发了泰式烹饪技巧的调整，如黄咖喱。

西方菜肴的影响从1511年葡萄牙人外交使团第一次到达大城府的时候开始，泰国人对西方烹饪方法也进行了改良，例如用椰奶代替牛奶制作乳蛋糕。西方食物对泰国美食最显著的影响是在16或17世纪从美洲引进的辣椒。它和米饭是现在泰国菜肴中最重要的两种成分。葡萄牙和西班牙船只还从美洲带来了新的食品，包括西红柿、玉米、木瓜、豌豆、茄子、菠萝、南瓜、腰果和花生。

二 泰国旅游发展市场分析

（一）2018年泰国旅游发展情况

1. 国外游客情况

2018年，泰国总计接纳外国游客3827.7万人次，游客数量较2017年增长了7.54%。游客数量的增长几乎覆盖了全球所有国家和地区，除了中东地区游客因本地的经济问题与政治冲突减少，以及由于大洋洲的航空公司与日本航空公司竞争飞往泰国航班减少，导致大洋洲游客减少。同时，泰国旅游也受到南亚旅游淡季的影响而有所放缓。2018年，泰国旅游国外游客总收入约为20075.03亿泰铢，与上一年相比增长9.63%，[①] 其中超过1/4的国外旅游收入来自中国，来自马来西亚游客的收入超过10亿泰铢。旅游收入的增长率高于旅游人数的增长率，说明2018年泰国旅游市场的增长质量较高。

在2018年对泰国旅游造成影响的众多因素中，以下几个重要情况对泰国游客人数影响较大。

---

① Kasikorn Bank Research Center, *Economic and Tourism Trend* 2018. 18 Jan, 2018, 15 – 17.

(1) 2018年2月，中国农历新年期间，中国游客数量增长幅度较大；沙特阿拉伯和阿拉伯联合酋长国开始推行退税政策，导致了部分游客流失；

(2) 2018年3月复活节假期提前，使得原本计划在4月到泰国旅游的欧洲游客提前来到，3、4月期间欧洲游客数量均有所增长；

(3) 2018年6~7月俄罗斯世界杯期间，泰国游客有所减少；马来西亚新政府的变化和取消商品及服务税的政策导致泰国游客增加16%；

(4) 2018年7~11月，"凤凰号"沉船事故导致中国游客持续减少。

2. 国内游客情况

2018年，泰国政府为推动国内旅游业发展，为泰国境内55个府分配了二级城市，自然人在这些府旅游的费用可以用于扣除不超过15000泰铢的2018年度个人所得税。对于公司法人来说，如提供培训或研讨会的公司，二级城市旅游税收减免可以扣除100%的额外费用，包括房费、交通或运输费用。

2018年泰国国内旅游主要城市的游客人数为1.42亿人次，比上年增长3.35%。其中游客人数排名前三位的城市有：曼谷3435802人次，清迈1142934人次，碧武里1034957人次。[①] 游客人数增长量排名前三位的城市是：清迈较上年增长9.64%，北碧府较上年增长8.15%，宋卡较上年增长6.64%。2018年泰国国内主要旅游城市的旅游收入约为8371.5亿泰铢，与上年相比增长7.58%，其中旅游收入最高的三个城市分别是：曼谷233.79亿泰铢，清迈93.92亿泰铢，普吉岛64.76亿泰铢。

（二）泰国旅游发展情况与存在问题分析

从到亚洲旅游的外国游客数量可以看出，泰国作为一个极具吸引力的旅游目的地，在亚洲排名第四。这显示了泰国在旅游业方面与亚洲地区其他国

[①] Permanent Office of the Ministry of Tourism and Sports, *National Tourism Development Plan No. 2 2017 -2021*. 2017, 7 - 11.

家相比有着极强的竞争力。在确定泰国旅游竞争力这个问题上，我们可以考虑从四个方面来评估泰国的旅游竞争力：一是泰国的有利自然环境及地理位置；二是泰国旅行和旅游方面的政府相关政策支持和有利条件；三是旅游基础设施；四是自然与文化资源。自20世纪后期越南、柬埔寨和老挝开放以来，竞争日趋激烈，泰国不再拥有东南亚旅游业的垄断地位。尽管游客人数不断增加，但旅游企业数量却在下降，旅游娱乐业的收入也锐减。吴哥窟、琅勃拉邦和下龙湾等目的地现在可以与泰国在东南亚旅游业的垄断地区相抗衡。为了解决这个问题，泰国正在针对国际与国内旅游市场进行旅游开发，如高尔夫度假区、度假与医疗旅游相结合或参观军事基地等。泰国还计划建设东南亚地区佛教旅游的中心。

2010~2014年，泰国的旅游人数年增长率为14.7%，但国内因素的影响和政治局势不稳定，使2014~2020年的游客人数增长率仅为8.1%。若能够不断为游客创造信心，并保持每年15%左右的游客增长率，就能使2020年前往泰国旅游的游客数量达到6000万人次/年。[1] 如果泰国旅游业发展方向的重点仍是增加游客数量，这可能会严重影响旅游景点的可持续发展。目前已经发现由于没有具体控制每个旅游景区的游客人数，旅游景点被严重破坏，包括一些景区经营者管理不善导致景区环境遭到不同程度的破坏。因此，未来泰国应该侧重于通过吸引优质游客而不是增加游客数量来提升旅游业收入。

根据全球游客人数统计，游客人数最多的10个国家分别是法国、美国、西班牙、中国、意大利、土耳其、德国、英国、俄罗斯和墨西哥。考虑到泰国游客数量的统计数据并不在世界排名的前10位国家中，但在2014年泰国拥有2485万游客，世界排名第13位，这表明泰国有可能吸引相对较高水平的游客。根据各国旅游收入统计发现，旅游收入最高的10个国家和地区分别是美国、西班牙、中国、法国、中国澳门、意大利、英国、德国、泰国和

---

[1] Ministry of Tourism & Sports. *Strategic Plan for Tourism Development in Thailand* 2017–2021. 2016, 74–75.

中国香港。从泰国旅游收入的统计数据中不难发现，泰国旅游业收入从2012年的约9839.3亿泰铢增加到了2015年的约14571.5亿泰铢。而2012～2016年国家旅游发展计划旨在实现5%的收入增长。[1] 此外，旅游业的收入增长率高于泰国其他行业，2012～2014年，泰国的国内生产总值增长率约为每年3.2%。在考虑旅游收入时，通过评估发现来自外国游客的收入一般最高，2014年约占旅游总收入11744.5亿泰铢的67%。考虑到来自中国游客的收入增长率总体情况将是每年约11%，到2020年，泰国的旅游总收入将有望达到14亿美元。来自外国游客收入的比例仍然是最高的，其占比有望扩大至约72.7%。[2]

泰国目前面临的一个问题是，旅游业的整体竞争力提升以及其他方面仍然无法达到设定目标。监管能力、文化资源能力和环境设施经营能力都不同程度地存在一些问题和短板，究其原因主要为以下几个方面。

（1）缺乏基础设施和设备来提升旅游业整体竞争力，各个地区的旅游景点未有效连接，导致旅游发展受到限制。

（2）旅游业各领域的综合规则仍然是旅游发展中的重要问题，尤其是在作为国家主要旅游景点的旅游目的地的自然资源和文化管理方面，改进和执行法律均有限制。

（3）目前泰国旅游业务的开展缺乏便利性，其中既包括与旅游挂钩的业务，也包括与旅游无关的业务，如签证申请、报关等支持投资的各类业务。

计划的执行尚需要一段时间，可以花一年以上的时间进行改进，以实现既定的指导方针和运营计划。值得注意的是，在用于评价国家旅游发展规划的指标中，准备性评价和对环境因素（包括商业环境、规章制度、人力资源以及自然资源等主要因素）的评估是最多的。考虑到泰国

---

[1] Ministry of Tourism and Sports. *Press conference Travel situation of Thailand* 2017. January16, 2018, 6-9.

[2] Ministry of Tourism and Sports. Tourism and Sports Bureau of the Permanent Secretary, *Thailand Tourism Statistics System*. February 8, 2019, 15-16.

旅游业的潜力及游客人数，泰国有潜力在亚太国家旅游业中拿到第 4 的排名，同时获得东盟国家中第 2 的排名，仅次于马来西亚。泰国有潜力成为吸引大量游客的旅游目的地，这从目前泰国的旅游收入数据统计中不难看出。

除了限制泰国可持续发展旅游业的基本问题外，在推动旅游规划实现总体目标方面还存在管理和驱动两个维度的关键问题。

（1）机制问题。政府旅游规划的实施还比较欠缺。系统协调工作没有有效地整合在一起，这从各机构的规划策略和企业计划的政策制定中可以看出。各部门之间缺乏相互联系以及在某些方面与私营部门重复工作。在政府部门的运作中，缺失最多的是对整个旅游业的监管，在为基础设施设备和技能发展提供支持，并且最大限度地提高效率方面仍有不足。

（2）旅游从业人员缺乏足够的专业技能。旅游业需要精通英语，以及能在公共和私营部门有效沟通的人才。然而，目前泰国旅游业相应的人才仍然缺乏。这是推动泰国旅游业达到全球标准的主要障碍之一。

（3）旅游基地和基地以外的设施仍然缺乏。旅游业发展所必要的设施仍未充分发展，国内旅游交通一直不便，到国内各县市旅游相当困难，导致到泰国旅游的外国游客仍然集中在曼谷和一些城市的旅游目的地，并对旅游收入分配产生负面影响，同时在主要旅游地区造成拥堵。

（4）泰国在旅游业发展方面仍然缺乏合作意识。目前泰国旅游业的竞争更加集中。与世界上许多国家相比，泰国国土狭长，需要与周边国家合作共建设施。泰国必须通过跨境运输和基础设施建设与其他国家建立联系，才能加强在该地区的竞争能力。

（5）泰国的自然资源和文化资源保护法规亟待完善。过去，泰国是旅游人数最多的国家之一，旅游收入大多来自国外游客。然而，越来越多的游客前往泰国对自然资源和文化资源产生负面影响。许多海洋和山区的生态环境已经开始恶化，影响了当地的人口居住环境，并且限制了泰国旅游的长远竞争能力。

（6）泰国旅游业发展规划仍不明朗，缺乏优先次序规划。泰国旅游业

发展方向和目标不明确，缺乏重点，没有明确每种旅行方式和地区的发展次序。例如，泰国医疗旅游试图在所有的医疗群体中创造竞争力，实际上泰国不可能拥有治疗所有疾病的能力。正确的解决办法应该是把重点放在发展上，并在不同的时间框架下强调明确的发展方向。

从世界旅游业的整体情况来看，未来旅游业还会呈现持续增长的趋势。随着大量游客的涌入，泰国仍将成为旅游的一个重要目的地，泰国旅游业也会持续发展。对比发现，泰国的游客增长率相对高于全球旅游业的平均年增长率。此外，对泰国旅游情况的分析表明，泰国旅游业可以创造高达17%的生产总值，并且旅游业的增长率仍然高于该国国内生产总值的增长率。泰国旅游业也创造了大量的就业机会，为泰国人民创造收益，旅游业的就业率占所有雇用率的13.3%。[1]

目前泰国是世界著名的旅游胜地，是一个以美食和海滩为特色的国家。从整体旅游竞争力的评估中发现，泰国在全球排名第35位，在亚洲排名第10位。这表明泰国仍然有大量的潜力等待被发掘，泰国必须致力于吸引优质游客、提升景点的质量以及提升旅游服务水平。这些信息清晰地反映了旅游业对泰国经济发展和形象打造的重要性。因此制定政策和行动计划是至关重要的。

（三）泰国旅游发展的主要竞争对手分析

笔者在回顾了各国旅游模式与发展方向后，从旅游规划和旅游特色与泰国相似的以旅游为主导的国家或地区出发展开研究，用于确定泰国未来的基本旅游发展模式。我们通过以下标准选取了几个主要的泰国旅游发展竞争对手作为分析对象：①旅游收入高的国家；②游客数量众多，并且有持续的增长率；③与泰国的旅游模式相似。基于以上的标准以及地域的划分，东盟地区泰国旅游发展的竞争对手主要是越南和马来西亚，亚太地区泰国旅游发展

---

[1] Ministry of Tourism & Sports. *Strategic Plan for Tourism Development in Thailand 2017 – 2021*. 2016, 9 – 12.

的竞争对手主要是日本和中国香港。

比较东盟地区的游客数量,我们发现马来西亚拥有该地区最多的游客,其旅游收入仅次于泰国。选择越南作为另一个竞争对手进行研究,是因为越南的游客数量在东盟地区排名第5,仅次于马来西亚、泰国、新加坡和印度尼西亚;同时,越南的旅游收入在东盟地区的排名也是第5。选择越南作为竞争对手国家进行比较研究的另一个原因是,东盟地区游客数量排名第3的国家新加坡的国土面积较小,且新加坡以人文景观为主。没有选择印度尼西亚作为比较研究对象的原因是,印度尼西亚虽然跟泰国有相似之处,都关注自然风光和景点,但是印度尼西亚拥有的著名旅游景点的数量远不及泰国,只有少数几个地方。因此,由于越南的地形与泰国相似,拥有山川、海洋等各类旅游景点,以及有趣的文化旅游形式,越南被选择作为泰国旅游主要竞争对手进行比较研究。

从亚太地区国家的统计数据来看,该地区的主要游客来源与旅游收入均来自中国。统计数据显示,日本的旅游收入位居亚太地区第8位,而中国香港的旅游收入则居亚太地区第2名。日本拥有各种各样的旅游景点,与泰国一样保持着独特的传统文化,因此我们选择日本作为泰国旅游在亚太地区的竞争对手进行比较研究,并选择中国香港作为旅游发展规划的比较研究对象。虽然中国香港只是一个特别行政区,但作为一个旅游景点,中国香港有其突出的特点,尤其是在生活方式旅游这一方面,可以跟泰国的旅游模式联系起来。

1. 越南旅游模式

通过对前往越南旅行的游客的行为与观点进行调查发现,游客对于越南本土文化有着浓厚的兴趣,越南本土文化是吸引世界各地游客的最重要因素。除此之外,越南的特色美食也是吸引亚洲和大洋洲游客的一个重要因素。游客们对越南旅游的评价可总结为五大特点:特色传统文化、本地人的风俗、特色美食、探险旅游活动、热情好客的人民。越南的旅游模式主要涉及四个方面,即文化旅游、海岸风景旅游、生态旅游和城市休闲旅游。根据这四个方面可以对旅游模式的推广客户群进行细分,主要细分为三组:①来

177

自亚太地区的游客，主要有中国游客、日本游客、韩国游客以及来自东南亚和澳大利亚的游客；②来自欧洲和北美的旅行者，包括俄罗斯游客；③新兴旅游市场国家的游客，主要是中东国家和印度的游客。

越南根据国内重点和目标游客群的旅游模式制定了旅游发展规划的指导方针政策，并对每种旅游模式进行了界定，以确保制定的旅游模式适合每一种目标客户群体。越南在旅游业的重点领域包括：①文化旅游，关注多元化和多样化的有趣文化旅游项目；②饮食文化旅游，因为外国人对越南的美食非常感兴趣；③自然风光旅游，包括像下龙湾这样的海滩、森林、山脉等突出景点，以生态旅游为主。同时，越南也有探险旅行项目和活动，这些都可以代表越南的特色，也充分说明了越南是一个充满活力的国家。

一旦确定主要的旅游模式和细节以及主要的目标游客群体，就可以制定相应的旅游规划，它将使各地区旅游业的发展更加明确。每一种旅游模式都会存在不同的问题，需要根据旅游区域的不同进行进一步开发。因此，就泰国而言，越南旅游业的发展指南也可以指引泰国旅游业的发展方向。

2. 马来西亚旅游模式

马来西亚的旅游业无论是在林业、农业、渔业发展的整体上，还是在区位、交通等方面都有一定程度的整合。在初步研究的基础上，马来西亚制定了城市旅游发展计划。吉隆坡是马来西亚的首都，它在发展模式、发展方向以及旅游发展要素等方面都非常明确，因此吉隆坡市被确定为马来西亚旅游方向与模式的典范。最新的吉隆坡城市旅游规划聚焦于这个城市作为马来西亚首都的区位优势。新的旅游规划强调基础设施建设和领先的服务理念，并致力于为游客提供有趣而多样化的旅游体验。

马来西亚针对吉隆坡市提出了两种旅游模式策略，即休闲旅游和其他目的旅游，包括商务和会展旅游、医疗和健康旅游以及教育旅游。吉隆坡的休闲旅游活动强调文化旅游和旅游娱乐的重要性，可以看出吉隆坡市十大旅游景点以文化旅游（如黑风洞、苏丹阿卜杜勒萨马德大厦和唐人街）、休闲娱乐旅游（如水族馆、双威珊瑚礁主题公园和吉隆坡鸟园）为主，并包括一些购物、餐饮服务（如中央市场）和豪华旅游体验（如双子塔）。如果从城市的主要景点这一角度考虑，相比之下城市旅游的视野和风格更为重要，可以看出吉隆坡在马来西亚的旅游业中占据了战略性地位，这符合其自身优势。这些都充分体现了吉隆坡作为首都的人文地理优势，以及基础设施建设、良好服务的体验和多样性的重要性。

考虑到吉隆坡采取的刺激旅游业和增强竞争力的旅游发展战略，吉隆坡将发展旅游业的重点放在了基础设施建设上。而将交通网络、安全标准和人力资源作为旅游业发展的主要驱动力，这符合城市旅游发展的愿景，并有望在基础设施建设和服务方面取得卓越成效。此外，吉隆坡的旅游策略指导方针来自对每一类别的游客数据以及正面、负面反馈的分析，并将旅游类型对收入和游客数量的影响纳入了考虑范围。还对每一种旅游模式的潜力进行了评估，并将结果进行处理分析。

3. 日本旅游模式

日本国家旅游组织对日本的旅游进行了分类，根据活动特点和游客兴趣，共分为八大类：历史遗产旅游、娱乐放松型旅游、美食旅游、探险旅游、潜水、现代艺术旅游、流行文化旅游以及可负担的旅游。

（1）历史遗产旅游是一种注重历史性地标的旅游模式，尤其是日本的世界遗产，包括城堡、寺庙、宫殿等。

（2）娱乐放松型旅游是一种注重身体休息的旅游模式，沉浸在日本著名的各种形式的娱乐活动中，身心都可以得到极大的放松。

（3）美食旅游是一种强调与当地风土人情相融合的旅游风格，品尝每个城市或地区久负盛名的食物，并以此了解每个城市或地区的饮食习惯、生活方式。

（4）探险旅游：日本已开始注重探险旅游模式，并通过一些重要活动给予必要的支持，包括滑雪、攀岩，这些活动在曾经举办过冬季奥运会的城市如长野非常受欢迎。

（5）潜水：日本是一个岛国，有许多的岛屿与海洋资源。潜水目前已成为日本推动的一种新型旅游项目，并取得了巨大收益。

（6）现代艺术旅游：日本主要是通过现代文化以及现有的建筑和艺术品吸引世界各地的游客。

（7）流行文化旅游：日本注重推广流行文化旅游，日本是一个有着独特流行文化的国家，这些文化隐藏在服饰、艺术、娱乐等各个领域。

（8）可负担的旅游：日本鼓励日本旅游业向大众开放，并希望消除人们认为日本旅游太过昂贵、难以进入和接触的想法。

这些旅游方向表明日本重视文化旅游，专注于营销艺术、建筑、表演以及本地文化信仰，并向世界各国的游客展示日本人的生活方式，其中包括食物和传统节日。

日本设计了以"日本无尽的发现"为主题的旅游模式，该模式将多种旅游形式集中在一起，分为三个大型集群，即：①文化旅游，包括城堡、皇宫等，其中包括参观博物馆以及艺术类展览；②旅游、娱乐、生活，包括节日旅游和购物旅游，品尝各地美食，参观和参与当地的节日事件或观摩体育项目；③自然旅游，包括美丽的自然之都长野的森林和冲绳县的海滨小镇，以及探险旅游活动。日本的旅游规划以旅游业的发展为出发点，从旅游的模式出发并将不同元素与每一种类型的旅游结合是非常重要的，这些举措广泛地确定了日本旅游业的发展方向。

4. 中国香港旅游模式

香港特别行政区已将成为亚洲国际都会的首选旅游目的地确定为自身的旅游发展方向。香港的四个旅游发展目标为：不夜城、迷人的亮点、紧凑的多样性、鲜明的时尚感。

（1）不夜城。香港特别行政区致力于打造一座永不休眠的城市，一个随时随地都充满活力、能量、色彩的城市。

（2）迷人的亮点。香港特别行政区是一个拥有许多不同区域的城市，每个区域都有不同的特色和亮点。

（3）紧凑的多样性。香港是一个方便旅行的城市，有许多便利的设施提供给游客。游客可以从任何一个角落开始旅行，并可以非常方便地以各种交通方式到达城市的任何一个角落。

（4）鲜明的时尚感。香港是全球人气潮流的领导者，拥有与其他旅游目的地截然不同的魅力。

香港特别行政区的旅游模式主要通过以下产品进行推广营销：美食餐饮、购物休闲、城市地标性目的地旅游、文化遗产与传统文化旅游、入夜后的城市旅游项目、户外旅游活动、节日旅游和体育艺术旅游。香港非常重视品牌和旅游业，在成为亚洲国际都会这个愿景下，香港发起了以"亚洲活动之都""世界会议场所"和"亚洲邮轮中心"为主题的、以香港为旅游目的地的活动，旨在加强国家和地区旅游品牌之间的联系与合作，并通过电视和互联网进行宣传。香港重视利用公共关系媒体，包括数字营销和线下营销，以促进该地区的旅游业。

此外，香港全年都组织各种文化活动和节日活动，以吸引更多游客到该地区旅游。香港特别行政区旨在通过鼓励酒店和餐厅的相关业务，提升旅游业的相关服务，并为商务旅行和旅游服务提供良好而鲜明的文化服务。通过利用现有的旅游合作伙伴资源，香港旅游业专注于提升本地区的旅游业声誉，促进和鼓励各国游客前往香港旅游。香港将大屿山地区作为旅游和交通枢纽，并结合现有的基础设施支持大屿山成为会展活动的中心，接纳和组织以旅行为目的的会议展览游客。香港旅游业致力于为游客创造旅游体验，鼓励游客前往香港周边例如深圳、珠海等其他旅行目的地，并试图与其他国家和地区建立合作关系联合发展旅游业。香港特别行政区自1997年回归中国以来，其基础设施建设和其他方面的旅游资源均受到中国政府的大力支持，包括已经建成通车的广深港高速铁路和港珠澳大桥。

香港通过打造"不夜城"的城市概念和建设便利的基础设施成为亚洲具有多样化特点的城市，并成为全球创造流行趋势的引领者。凭借这些优势，香港开始发展各种形式的旅游业。作为娱乐和旅游休闲的中心城市，游客可以在香港购买世界各地流行的食物和其他产品，同时香港已经被定位为可以来参与各类户外、探险运动或体育项目的旅行目的地。游客还可以在旅行过程中研习香港的本地文化，参观各类寺庙，把游览自然风光与人文文化

景观相结合。这些旅游模式均可为泰国旅游发展所借鉴。

从对各国（地区）旅游业发展的分析可以看出，各国（地区）对自身的旅游业发展都已经有了明确的指导方针和策略。泰国可以从这些国家（地区）的旅游发展模式中吸取经验。在选取的泰国旅游业发展竞争对手中，每个国家（地区）都有明确的旅游发展目标，而且大多以增加游客数量和旅游收入为目标，也有一些国家（地区）专注于本国（地区）在区域旅游业上的战略地位。日本设定了成为优质旅游目的地的目标。中国香港将旅游业视为其发展为亚洲国际城市的途径，并将自身定位为旅游和商务旅行的世界级目的地。越南的旅游发展愿景是具有国际标准的可持续旅游目的地，并希望把旅游业发展成为推动国家经济发展的主要动力。马来西亚将自身设定为旅游和文化目的地并致力于发展城市特色旅游。这些国家（地区）都重视发展文化旅游与自然风光旅游，这是充分利用自身资源的做法。

三 泰国旅游发展战略措施

全球旅游业呈现持续增长的趋势，受发达国家经济的驱动，中产阶级的潜在消费能力推动着旅游业的发展。随着低成本航空公司的不断涌现，旅行费用不断减少，世界各地的游客人数均有所增加。老年人口作为新兴的高消费人群，其数量的增长也是推动旅游业发展的重要因素之一。因此，旅游业的发展应着眼于为游客提供便利的条件，另外旅游业的技术进步也是发展的一个重要趋势。我们的日常生活已经因为科学技术的发展而日新月异，未来的旅游业也应该把重点放在科技的发展上。此外，游客的需求也在不断发生着变化，泰国拥有独特的文化和生活方式，这将为游客带来与众不同的旅游体验。

但泰国在自然资源和环境的可持续性开发方面仍然面临各类问题，提升旅游景点的质量也是泰国亟待解决的问题。因此，泰国的旅游业发展应主要侧重于提高基础设施的建设，发展旅游产业并提升旅游产业的质量，改善旅游实际收入分配，促进有效的旅游产品营销和技术更新，采用行政管理形式规范旅游业的经营，以加强这方面的资源整合。

泰国旅游业的发展战略措施要从促进泰国可持续和繁荣发展的原则角度来制定，这符合全球旅游市场的需求，也符合泰国旅游业本身的潜力特质。发展泰国旅游业有利于解决该国的就业问题以及增加创收来源，具体建议如下。

（一）提升旅游产品质量，提高旅游收入，实现泰国旅游的可持续发展

由于越来越多的外国游客涌入泰国，泰国的旅游业一直呈现持续增长的态势，这也提升了泰国的旅游收入并直接带动了泰国经济的增长。目前，泰国旅游竞争力较强，泰国作为世界著名的旅游目的地一直以来在旅游目的地排行榜中名列前茅。

然而，泰国旅游业正面临旅游资源可持续利用的问题，主要涉及旅游景区的卫生情况、服务质量等。因此，在旅游业的发展中应该强调基于泰国本身旅游业潜力和机遇的基本解决方案，以保持泰国旅游业的国际市场竞争力。这样做的主要目的是开发、维护和提升泰国旅游的质量和服务标准，以满足游客的需求，并以此推动该国的经济发展，促进经济稳定繁荣。

旅游业对整个国家的贡献是其可以作为国家的财政收入和人民收入分配的来源。在展示泰国自身本土文化价值和提高人民物质生活水平的同时，也要考虑到旅游开发的核心价值。弘扬泰国传统文化的同时，强调以"人"为本，以"人"为发展中心。泰国旅游应该展示和保护的元素是泰国丰富而美丽的历史文化遗产，实现旅游资源可持续性发展。因此，必须制定有效的、明确的、切实可行的方针政策来发展泰国旅游业。

产品和服务质量是国际公认的旅游业发展的两大主要因素，发展必须在时间、空间等各个方面保持平衡。提升旅游业经营布局和旅游收入将有助于在泰国各个地区发掘更多的资源。通过提供多元化的旅游产品和服务，吸引

来自不同地区和国家的不同类别群体的游客来泰国旅行消费。通过环境和文化保护维护泰国的自然之美和本土传统文化。开发旅游景点的所有产品和服务都应该采取标准化配置，以促进和提升旅游产品和服务质量，包括加强、发展和改进各种形式的旅游标准和服务。体育旅游、会展旅游和优质旅游产品的开发与服务符合旅游业可持续发展的内涵和相关行业要求。通过鼓励各部门参与可持续旅游管理，开发旅游资源可持续发展的产品和服务。在泰国各地进行包括传统文化和环境的创意旅游开发，提高旅游服务的经济价值、旅游服务的适应能力，促进旅游产品和服务发展的创新，营造旅游资源保护意识。通过提供持续教育和支持，以社区为基础单位发展旅游业。通过促进旅游业的空间平衡，建立旅游开发区，发展地区旅游业，挖掘目前不热门的潜力地区，推进乡村旅游发展开发和各地独特产品、服务。通过促进旅游业的时间和季节平衡，创造新的旅游活动和各个领域活动的多样性，吸引各类不同群体的游客，满足游客需求。

（二）支持广大民众参与旅游开发

泰国应该通过提高旅游从业人员素质，为更加激烈的旅游行业竞争的到来做好准备。通过公共部门与私营企业之间的合作，培养民众对旅游业的认识，促进人民与各个社区对旅游业的积极参与。这将是提高泰国旅游业竞争力的一个重要途径。

泰国应培养技能水平、管理水平和专业技能更高的具有潜力的旅游业从业人员，以满足更复杂和多样化的旅游业人员需求，并为游客创造积极而愉快的旅行体验。通过提升国内旅游业从业人员的素质，解决旅游业人才缺乏的问题，减少对外国员工的依赖。使旅游业各部门人员充分了解游客的需求，并愿意参与旅游产品开发和支持旅游业相关服务。旅游业从业人员素质的提高，有利于提高赴泰国旅游的游客满意度，对旅游业中小企业的发展和增长有一定的促进作用。

要在整个旅游业系统中开发有竞争力的、符合国际标准的、足以满足市场需求的人力资源。通过政府间的合作、私营企业与社区的参与，开设旅游人员发展相关的课程培训，激励企业家支持员工培训。鼓励民众参与旅游管理事业并从中受益。通过鼓励民众更好地了解旅游业，各个社区和当地居民有可能在本地拥有的文化遗产基础上参与商品和服务的开发，也可能创造旅游业新业务。通过增加投资渠道，发展私营企业的旅游业务。

（三）寻求旅游环境发展与泰式特色文化及生活方式的平衡，增强旅游发展信心

泰国通过满足高度专门化的需求市场和制定质量标准来提升旅游形象，通过市场营销刺激旅游消费。以开发优质的旅游产品和旅游服务为基础，以泰国传统文化为特色，部署有效的市场营销战略，将有助于促进泰国旅游业的可持续发展。

泰国作为优质的旅游目的地久负盛名，至今泰国都是世界各地游客参观和游览的热门国家，每年赴泰国旅游的游客数量都呈现增长趋势。泰国应该致力于发展绿色旅游，提升旅游服务的可靠性，在保留本土特色传统文化的同时让游客更好地了解泰国的每个地区及其特色，使游客对前往泰国旅游更有信心和兴趣。

第一，加强泰国的旅游质量和安全形象，专注于旅游品牌价值和形象，有针对性地营销推广，通过各种渠道为游客打造个性化服务，以培养游客对泰国旅游质量和安全的信心。第二，通过满足高度专门化需求的营销吸引游客，并刺激游客群体的消费。这一方式适用于潜在市场领域中的营销，例如健康旅游和生态旅游。第三，推广泰国各个地区的特色，创造具有泰国独特价值的商品和服务。通过产品和服务上的"泰式"符号保持泰国的传统特色，通过创意媒体、电视节目、路演等创新媒体传播泰国传统文化。在打造旅游产品或服务品牌的过程中，传播不同行业和地区的文化，通过流行的营销渠道与目标受众进行创造性的沟通。第四，通过创造商品、服务和新的旅游目的等方式来平衡空间和时间，促进国内旅游的发展。推出一些刺激淡季旅游的举措，如节日、当地传统活动等。第五，通过营销部门之间的合作，促进与各利益相关方的合作，包括与社区合作创造旅游产品和服务，促进公

共部门和私营企业之间的相互合作与营销。同时推广营销支持技术，如支持、开发和推广新的旅游应用程序，推动营销、代理优化，推行数字营销。

（四）整合旅游资源，促进国际旅游交流与合作

各级管理部门的整合是推动泰国旅游业发展的关键因素之一，重点是促进各级管理部门的互动，完善相关法律法规和旅游信息管理，推动与邻国的合作以促进整个区域的旅游业共同发展。整合各级管理部门的规划，使之目标一致。通过开发集中信息系统，充分实现各部门计划实施的有效性以及数据共享。目前，泰国已经制定了一系列法律、法规和标准用于旅游行业的管理，政府为这些法律、法规和标准的执行提供了有力的支持，以确保泰国旅游发展的安全性、可靠性和可持续性。通过公共管理部门、私营企业和各社区部门之间的合作，整合社会有效资源，吸纳多方投资。泰国还积极与周边地区合作，发展次区域旅游业。

通过加强政策制定的整合，促进旅游业的有效治理和发展，推动国家旅游业发展指导方针的制定和实践，开展私营和公共部门之间的合作，促进各方信息和人员的交流。通过修订阻碍旅游业发展的法律法规，使法律法规符合当前形势，促进政府机构在执法方面的协作，明确相关机构的角色和职责。鼓励民众遵守旅游法律法规，加深民众对法律法规的理解。

四 总结与展望

（一）全球旅游发展趋势

缤客网对来自29个国家超过1.63亿的游客进行分析，总结了自2019年开始出现的旅游业发展趋势和满足旅行者需求的方式。旅行者会努力寻找并进行更有意义的旅行，超过半数的旅行者认为旅行教会了他们宝贵的生活方式。人们每日都面临繁忙的日常工作、学习和生活，旅行经历减轻了人们的生活压力。42%的人在调查中称，旅行让他们感觉到回到了童年。未来将有越来越多的人希望通过旅行学习新事物，包括工作旅行、志愿服务以及专注于各类技能学习。问卷调查显示，68%的全球旅行者选择参加文化交流旅行以学习新技能，而54%的被调查者倾向于志愿服务旅行，52%的人选择了国际旅行。

2019年后，"舒适"将成为判断旅游技术创新的关键标准。近年来，人工智能（AI）、虚拟现实（VR）和语音识别等先进技术被逐步应用到旅游产业中，这些流畅而实用的工具和技术为旅行者提供了全新的旅游体验。实时跟踪应用程序可以为旅行者制定行程计划并为他们预订满足需求的一切。复杂的创新推动了技术的发展，流畅简单的导航确保了旅游业更进一步发展的可行性与灵活性。虽然越来越多的旅行者正在寻找新奇的旅行体验和真正的本地感受，但与此同时，他们更希望在旅途中确保他们的人身安全。因此，许多组织与机构也开始关注游客尤其是单身女性出游的安全性问题。

（二）泰国旅游发展趋势预测

未来泰国的游客仍然会以中国游客为主，中国游客仍将视泰国为亚洲出境旅游的第一目的地。根据泰国旅游和体育部的报告，2017年前往泰国旅游的中国游客总人数共计980万人次，占泰国游客总人数的27.5%；2018年前往泰国旅游的中国游客人数共计1050万人次，占2018年泰国游客总人数的29.9%。[1] 前往泰国旅游的中国游客人数近年来一直呈现持续增长的态势，中国游客在泰国游客总人数中的占比也在逐年提升。与此同时，泰国政府做出了与中国加强旅游合作的决策。从以上情况可以看出，前往泰国旅游的中国游客数量应该会持续增长。

未来5年，泰国旅游业发展的趋势将显示为游客行为的变化，泰国旅游业发展的重点是在旅游景区创造新的体验。在进一步重视环境保护和可持续

---

[1] Ministry of Tourism and Sports, Tourism and Sports Bureau of the Permanent Secretary, *Thailand Tourism Statistics System*. February 8, 2019, 13–16.

发展的同时，也要留意因经济动态变化而产生的影响。自然风光和传统文化特色旅游仍然会是游客关注的重点。

（三）泰国旅游发展模式

通过对泰国旅游发展政策和主要竞争对手的分析和初步研究，可以总结出泰国未来旅游发展的一些可行模式。随着全球旅游市场规模的增长，泰国对于其自身在旅游市场的竞争战略地位需要进一步地分析与定位，以便对未来旅游发展提供指导。

通过对整体旅游模式的比较研究以及泰国旅游发展主要竞争对手旅游发展模式的回顾，可以总结出10种主要的比较适用于泰国旅游发展的模式。

（1）文化旅游。参观城堡、古寺庙、历史文化遗迹等文化之旅，传统生活方式所展现的多样的艺术和事物能够帮助参观者了解历史。这种旅游模式鼓励游客学习泰国本土文化和生活方式，并发掘各个社区的独特性。

（2）生态旅游。泰国是世界上最受欢迎的旅游目的地之一。目前泰国面临的景区的可持续发展问题相当严峻。注重自然环境的保护，为游客提供更加舒适的旅游环境，拓展更多的旅行空间和社区等均可提升游客在泰国旅游的满意度。同时，游客也是生态旅游的参与者，对自然景区中的环境保护负有不可推卸的责任。因此，为游客提供相应的教育或学习机会，提醒和监督游客对旅游环境进行保护也是非常重要的。

（3）娱乐与休闲旅游。以休闲和观光为主要目的的旅游，多以前往娱乐场所，如参观旅游景点或到游乐园活动为主，也可能包括听音乐会和观赏表演。

（4）美食旅游。旨在品尝泰国的各种特色美食。泰国的餐厅供应各种当地特色美食，游客可以通过品尝美食，进一步了解泰国本土生活。

（5）医疗或健康旅游。可向外国游客提供保健服务，如健康检查、短期疗养、牙科手术以及美容等医疗服务。

（6）商务旅游与会议旅游。参与商务或会议的人员有可能会有一定的空余时间在会议举办的地点进行旅行，泰国的气候和自然风光很适宜举办各类大型会议和会展活动。可以通过这些契机，推广泰国的旅游项目。

（7）山区和森林旅游。旨在亲近自然的休闲娱乐的旅行。

（8）海洋与海滩旅游。以海洋和沙滩为主要目的地，以休闲娱乐为导向，发展热爱自然的旅游项目。

（9）购物旅游。推广购物或以购物为目的的观光景点，设计出更受游客欢迎的旅游纪念品，为泰国旅游创收开辟新路子。

（10）体育旅游。主要依托体育项目或大型的体育赛事，满足热爱体育运动的游客需求。

2015年后东盟经济共同体的发展，使东南亚地区联系更加紧密，东南亚国家之间的往来更加便利、频繁。这些变化使前往包括泰国在内的东南亚国家旅行变得更加方便而舒适。泰国也应该抓住东盟经济共同增长的有利机会，在东盟区域内建立旅游服务网络，使东盟成为泰国旅游业未来发展的重要市场。

中国与东盟篇

China and ASEAN Reports

B.10
2018～2019年中国与东盟旅游合作报告

黄婕 马靖雯*

摘 要： 近年来，旅游作为中国与东盟关系中的亮点，双方互访人次屡创新高，交流日趋紧密。报告主要从旅游便利化合作、旅游信息化合作、旅游市场合作、旅游金融合作、旅游安全保障合作、旅游合作渠道以及旅游教育合作等方面说明双方旅游合作的概况，分析双方合作中存在的问题，并从区域旅游安全合作、扩大旅游资金融资渠道、加强旅游教育培训、推进旅游信息化通信合作等方面给予了相关政策建议。

关键词： 旅游合作 旅游教育 中国－东盟

---

* 黄婕，中国旅游研究院东盟旅游研究基地学术秘书，硕士，助教，主要研究方向为东盟旅游、乡村旅游；马靖雯，中国旅游研究院东盟旅游研究基地行政秘书，助教，主要研究方向为东盟旅游、旅游教育、跨文化比较。

2018年中国与东盟旅游合作整体情况良好，旅游互访人次再创新高，达5500万人次，中国游客已成为东盟旅游的最大客源国。据泰国旅游和体育部公布的统计数字显示，2018年前三季度，泰国共接待中国大陆游客837.59万人次，同比增长16.51%；越南旅游总局公布的报告显示，2018年亚洲游客到访越南1200万人次，占越南国际游客总数的77.9%，同比增长23.7%，中韩两国游客即占越南国际游客数量的一半；笔者从中国外交部官网查找到2018年前三季度中国赴马来西亚游客数量较上年同期增长34.2%，超过2017年全年中国赴马来西亚游客数量；新加坡旅游局公布的数据显示，2018年的中国入境旅客增至约342万人次，与2017年相比，增幅达6%。据老挝新闻文化旅游部公布的数据显示，中国已成为老挝第三大旅游客源国。2018年入境老挝的中国游客超过80万人次，同比增长26%。

一　2018年中国－东盟旅游合作概况

（一）旅游便利化合作

中国－东盟旅游便利化合作主要体现在交通道路等基础设施和签证便利化政策等方面，基础设施的不断完善和快捷的签证办理渠道，为相互间旅游提供了极大便利。

陆地交通方面，在"一带一路"倡议的带动下，中老铁路这一重大项目的建设不断推进，中国与老挝将路路相通。未来，越来越多的中国游客可自驾至老挝琅勃拉邦体验古老的文化、到万荣体验体育旅游。中国已与包括越南、缅甸、老挝、柬埔寨、泰国等在内的部分东盟相邻国家签署了政府间汽车运输协定，东盟与中国广西和云南陆地接壤，广西与越南之间有25个边贸点以及12个口岸公路直接相连，其中，与云南相连的公路已达到等级公路，包括部分高速公路。中国通过相邻国家公路的联通与中南半岛其他国家的公路组成中国－东盟公路庞大的交通网络。2016～2018年，越南、缅甸是与中国设施互联互通表现最佳的国家。其间,修建了中越国际铁路、中越沿边公路、滇缅公路(澜沧江－湄公河)。广西是中国－东盟合作的桥头堡,通过南宁与东盟国家直接相通。中国早在2010年就提出了南宁—新加坡通道建设设想,以构筑南宁—新加坡经济走廊(南新走廊),建立多条跨国经济走廊的交通基础。此通道和东盟国家间将形成"四纵三横"运输大通道,它不仅可提供重要的货运和经贸通道,同时可以为旅游提供陆路选项。通道将连接东盟七个国家,包括越南、缅甸、老挝、柬埔寨、泰国、马来西亚、新加坡。

水上交通方面,中国与东盟各国均实现直接通航,取得了较好的成效。中国有多个港口直达或者中转去东盟国家的海运航线,去往东盟各国的港口主要有广西的防城港、钦州港以及北海港,广东的广州港、深圳港、湛江港和珠海港,浙江的宁波港,山东的青岛港,以及上海港、天津港等港口,在东盟各国主要的停泊港口有新加坡港、印度尼西亚雅加达港、马来西亚巴生港、菲律宾马尼拉港、越南胡志明港和岘港等。

航空方面,中国与东盟国家间的航线、直飞城市不断增多,截止到2017年11月底,中国－东盟之间每周有2700架次的航班往来。2018年3月27日,由海南联合航空旅游集团有限公司与印度尼西亚狮子航空开通的海南三亚至印度尼西亚泗水航线首航,在此之前海南联合航空旅游集团有限公司已开通海口和三亚至印度尼西亚雅加达直飞航班。2018年12月28日,成都—缅甸仰光的航班开通直航并于当日执飞首航。直航开通后,成都前往仰光只需要三小时就可到达,相比以前从昆明转机耗时7~8小时,时间缩短超过一半,两地的距离变得更"近"。

签证方面,每个国家对于签证在不同时期有不同政策,签证的无障碍便利化会增强双方民众相互交流、跨境旅游的意愿。为吸引中国游客,东盟国家会适时开展"签证费用促销"等活动,例如泰国政府于2018年11月15日发布公告临时免除中国游客落地签证费用政策至2019年1月13日,随后在2019年1月和5月先后发布延长临时免除中国游客落地签证费用政策至2019年10月31日。老挝政府于2019年采取了部分举措以方便中国公民入境，将签证费从20美元降低到10美元。① 此外，中国与东盟国家相互间的出入境政策，又因签证类型和访问目的的不同而各异。根据中国与东盟各国相互间的签证协定，双方对持有外交、公务、官员护照等证件类型的公民互免签证（详见表1）。而对持有普通护照的中国公民，东盟各国政府则依据来访目的而各有侧重和区别（详见表2）。其中，印度尼西亚同时实行免签和落地签政策。

表1 中国与东盟国家互免签证协定一览

协议国	互免签证的证件类别	生效日期
菲律宾	中方外交、公务护照（限临时访问人员）；菲方外交、官员护照（限临时访问人员）	2005.02.28
柬埔寨	外交、公务护照	2006.09.14
老 挝	中方外交、公务、公务普通护照；老方外交、公务、加注有效公务签证的普通护照	1989.11.06
马来西亚	中方外交、公务护照；马方外交、官员护照	2011.05.18
缅 甸	中方外交、公务护照；缅方外交、官员护照	1998.03.05
泰 国	中方外交、公务护照；泰方外交、官员护照	2003.10.18
文 莱	中方外交、公务护照；文方外交、官员护照	2005.06.18
新加坡	外交、公务、公务普通护照	2011.04.17
印度尼西亚	外交、公务护照（限临时访问人员）	2005.11.14
越 南	外交、公务、公务普通护照	1992.03.15

资料来源：根据中国领事服务网出入境信息综合整理。

---

① 《签证费降了！中国公民赴老挝旅游签证降至10美金！》，老挝资讯网，2019年3月14日，http://dy.163.com/v2/article/detail/EA5SOGHS0525NLAD.html。

表2 持普通护照中国公民前往东盟国家入境便利待遇一览

类型	东盟国家	数量	满足互免、免签、落地签的条件
双方互免普通护照签证	无	0	无
单方面允许中国公民免签入境	印度尼西亚	1	(1)基本要求：护照有效期6个月以上，能出示离开印尼境内的机票； (2)入境目的：①旅游观光；②探亲访友；③社会交流；④政府公务；⑤艺术文化交流；⑥参加国际展览会；⑦出席讲座或研讨会；⑧参加总部设在印尼或在印尼有分支机构的公司会议；⑨转机前往其他国家。 (3)停留时间：免签入境30天，到期后不能延期也不能转换成其他种类签证。
单方面允许中国公民办理落地签证	文莱、柬埔寨、印度尼西亚、老挝、缅甸、泰国、越南	7	(一)文莱：(1)普通护照有效期6个月以上。(2)过境签证：同时持所乘坐航空公司担保函、第三国有效签证和提前办好的联程机票，出发地与目的地不是同一国家，文莱移民局则会颁发有效期为72小时(3天)的过境签证。(3)落地签证：自2016年5月1日起，文莱进一步放宽了对中国游客的落地签条件。中国公民持因私护照在含文莱国际机场在内的所有入境口岸办理落地签，一次入境，不需要提前通过旅行社申请和担保人，可停留14天(超过14天须提前申办签证)。此政策仅限以旅游为目的的入境人员。同时，申请落地签须提供联程机票及酒店预订信息。 (二)柬埔寨：(1)持有效期6个月以上普通护照或公务普通护照，可在柬航空和陆地口岸办理落地签证。(2)签证分为旅游落地签证和商务落地签证两种。旅游落地签证可延期一次，费用20美元；商务落地签证可多次延期，费用25美元。 (三)印度尼西亚：(1)访问目的仅为：①旅游；②社会文化访问；③商务访问；④不会对安全产生干扰且能够实现互利共赢的政府公务。(2)落地签证费35美元，有效期30天，若有需要可申请延长30天。 (四)老挝：(1)护照有效期6个月以上，能在老挝全境国家级口岸办理落地签证。(2)落地签证费20美元，签证停留期为30天。 (五)缅甸：(1)持普通护照有效期6个月以上。(2)商务签证：须提供在缅公司邀请函、邀请方营业执照复印件等，停留期最长为70天，费用为50美元。(3)入境签证：停留期最长为28天，入境签证费用为40美元。须提供联程机票和相关部委出具的邀请函，持独立护照的7岁以下儿童须提供亲属关系证明。(4)过境签证：停留时间最长为24小时，过境签证费用20美元。(5)入境口岸：仰光、曼德勒国际机场。

续表

类型	东盟国家	数量	满足互免、免签、落地签的条件
单方面允许中国公民办理落地签证	文莱、柬埔寨、印度尼西亚、老挝、缅甸、泰国、越南	7	（六）泰国：(1)持有效期6个月以上公务普通护照和普通护照。(2)需提供的材料：有效护照、签证申请表、照片、返程机票、财产证明。(3)可在泰国24个指定口岸办理落地签，停留期限为15天，签证费1000泰铢。 （七）越南：(1)持有效普通护照，符合以下情况可在越南各国际口岸申办落地签证：①参加亲属葬礼或探望重病亲属（需提供相关证明资料）；②入境参加由越南国际旅行社组织的旅游；③入境为在越工程项目提供紧急技术援助，抢救重病患者或伤者；④参与自然灾害及疫情救援；⑤其他紧急原因。停留期限为1个月或1年以内。(2)落地签证费用：45美元/1次入境；95美元/6个月多次入出境；135美元/1年多次入出境。

资料来源：根据中国领事服务网信息综合整理。

（二）旅游信息化合作

旅游信息化合作主要体现在互联网电商和信息化平台建设两个方面。2018年，东盟部分国家与中国一些知名互联网科技公司和电商企业就旅游信息化平台等方面进行了深入合作。一是马来西亚旅游与文化部和中国科技巨头腾讯合作，正式启动"马来西亚智能旅游4.0"倡议的数码化旅游平台，打造一套属于马来西亚的旅游数码化生态系统，用最精准的营销方式进军近14亿人口的中国市场。二是泰国国家旅游局于2018年4月25日与阿里巴巴以及其旗下旅游平台飞猪建立合作伙伴关系，创建线上平台帮助泰国小型旅游业者并整合目的地资源提供给中国游客。阿里巴巴将携手合作泰国国家旅游局，通过其线上平台一起进行旅游市场活动，同时串联阿里巴巴其他市场渠道来建立泰国旅游行业大数据。三是印度尼西亚旅游部于2018年9月，与中国携程签署战略合作协议，推动双方在数字旅游领域方面的合作，主要将携程的预订平台与印度尼西亚旅游部旗下的印度尼西亚旅游网相融合，借助携程的预订系统，印度尼西亚旅游网的用户将能够直接在线订购40家航空公司的航班和境内9000座酒店，这是双方在网络平台融合方面的

首次合作。同年10月，印度尼西亚旅游部部长阿里夫率领考察团访问中国大数据应用企业晶赞科技，希望通过使用该公司的受众营销系统，对特定游客进行定向营销，利用特定游客对旅游目的地的偏好，通过互联网渠道向中国游客进行印度尼西亚旅游信息推送，以吸引更多的中国游客，双方在利用大数据进行目标受众的定向营销方面达成合作共识。

（三）旅游市场合作

旅游市场合作主要从旅游产品开发合作和推介合作等方面开展，为满足不断变化的游客需求，旅游产品朝深度游和定制化方向前进，主题旅游越来越受欢迎。宣传推广对于产品开发至关重要，以全新的方式推广旅游产品和服务，将开拓更多新的客源市场，同时将带动和巩固原有市场。其中东盟部分国家在这方面进行了改造升级。

2018年4月，老挝驻华使馆、中国-东盟中心、中国穷游网与中国旅游研究院共同发布了《"一带一路"旅游合作项目：老挝锦囊》。12月27日，"中国-东盟旅游合作研讨会"在北京成功召开，会上，由穷游网与中国旅游研究院共同策划的缅甸、柬埔寨、印度尼西亚三国穷游锦囊正式发布。该锦囊不仅是"一带一路"系列锦囊的核心作品，也是亚洲区域合作专项资金项目"中国-东盟旅游合作"课题系列成果之一，将为中国游客赴东盟国家旅游提供便利化、系统化的旅游信息。

在上海举行的2018中国国际旅游交易会上，新加坡旅游局携手樟宜机场和圣淘沙发展局，推介新加坡旅游的"吸睛点"。从亲子游到闺蜜行，再到"90后"新兴消费群，新加坡旅游局和本地旅游业者未来将在中国市场积极推广深度游和定制化旅游体验，吸引中国游客到访新加坡。

2018年12月15日~16日，印度尼西亚旅游部携手携程举办2018年中国路演活动。为期两天的路演活动在上海长风大悦城和厦门JFC品尚购物中心同时举行，活动旨在全面推广印度尼西亚旅游资源及产品，让中国游客更加深入了解目的地，并前往印度尼西亚旅游。

泰国政府将2018年定为"神奇泰国旅游年"（品味泰国，华彩依旧）。

泰旅局以全新的方式推广泰国旅游产品和服务，迎接赴泰旅游的新老游客。为满足不断变化的游客需求，泰国加大在主题旅游上的投入，除了奢华游之外，积极向中国市场推介体育旅游、健康旅游、美食体验之旅、蜜月婚礼之旅、亲子家庭之旅等服务内容。"2018 上海泰国节"是泰国近年来首次举办的旨在感谢在沪的中外友人将泰国作为首选旅游目的地的活动，此次活动除了泰国传统舞蹈和文化表演之外，展示了顺应"泰国 4.0"战略需要的泰国最新产品、侧重健康养生方面的旅游产品和服务套餐，推介泰国"高品质旅游目的地"的形象，向中国市场宣传了泰国文化、泰国商品和泰国旅游。

2018 年 5 月 17 日，首届中国－柬埔寨旅游高峰合作论坛在金边开幕，中柬地缘相近，传统友谊深厚。2017 年两国人员互访规模已突破百万人次大关，近 130 万人次。此次中国文化和旅游部专门组织了一个高水准、多元化的代表团前来柬埔寨，目的就是要具体落实 2017 年两国签署的旅游合作谅解备忘录，推动两国旅游合作关系不断向前发展。中国文化和旅游部党组成员杜江希望双方顺应时代发展潮流，采取务实措施，完善合作机制，持续扩大旅游交流规模，稳步提升旅游伙伴关系，共同促进两国旅游业健康可持续发展。中柬双方围绕旅游往来便利化、旅游推广、人才培训、旅游规划、旅游投资等共同关心的系列议题深入交换了意见。当晚，中国旅游代表团在酒店举办了以"超乎想象的中国"为主题的中国旅游推介会。

2018 年 11 月 16～18 日，第二十届中国国际旅游交易会（CITM 2018）在上海新国际博览中心隆重召开。会上，马来西亚联邦文化、艺术和旅游局上海办事处首次联合马来西亚三大州（霹雳州、马六甲州、雪兰莪州）旅游部门合力推广马来西亚深度旅游产品，同程旅游现场助力，与马来西亚旅游部门携手为中国市场推出丰富多样的马来西亚旅游产品，包括沙巴深度游、沙巴美食游、吉隆坡邦咯岛跟团游以及主题潜水、丛林探险、潜水体验课程。

（四）旅游金融合作

根据《"一带一路"大数据报告（2018）》统计数据，2017 年中国最主要的"一带一路"前十大贸易伙伴中有 6 个来自东盟国家，越南（1218.7亿美元）、马来西亚（962.4 亿美元）、泰国（806 亿美元）、新加坡（797.1亿美元）、印度尼西亚（633.8 亿美元）、菲律宾（513.3 亿美元）分别位列第二、三、六、七、八、九名。同时，中资银行在海外的 24 个国家中设立分支机构 102 家，东盟国家中的印度尼西亚、新加坡、马来西亚、泰国的数量最多；人民币跨境支付系统已覆盖新加坡、马来西亚、泰国等 40 个"一带一路"相关国家中的 165 家银行。

菲律宾金融银行董事长内斯托尔·陈在接受新华社记者专访时表示，正式启动的人民币兑菲律宾比索直接交易市场是两国金融合作的重要一步，将进一步推动两国未来经贸投资合作。作为菲律宾商业银行的领头羊，菲律宾金融银行未来也希望进一步推进人民币与比索的直接兑换，可以尽快让两国人民更多地享受到货币直接兑换带来的便利。目前越来越多的中国人到菲律宾旅游，两国货币实现直接兑换，将有助于菲律宾旅游产业的进一步推广。

对大多数中国人来说，移动支付已成为日常生活不可或缺的一部分。若中国游客在东盟也能便利地使用移动支付，他们的旅游体验将得到极大的提升。好消息是，继新加坡、马来西亚、泰国、越南之后，2018 年 3 月，全球最大的移动支付和生活服务平台之——蚂蚁金服旗下支付宝正式进入柬埔寨、老挝、菲律宾和缅甸，服务中国游客出境游。至此，除文莱和印度尼西亚外，东盟国家都引入了支付宝，支付宝覆盖了这些地区包括购物、餐饮、娱乐和酒店在内的各大消费场景。菲律宾知名度假综合体马尼拉云顶世界是最早接入支付宝的商户，此外还包括缅甸仰光、老挝万象、琅勃拉邦湄公河沿岸的商店和餐饮店等。支付宝不仅为中国游客提供了和国内一样的智能的生活方式，也为他们的出境游带来便利。对东盟各国的商家来说，引入支付宝就为他们引入了客源，带来了生意和商机。

2018 年 9 月 13 日，由蚂蚁金融服务集团运营的支付宝宣布，首批游客已经完成了全程"无现金"的新加坡之旅。整个行程由支付宝和新加坡旅游局共同打造，包括圣淘沙名胜世界、香格里拉大酒店和新加坡航空公司在内的新加坡数十个大小商家都提供了支持。来自尼尔森的数据显示，65% 的中国游客在海外旅行期间使用移动支付工具,是非中国游客的6倍(11%)。如果支付宝在外国商家中被广泛接受,超过90%的中国游客会考虑在国外旅行时使用支付宝。此外,还有超过90%的中国游客表示,如果商家接受支付宝付款,他们会增加消费金额。

(五)旅游安全保障合作

安全是旅游业的底线和最低要求。加强旅游安全合作,对促进中国-东盟旅游发展至关重要。根据全国旅游责任保险统保示范项目的历年出险数据,东盟国家尤其泰国是旅游遇险最高的国家,风险类型多样、隐患众多。中国与东盟之间开展的安全合作在20世纪90年代就已经起步,目前已经形成多层级的安全合作机制,安全合作涵盖多个领域,[①] 但多数基于海上安全、经济安全、信息安全和反恐合作等政治经济层面。旅游安全方面的合作在中国-东盟安全合作机制的大框架下,亟待加强和完善,双方需要在旅游安全培训预防、监测预警、应急处置与保障以及善后恢复等层面加强合作,全方位保障旅游业的健康、持续发展。

(六)旅游教育合作

中国与东盟旅游之间的互利合作为旅游教育合作提供了广阔的平台。中国与东盟之间的旅游合作已经建立起了多个层次的固定渠道与体系。除了整体层面的中国-东盟旅游博览会旅游展、中国与东盟在"东盟对话"框架下举行的"10+3旅游部长会议"外,区域层面的大湄公河次区域旅游合作以及澜湄合作等均非常活跃,合作层面已经深入旅游展示、旅游贸易、文创产品开发、自驾游、邮轮旅游、生态旅游等方面,从制度到内容都为旅游教育合作的纵深发展提供了方向。

纵观2018年中国-东盟旅游教育合作的发展,主要有三个方面。一是国家和国际组织的高层引领和推动;二是中国-东盟地区与国家间,或地区与

[①] 武香君:《中国-东盟安全合作研究:现状、问题与未来》,《东南亚纵横》2017年第2期。

地区间的合作越来越紧密；三是中国和东盟高校及企业间的合作越来越活跃。

国家层面，2018年7月，中国-东盟举办了教育交流周，同期举办的中国-东盟职业教育国际论坛暨特色合作项目成果展、第二届东南亚教育部长组织—中国职业教育文化姊妹项目培训班、首届中国-东盟创新产教融合模式探索暨亚龙丝路学院洽谈会、中国-东盟高校创新创业教育联盟第二届年会、中国-东盟能力建设与科研合作研讨会等对中国-东盟职业教育、旅游教育等议题进行讨论，并达成一定共识。

国际组织方面，中国-东盟中心举办多场活动推进双边旅游及旅游教育合作。2018年5月，中国-东盟中心与新加坡旅游局在新加坡旅游局总部联合举办了"迎接中国游客"旅游从业者能力培训班，活动吸引了旅游部门官员及业界代表逾100人。活动对深化中国与东盟旅游企业的合作，提高旅游服务质量等进行了讨论。7月，中国-东盟中心与文莱初级资源和旅游部合作举办了首届旅游汉语培训班，对导游用语及旅游投诉与处理的语言技巧等内容进行了专门培训。

区域组织与地方政府方面，2018年11月23日，以"开放创新的澜湄，合作共赢的未来"为主题的澜湄国家旅游城市（三亚）合作论坛在三亚举行，论坛形成了《旅游合作备忘录草案》，在城市间的沟通机制、航线开通、邮轮旅游、项目合作等七个方面达成共识。另外，论坛对如何通过旅游教育、实训等项目加强旅游专业人才培养，促进各城市旅游人才的共同成才进行了讨论。次日，"澜湄合作·云南文化旅游产业发展论坛"在云南昆明举办。中国旅游研究院院长戴斌在题为"澜湄合作的旅游担当"的演讲中，指出了旅游对澜湄合作在经济和人文交流方面做出的积极贡献，也提出除观光之外，新型旅游应在休闲、度假、研学等方面有所加强。

高等院校及企业联盟方面，2018年，第二届中国-东盟旅游教育联盟暨论坛在发起单位桂林旅游学院成功举办，吸引了中国和东盟20多所院校参加，包括亚太旅游类专业出名的中国澳门旅游学院、马来西亚成功礼待大学、泰国清迈大学以及印度尼西亚多所旅游类高校等。会上促成了七项国际合作，会后成功邀请中国澳门旅游学院等知名院校和协会入盟，丰富了联盟成员的架构，提升了联盟的影响力。在联盟成员的努力下，2017年底至2019年初，中国与东盟的旅游教育合作成果丰硕，桂林旅游学院与印度尼西亚特里沙克蒂旅游学院合作成立中-印尼旅游商学院和中-印尼旅游研究院，双方已实质性地开展学分互认的学生交换学习和教师互派培训项目。2018年9月，印度尼西亚特里沙克蒂旅游学院选派逾60名留学生赴桂林旅游学院学习。11月，两校签订联合培养硕士研究生项目。2019年3月，印度尼西亚驻华大使周浩黎先生在特里沙克蒂旅游学院领导的陪同下，专门访问桂林旅游学院，关心两校间的旅游教育合作和旅游研究进展情况，可见旅游及旅游教育在促进中国与印度尼西亚经济和人文交流方面的作用越来越受到关注和重视。

（七）旅游合作渠道

中国-东盟国家互为重要的客源地和旅游目的地。目前，中国与东盟旅游合作已成功建立多层次的固定渠道与体系，包括政府间、政府与企业间、企业之间以及院校间的合作等。中国与东盟在"东盟对话"框架下定期举办"10+3旅游部长会议"、大湄公河次区域旅游部长会议，互设旅游办事处，举办中国-东盟博览会旅游展，以及建立中国-东盟学术交流平台和跨国院校间旅游人才培养平台等，对促进中国-东盟人文交流和旅游深度合作，提升双方旅游服务品质，扩大相互间的旅游交流规模有重要意义。

二 中国-东盟旅游合作存在的问题

2018年，继"2017中国-东盟旅游合作年"之后，中国-东盟旅游务实合作机制得到进一步完善和推进。近年来，虽然中国与东盟国家在旅游合作方面取得了显著成效，双方旅游互访人次屡创新高，但由于日益复杂的国际形势、各国经济社会发展不均衡以及旅游发展趋势的不断变化，中国与东盟各国在旅游合作方面还存在旅游产品单一、旅游安全得不到保障以及旅游可持续发展不足等问题。

（一）东盟层面

1. 旅游安全环境有待加强

安全是旅游的生命线，旅游安全环境是影响中国游客赴东盟旅游最为重要的因素。旅游安全环境一般包含医疗情况、社会安全及法律制度保障情况、自然灾害情况等，外延则可包含政治、外交、经济等。

由于东盟各国各地区之间发展存在较大差异，民族多样、宗教多元，除经济较为发达的新加坡、泰国、文莱等国家外，部分东盟国家和地区，如缅甸、菲律宾局部地区还存在地方武装势力，政治局势还存在不稳定因素。同时，中国与东盟部分国家存在特殊的地缘政治因素，政局紧张时的外交危机，对中国赴东盟国家的旅游安全环境造成了较大影响。

2. 旅游签证政策有待进一步开放

印度尼西亚、马来西亚、新加坡和泰国鼓励开放旅游，文莱旅游开放程度较低，东盟各成员国在旅游及相关领域对中国的开放程度不一，旅游开放程度的不均衡使得东盟各成员国在提供旅游便利化服务的水平上参差不齐。仅在办理出入境手续方面，东盟各国对中国的政策各有不同，并随着形势的变化而有所变动。目前仅印度尼西亚对中国免签，在少部分东盟国家，如柬埔寨、泰国、缅甸、老挝，中国游客可采取落地签的方式，其他东盟国家则需要较为烦琐的签证入境手续。由此，中国游客赴东盟各国的旅行成本无疑增加了不少，没有"说走就走"的便利，远不及欧洲"申根签证"政策方便。

3. 旅游基础设施配套有待完善

由于东盟各国经济发展差异较大，柬埔寨、缅甸、老挝等经济落后国家在建设和发展旅游基础设施和服务时，条件受限，急需必要的资本、技术和理念。尽管目前亚洲基础设施建设银行以及丝路基金等可提供金融扶助与支持，但还不能满足东盟地区基础设施及配套服务设施建设快速增长的需要。同时，东盟较为发达的国家，如泰国、越南等地，也存在旅游目的地之间交通通达度、便捷度不高，路途耗时较长、旅游景点之间联动性不强等问题。此外，随着游客的迅速增长，东盟一些国家在住宿、休闲娱乐、餐饮、疗养等服务方面供给不足，在旅游基础设施设备的配套上还需进一步加强。

（二）中方层面

1. 中国出境游客整体素质亟待提高

随着国内居民生活及收入水平的提高，利用闲暇时间出境旅游的人数越来越多，东盟是中国游客热衷的旅游目的地之一。游客素质参差不齐，部分中国游客大声喧哗、乱扔垃圾、随地吐痰、当众脱鞋、不遵守公共秩序甚至破坏文物等不文明现象引起了当地居民的反感。同时，中国人在当地"买买买"的"大款"形象和被"宰"时宁愿用钱"息事宁人"的态度，也让中国游客成为东盟国家一些不法旅游经营者和不法分子的"目标"。

2. 国内东盟旅游公共信息获取渠道较为欠缺

国内关于东盟旅游公共信息获取的渠道较少。除携程、同程、去哪儿、飞猪等旅游商务平台发布的旅游产品信息外，在马蜂窝、猫途鹰等旅游社交网络平台也可查询网友分享的东盟国家旅游攻略。但是东盟各国官方的旅游信息渠道来源较少，除泰国、新加坡的旅游官方微信、微博更新较为及时、粉丝较多之外，其余国家如越南、马来西亚、缅甸、文莱、菲律宾等旅游官方信息的来源及旅游推荐太少。主要原因可能在于：一方面，中国国内主要社交平台与东盟国家的区别较大，中国主要为微博、微信，东盟国家主要为Facebook、Instagram、Twitter等；另一方面，各国间网络信息化水平有差异，仍存在信息与通信技术方面差距过大，旅游公共信息资源零散，旅游网站间流通不畅、共享不足、信息更新不及时等问题。

（三）双方层面

1. 中国-东盟间交通及通信方面的互联互通存在一定障碍

在交通方面，中国与东盟的地理位置较近，虽然中国与东盟各国都有往来航班，但是航班数量不均，除经济发展水平较高的国家如新加坡、马来西亚和泰国外，中国与其他东盟国家的往来航班数量较少，航空交通网络体系尚未完全形成。在公路方面，昆曼公路已经通车，但南曼公路因缺乏维护和保养，多地路段出现破损，公路设施陈旧，路况较差。在铁路方面，由于各方的利益诉求不一致，加之东盟各国与中国铁路轨道技术标准不一致，目前合作中的泛亚铁路中东线中国国内段实现了通车，西线还未完全实现通车，中线仍然在建设中，没有形成一条四通八达的铁路运输网络。在水路方面，大湄公河流域是由中、柬、缅、老、泰、越六国共同参与建设的，但该地区盗匪泛滥、贩毒活动猖獗，航运安全问题一直备受诟病，而航运的安全性严重制约了水运旅游产品的开发整合，导致这一天然水路资源优势无法为中国－东盟的旅游合作发展发挥更多作用。

同时，由于电子通信网络无法互通，游客跨境后，只能靠当地WiFi或者购买当地电话卡等方式与国内亲朋好友取得联系。无法及时获知当地交通、餐饮、住宿等旅游相关信息，这给自助行游客以及希望了解当地更多旅游资讯的旅游者造成了较多不便。

2. 中国－东盟间旅游专业人才缺乏

中国与东盟各国旅游合作不断深入，但旅游专业人才极为缺乏。一是语言方面，东盟十国的语言各不相同，除新加坡、菲律宾用及英语外，其他国家在日常交流中均使用本国语言。游客身在异国，难以找到精通双方语言的导游或旅游从业人员。由于语言这一天然屏障，中国与东盟的旅游合作交流、人员交往和业务合作受到一定的限制。二是由于中国与东盟国家在宗教信仰和风俗习惯上存在差异，加上专业的旅游人才缺失，中国游客与东盟国家民众间有时会产生不必要的误解，专业旅游人才将是双方沟通和理解的重要桥梁。三是旅游教育培养方面，专业人才的培养力度及高层次的旅游教育培训力度有待加强。需要通过中国－东盟旅游教育联盟、中国与东盟各大高校平台留学生之间的相互交流、互换，增强中国－东盟旅游人才教育培养和培训的力度。

三 政策建议

（一）加强政治互信和区域旅游安全合作

加强区域间政治互信、走和平发展的道路，是确保各国间旅游活动正常往来的前提。旅游作为产业带动能力极强的行业和促进双方往来的重要助推力，中国-东盟间需要进一步加快互联互通建设，在交通、信息、政策、法规、金融、教育、贸易等领域加强沟通协作，达成发展共识，维护游客的合法利益。在旅游安全方面，需要加强跨区域间的协商，强化安全合作共识，建立联动的旅游安全信息预警系统和协调指挥中心，以及跨区域性的旅游救援机制和保障机制，发挥政府、企业和国际机构的合力，全面保障游客的安全出行。

（二）增强国际合作，拓宽融资渠道

在"一带一路"倡议基础下，不断拓宽旅游基础设施建设融资渠道，可以采用政府直接投资或鼓励各种资本参与投资的方式，确保资金支持，以完善旅游目的地交通以及各种硬件设施，便利游客出行。

（三）提高防范意识，加大游客素质教育培训力度

加强游客安全教育，游客首先要提高防范意识，合理地维护自身的合法权益。问题严重时，国家有关部门应采用外交手段，双方共同协商处理，以保障公民的合法权益。同时，针对中国游客出境旅游"不文明"的现象，主体经营机构如旅行社等，应加大对其旅行前的培训力度，同时国家也实施相应的法律手段，将"不文明"游客纳入出境旅游的黑名单。

（四）加强信息与通信基础设施建设及技术合作

加强中国与东盟各国间信息与通信基础设施建设及技术方面的合作，一

是加大信息基础设施的资金投入。依托亚投行、丝路基金等融资渠道，支持信息化发展落后国家的信息基础设施建设。二是促进信息沟通和政策交流。各国加强与区域内信息技术先进国家及企业的交流合作，改善落后地区的移动及固定宽带基础设施，逐步降低宽带及通信资费，提高宽带普及率及国际互联网宽带速率。积极寻求信息基础设施建设及技术方面的合作，打造中国－东盟信息与通信技术合作的利益共同体。三是加强信息化基础设施规划建设及规范。中国与东盟各国需积极参与连通彼此的国际海缆、陆缆及卫星通信建设，引导和鼓励本国电信企业降低国际通信服务资费。强化运营管理和标准规范，创建更加互联、高效的网络基础设施和网络信息服务，打破信息壁垒、消除数字鸿沟，为推动旅游可持续发展创造更多便利条件。四是积极推进以大数据为代表的新一代信息技术合作与应用，加强在云计算、物联网等新型信息化基础设施上的合作。基于旅游层面，与东盟国家共享旅游大数据，掌握旅游大趋势，及时发布旅游预警预测信息，推动双方旅游共同繁荣。

（五）深化旅游合作公共信息网络服务建设

各国的旅游政务部门是旅游公共信息服务的重要提供者、权威信息的发布者。在互联网高度发达的时代，旅游网站上的信息显得尤为重要，旅游者在旅行前大多都会利用互联网来搜集旅游目的地的信息，并做出旅游决策。一是各国旅游政务部门、有关组织机构应加强官方网络平台之间的互通。目前各国旅游官方网站缺少相互之间的友情推介。各国应加强交流合作，打造内容丰富、信息更新及时、在线服务质量高、用户体验良好的旅游官方网络平台，为旅游者提供权威的旅游资讯。二是各国应加强与当地在线旅游企业的信息互联与合作，可与携程、去哪儿、同程、途牛、马蜂窝、飞猪等合作，对合适的旅游资源及产品进行整合与推介。三是旅游相关部门应完善信息反馈机制，切实保障游客的合法权益。各国旅游官方网站应公布旅游咨询及投诉电话、官方联络邮箱，或设立投诉举报一栏，便于游客及时维权。

（六）加强中国－东盟旅游教育人才培养和培训

教育关乎国家和个人的发展，也是推动中国与东盟各国人文交流、相互理解的重要途径。因此应增进教育合作和相互理解，加强相互间的人才交流，开展有利于双方发展的国际研讨会及旅游教育培训类项目，促进互联互通。中国与东盟各国的教育合作由来已久，中国和东盟关系近年来发展密切，合作不断深化，各领域都急需专业技能型人才，相互间的教育交流与合作愈加重要。尤其是在双方互访人数日益增长的大环境下，旅游产业发展迅速且经济带动能力强，中国与东盟各国间亟须加强旅游教育培训，联合培养旅游专业人才，进一步促进旅游交流与合作，为更好地服务双方人文交流与创建旅游共同体做出贡献。一是中国－东盟各国校企之间须加强合作，联合培养专业人才。二是双方学校间还须加强留学生互派和师生双向交流。三是政府层面须积极给予奖学金、助学金支持，进一步完善教育合作交流机制等。

B.11
中国民族文化在东盟的交流与传播
——以广西为例

张海琳 冉 芳[*]

摘 要: 广西与东盟地缘相连、人文相近,为了推进民族文化国际传播能力建设,本报告聚焦广西与东盟民族文化交流的历史和现状,辨析其中的显性和隐性制约因素,提出广西民族文化在东盟跨国界、跨族群、跨文化的传播路径。

关键词: 民族文化 东盟传播 文化渊源 符号体系

一 广西民族文化在东盟交流与传播的历史

(一)广西与东盟民族文化渊源深厚

1. 广西与东盟都是多民族区域

广西是一个中国多民族聚居边疆省区,也是5个少数民族自治区之一,其中世居民族就有壮、汉、瑶、苗、侗、仫佬、毛南、回、彝、京、水、仡佬等12个,此外另有满、蒙古、朝鲜、白、藏、黎、土家等40多个其他民族人口。广西各少数民族处于大杂居、小聚居的和谐共生状

---

[*] 张海琳,中国旅游研究院东盟旅游研究基地常务副主任,桂林旅游学院教授,主要研究方向为东盟旅游产业及区域合作;冉芳,桂林旅游学院国际酒店管理学院教师,硕士,主要研究方向为文化旅游与遗产保护。

态，从南至北分布于全境。各民族"你中有我，我中有你"，手足相亲、守望相助，被誉为"中国民族团结进步的典范"。据统计，广西由两个以上民族构成的家庭有127.82万个，约占家庭总数的14%。广西各民族在长期的共同生产生活中创造了丰富多彩的宝贵民族文化，具有历史悠久、形式多样、和谐共存的典型特征，涉及饮食、服饰、劳作、节日、艺术、礼俗等方方面面。东盟也是一个多民族区域，据统计，区域内有400余个民族（部族），东盟国家都由多民族构成，譬如印度尼西亚有300余个民族、缅甸有135个、菲律宾有90余个、越南有54个……就连城市国家新加坡也有20余个。东盟国家的民族大体包括世居民族和外来移民，世居民族分主体民族和少数民族，外来移民可分为殖民者移民和非殖民者移民，族群关系非常多元，如美国亚洲问题学者Robert A. Scalapino指出的："东南亚各种族的代表性特点、文化类型、政治制度及经济制度十分复杂，种类和范围之广几乎囊括人类所见识过的全部类型。"由于东盟区域内群岛、半岛较多，发展不太均衡，各族群不像广西那样混居，分布比较分散。

2. 广西与东盟许多民族具有密切渊源

广西位于中国南疆，地处东、中、西三大地带交会点，与东盟陆地和海洋山水相连，血脉相亲，是中国走进东盟的门户和民族文化交流的窗口。广西许多世居民族与东盟民族亲缘密切，在语言习惯、生活风俗乃至宗教信仰等诸多方面高度相似，许多民族属于跨境同源。

广西的主体民族壮族与东盟国家的侬族、泰族同源同根，他们拥有共同的祖先、相似的语言与民俗，诸如祭灶王、抛绣球、舞龙舞狮、放花灯、赛龙舟等。20世纪90年代以来，很多东盟国家的文化学者前来广西进行民族文化寻根研究。东盟国家众多，在文化渊源及构成方面与广西形成不同的民族亲疏关系，依据历史渊源、地缘族缘、宗教信仰、意识形态、文化交流等指标体系，将东盟十国在民族文化层面与广西的密切度划分为三个层级（见表1）。

表1 广西与东盟国家民族文化关系

民族文化关系密切度第一层级	
泰国	1. 在泰华人约900万，占其全国人口的14%，华人大规模移居泰国主要发生在19世纪下半叶到20世纪30年代，而泰国的主体民族——泰族与中国的傣族也有非常深厚的民族渊源和关系。 2. 受佛教文化的影响，佛教徒占全国人口的90%以上。 3. 中泰是友好近邻，各领域交流合作广泛、深入，人民之间有着深厚的友好感情。
越南	1. 中越边境共有11个跨境少数民族，如岱依族、侬族、泰族、赫蒙族、瑶族、山由族、国作族、扶拉族、越族等，而越南的主体民族——越族与中国的京族有非常深厚的民族渊源和关系。 2. 受中国儒家文化的影响，儒家思想最早在秦汉之际传入越南，比佛教还早。越南有数十所大学设有中文系或中文专业，许多高校都把汉语作为主要的外语之一开设课程。 3. 中越两国和两国人民之间的传统友谊源远流长，2018年是中越全面战略合作伙伴关系建立10周年。
新加坡	1. 华人、华侨众多（比例达74.1%），大多数新加坡华人的祖先来自中国南方，受中华文化影响深，新加坡官方使用与中国大陆一致的简体汉字，华语是新加坡通用语言之一。 2. 新加坡是多宗教国，提倡宗教与族群之间的互相容忍和包容精神，实行宗教自由政策，佛教是全国第一大宗教，约占人口的33%。 3. 与中国在历史、文化、语言等方面相亲相近，2015年新加坡与中国确立"与时俱进的全方位合作伙伴关系"定位。
民族文化关系密切度第二层级	
老挝	1. 老挝北部与中国接壤，国内有华侨华人3万多人，目前老挝已成为华人新移民增长最快的国家之一，华人与老挝本地人共同生活，中国文化与老挝文化相融合，例如不少老挝词语的发音和汉语有相似之处。 2. 受佛教文化的影响，65%的老挝人信奉佛教，1961年老挝宪法规定佛教为国教。 3. 老挝与中国之间的交往始于三国时期，是"山水相连的友好邻邦"，明朝时已有中国人移居老挝，2009年，两国建立全面战略合作伙伴关系。
缅甸	1. 缅甸北部和东北部与中国接壤，两国边境线长约2185公里。缅甸是一个多民族的国家，共有135个民族，华人比例接近3%，传统文化深受印度文化影响。 2. 缅甸是著名的佛教国家，佛教文明和传统渗透到社会生活的方方面面，僧伽在缅甸国内深受国民尊敬。 3. 缅甸和中国是山水相连的友好邻邦，两国人民之间的传统友谊源远流长，自古以来，两国人民就以"胞波"（亲戚）相称，2011年5月双方决定建立全面战略合作伙伴关系。

续表

	民族文化关系密切度第二层级
柬埔寨	1. 总人口约1500万,有20多个民族,高棉族为主体民族,华人约100万。 2. 佛教为柬埔寨国教,95%以上的居民信奉佛教。 3. 近年来,柬埔寨的旅游业、工业及农牧业与中国合作频繁,中国是柬埔寨主要资金和技术来源国,也是主要贸易伙伴。
马来西亚	1. 马来西亚是一个多民族、多元文化的国家,历史上受印度文明影响较大,目前华裔有664.8万,占总人口的21%,华裔祖先大多来自福建、广东、广西、海南等地,中马两国之间有着悠久的历史往来。 2. 受到伊斯兰文化的影响,伊斯兰教为国教,但同时保护宗教信仰自由。 3. 马来西亚是东盟第一个与中国建交的国家,1999年两国签署《文化合作协定》,2013年建立全面战略伙伴关系。
印度尼西亚	1. 印度尼西亚是世界上海外华人最多的国家之一,印度尼西亚作为东南亚人口最多的国家,5%的人口为华人,除少数特殊历史时期,华文教育一直盛行,全国目前有上千所华文学校,至少22所大学已经或即将开设汉语课。 2. 受到伊斯兰文化的影响,约87%的人口信奉伊斯兰教,是世界上穆斯林人口最多的国家。 3. 2000年印度尼西亚和中国建立长期稳定睦邻互信的全面伙伴关系。
	民族文化关系密切度第三层级
文莱	1. 文莱早期曾受中国文化影响,目前华人占文莱总人口的10.3%,商业是华人的窗口行业和华人资本最密集行业。 2. 伊斯兰教为国教,马来语为国语,通用英语和华语。 3. 文莱1991年9月30与中国建立外交关系,1999年两国签署《文化合作谅解备忘录》。
菲律宾	1. 菲律宾文化主要受美国等西方国家影响,其大约90%的电视节目来自美国,各种大型报纸都是英语的。同时又受到伊斯兰教及天主教影响。 2. 国民约83%信奉天主教,4.9%信奉伊斯兰教,华人多信奉佛教,少数人信奉独立教和基督教新教,世居民族多信奉原始宗教。 3. 菲律宾1975年6月与中国建交,两国关系忽冷忽热,2010年1月菲律宾的宿务省与中国广西结成友好城市关系。

(二)历史上广西与东盟民族文化交流广泛而频繁

1. 农耕文化

学界普遍认为,壮族先民最早发明水稻人工栽培技术,春秋秦汉时期,百越地区就开始了"火耕水耨"的传统稻作农耕生产。1963年,广西的邕宁、武鸣等地出土了有10000年历史的石磨盘、石磨棒等稻谷加工工具。近年来中、日基因学家研究发现，广西南宁周边是世界上水稻栽培的发源地。《自然》杂志以"article"的形式在线发表了由中国科学院上海生物科学院植物生理生态研究所、中国水稻研究所、日本国立遗传所、国家基因研究中心等单位合作的论文，指出通过比较野生稻与栽培稻基因，推断出人类祖先首先在广西西江流域利用野生稻，人工选择驯化出粳稻，随后粳稻往南传播进入东南亚，在当地与野生稻种杂交生出籼稻。根据越南、泰国北部的考古发现及史籍记载，秦汉时期越南等东南亚国家尚"不知牛耕"，烧草种田，还处于"射猎为业"的原始状态。从中国广西迁徙出去的人们带去了牛耕田器铸作与穿渠灌溉技术，唐宋直至元明清留居中南半岛和南洋的广西先民连同当地居民开发了大量农田，来自广西的作物种子与栽培技术也随着广西先民的迁徙而传播开来，可以说广西的先民在东南亚的农耕稻作文明推进上贡献卓著。广西先民与东盟的各族系共同创造了亚洲稻作文化，后来又形成以稻作为本，以稻米为主食构成的"那"（壮语"na"，意为"田"和"峒"）文化圈。在广西和许多东盟国家，保留着大量含"那"的地名，遗留了大量与稻作相关的文物风物，如广西的左右江、邕江、红水河"那"地名最为密集，而越南、老挝、泰国、缅甸等国家也分布着许多被冠以"那"的地名。语言上壮语与泰语在农业方面的"田、水、稻、刀、犁、耙、黄牛、水牛、扼、种子"及饮食方面的"碗、筷、米、饭、菜、盐、酒、肉"等词语发音基本一致。可以说稻作文化是广西文化与东盟民族文化相互联系与交融的重要纽带之一。

2. 宗教信仰文化传播

宗教是人类文化的重要组成部分，民间信仰具有包容性、弥漫性和多层次性特征，广西多民族的民间信仰文化、神话故事等在东盟广泛传播，并与当地的民间信仰相互融合。如祖先崇拜在母系氏族向父系氏族发展中由图腾崇拜转化而来，广西祖先崇拜盛行，壮族称祖先神灵为"公裔"，莫一大王是壮族的英雄祖神，能呼风雨、驱鬼神、敌盗寇、护百姓，在壮族群众中以故事、史诗、戏剧及舞蹈的形式传播。每家正厅必设神龛用来奉祀祖先及灶王诸神，在一张红纸上写上祖先的名字，春节和七月初七鬼节是两次主要的祭祖节日，如桂北龙脊壮族不仅年节要敬奉祖先，就是平常的初一、十五也要给祖先上香供奉。清明节也是传统祭祀祖先的节日，多以宗族为单位。祭祖时在祖先的坟墓前燃放鞭炮、焚香，修整坟墓上的各种杂草，给坟墓添土。东盟国家许多人对灵魂不灭也深信不疑，认为人死后若无人祭祀就会变成"孤魂野鬼"，如果隆重祭祀祖先的灵魂，后代就会得到保护而兴旺发达。在越南，祖先崇拜是最普遍、最重要的传统民间信仰，清明也是越南民间祭扫先人墓和踏青的日子，体现了家庭中代际传承的亲缘伦理关系。再如中国的儒、佛、道教，在越南也得到传播发展，越南明峥著的《越南史略》载，儒、佛、道三教在公元7~9世纪已经广泛在越南传播，佛教传播至越南全国各地，乃至偏远山区及村庄，各地寺庙林立。

生殖崇拜源于民间的阴阳观念，人们信奉生物间雌雄结合创造万物。生殖崇拜在广西民族文化中非常广泛，譬如白裤瑶村寨中每家门口立着图腾石，供奉母性之神，白裤瑶有对女性乳房的崇拜，都是对母性和生殖的崇拜展现。广西壮族以鱼象征女阴，以蛙象征孕妇，苗族的"跳花山"、侗族的"芦笙会"、布依族的"跳花会"都是广西少数民族生殖崇拜的体现。东盟国家生殖崇拜也经历了漫长的发展历史，如越南的东山文化时期桃盛铜缸盖子上的男女交配花纹图案、东山铜鼓上舞蹈纹样及铜鼓中央鳄鱼交配纹饰等。动物崇拜方面，按照壮族传说，上天派牛来到人间帮助耕作，为感谢牛的辛苦劳动，壮族将每年农历四月初五定为传统节日"牛皇诞"。在这一天禁用牛力耕作，并用上好的食品和彩色糯米饭犒劳牛群。春耕大忙后，要举行"收牛魂"仪式，称"牛魂节"。还有鸟神崇拜，如铜鼓上的"布洛陀"鸟神崇拜，所谓"布洛陀"时至今日仍然是壮族、布依族的祖先神。所谓"洛"就是"鸟"的意思，"布洛"即"鸟人"，"布洛陀"即"来到此地的鸟神"。早在先秦时期《山海经》就有了关于"羽民"的记载。《吴越春秋·越王无余外传》（东汉人赵晔著）载："安集鸟田之瑞，以为百姓情命。"也就是说，百越民族有云集"鸟田"，祭祀鸟神、崇拜鸟神、期盼百鸟耕耘的传统。如广西贵港罗泊湾铜鼓、广西西林

铜鼓都有大量的羽人舞蹈出现，而越南沱江铜鼓与罗泊湾铜鼓颇为相似，老挝出土的一面铜鼓鼓腰上的羽人舞蹈图与广西西林铜鼓的羽人舞蹈图也几乎完全一致。另外，壮族的蛙纹铜鼓以及花山壁画都有蛙神崇拜，而在东盟国家，如泰国、老挝的芒飞节也是纪念青蛙王的节日，流传于泰国东北部的神话《青蛙神的故事》详细记录了芒飞节神话的起源。

稻作文明发源时代，古骆越的龙图腾就有鸟头蛇身、鱼头蛇身、猪头蛇身、蛇头鸟爪蛇身等多种形态。广西武鸣的龙母村是珠江流域绝无仅有的以龙母命名并以龙蛇为图腾的村子，龙文化底蕴非常深厚。广西梧州、藤县、岑溪、上林、马山等各县龙母文化也非常盛行，龙母在人们心目中是一个为民造福、给善良人民带来好运的神仙，龙文化流传之广、影响之大已不亚于海神妈祖娘娘。当前广西最负盛名的龙文化无疑是宾阳的炮龙，每年农历正月十一，宾阳都会举办"炮龙节"。这一节日起源于北宋年间，有近千年的历史，长盛不衰，已经成为中国国家级非物质文化遗产。广西龙文化是先民们在生产劳动和生活实践中，对中华民族龙文化的精髓和广西地方人文精神的传承与发展。"炮震千山醒，龙腾百业兴"，广西的龙文化充分体现广西人民长期以来敢于挑战自然、征服自然、战胜一切困难的勇气和决心。广西龙文化对东盟也有影响，如中国唐代笔记小说《柳毅传》就是越南神话故事《庞鸿氏传》的源头之一。越南的寺庙墙壁、家居廊檐、祖宗牌位、春节贺卡都大量运用龙作为装饰。越南神话《鸿庞氏传》云："炎帝神农氏三世孙帝明，生帝宜，南巡狩至五岭，得婺仙之女，纳而归……娶洞庭君龙王女，生崇缆，号为貉龙君，代治其国……盖百男，乃百越之始祀也。"古代越南人有身体文龙纹的习俗，"越人文身断发，以避蛟龙之害"。升龙（今河内）、下龙湾、九龙江平原、龙海滩、龙嘴县等都是与龙有关的越南地名。其他东盟国家，逢佳节或办喜事时人们也常常舞龙来祈求吉祥，泰国、菲律宾和印度尼西亚都流行龙文化。龙文化在建筑、服饰、雕刻中普遍存在。

植物崇拜是广西少数民族信仰的一个组成部分，体现出各族群众对自身与植物之间关系的认识。广西植物崇拜主要有对树、竹、花、禾、葫芦等的崇拜，如花是壮族人民的崇拜对象之一，壮族服饰常常将花作为装饰，衣裙、背带、胸兜绣有荷花、梅花、菊花等。花在壮族先民的思维中，是与人或动物的繁殖紧密相连的。壮族《巫经》有"凡儿初生，精魂缔结于花树之间。花之华痒，花婆主之"的说法。壮族神话中有"花婆神"姆六甲，世界诞生之后，大地长满草开满鲜花，人类的始祖母——姆六甲，就是从花里生长出来的。她披头散发，充满母性，用泥土捏成泥人，繁衍出人类。东盟国家地处热带，植物种类繁多，因此植物崇拜演变成人类起源的神话传说也很多，特别是那些生长茂盛繁殖能力又强的植物，如竹子、葫芦、南瓜、榕树、椰树等。如菲律宾的他伽禄人、比萨扬人、邦托克、伊利古艾纳斯等民族，印度尼西亚的佛罗勒斯人等都有人从竹节中出生的神话传说。还有在中南半岛的越南、老挝、缅甸、泰国等广泛流传的"葫芦神话"，内容说的也是葫芦生人的故事，与包括中国壮族在内的多个民族所流传的葫芦神话是相同的。

　　汉至唐宋时期，僚人有凿齿之俗。唐宋时期，广西被称为"文身地"。僚人凡成年即拔去一上齿，"以为身饰"。东盟国家的泰族、老族、掸族、侬族等民族也有此相类的习俗，如《后汉书·列传·南蛮西南夷列传》载，哀牢"种人皆刻画其身，象龙文"，《皇清职贡图》卷一云"南掌人，体皆刺花"，卷十提到老挝人"身及肩皆黔绣花"。

　　3. 造物文化传播

　　造物文化凝聚数千年的民族智慧，广西石灰岩居多，在原始时期创造了丰富的石器文化。如百色旧石器遗址发现的一系列早期砾石石器，而这些石器与东南亚密切相关，在爪哇、菲律宾、印度尼西亚、越南等国家（地区）均已发现砾石石器，种类非常相近，都有砍砸器、大尖器、刮削器、手斧、石核等，使用原料、制作工艺上也存在诸多相近之处，原料主要有砂岩、石英岩、硅质凝灰岩等。器物有肩石斧、长方石斧、圆筒石斧和段石锛等，大量运用锐棱砸击技术等。广西各族先民从原始陶器制作开始，遗存大量几何印纹陶，工艺朴拙，纹饰主要为水波纹、米字纹、回字纹、方格纹、编织纹、云雷纹等几何形纹。这些风格的陶

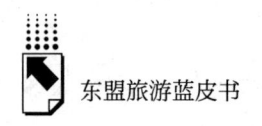

器在东盟许多地区出现,如马来半岛、加里曼丹岛和印度尼西亚群岛,质料、制法以及装饰纹样方面与广西陶器非常相近,都有雷纹、编织纹、方格纹、篮纹、曲尺纹、羽状纹、米字纹、波浪纹等几何印纹。同时越南的东山遗址、绍阳、越进等地发现的陶器跟广西的也十分相似,造型丰富,纹饰繁多。

广西铜器制作与东南亚的联系更为深入。广西素有"铜鼓之乡"的美誉,壮族先民"濮人"是铜鼓最早的铸造者和使用者。《后汉书·马援传》中有云:"援好骑,善别名马,于交阯得骆越铜鼓。"这是对铜鼓的最早记载。从桂南到桂北,从桂东到桂西,不断有铜鼓出土,目前广西所发现的铜鼓,种类繁多,数量逾千,居世界之首。使用铜鼓的民族有壮族、布依族、傣族、侗族、水族等壮侗语系的民族,也有苗族、瑶族等苗瑶语系的民族。铜鼓在东盟分布广泛,在越南、老挝、柬埔寨、缅甸、泰国、马来西亚、新加坡、印度尼西亚等国家都有出土的文物。越南出土的铜鼓数量仅次于中国,目前已发现300多面,其中东山铜鼓有112面,无法分类的有19面。老挝出土铜鼓3面,鼓、腰、胸部的图案与西林鼓及贵县(今贵港)鼓上的图案存在很多相似之处。东南亚其他地方,也挖掘出很多铜鼓,如苏门答腊、爪哇、甘尼安、松巴哇、萨拉亚尔、罗地、塞卢、莱狄、塞拉卢诸岛、卡伊群岛等地。这些发现说明广西与东南亚在制作铜器方面有密切的文化关系,与古代越人先民迁徙有关,是他们将铜鼓带到了越南北部,再传播到东南亚其他国家。

建筑民居方面,干栏是广西和东南亚共同普遍的民居样式,广西与东盟温湿多雨,瘴气浓厚,人们住进干栏能够防虫兽之害,避湿热之苦。《魏书·僚传》载"依树积木,以居其上,名曰干栏。干栏大小随其家口之数",表明广西先民很早就以干栏为居住建筑,几千年一直延续下来,与广西特定的气候相适应。干栏民居在广西的壮、瑶、苗、侗、布依等各民族当中普遍存在,在东盟的越南、柬埔寨、泰国、老挝、马来西亚等国广泛分布。东盟国家干栏民居平面空间形式以"前堂后室"为主,在平面布局形制上与广西干栏同源,广西干栏民间常见的空间布局也是"前堂后室",即前面用于待客后面为主人寝卧空间。

4. 文学艺术传播

广西与东盟历史上文学艺术方面的交流也极其频繁，例如广西壮族先民口头文学中的创世神、始祖神和道德神布洛陀，约自明代开始被人们以《布洛陀经诗》口头传唱并以古壮字书写形式保留下来，一部分转化为壮族民间麽经，内容上融壮族的神话、宗教、伦理、民俗为一体。布洛陀神话最早流传的是散文体，后演变出诗歌体布洛陀神话，文化学术是多方面的。布洛陀作为无所不能和无所不知的创世神，传播到了东南亚的泰国、老挝、缅甸、柬埔寨等国，如东盟的泰国掸族流传着的"Khun Borom"（坤博隆），就是"布洛陀"始祖神话传说，可以说两者同根同源。

5. 制度文化传播

古代广西社会结构的发展大致分为（秦至隋）奴隶制形成与发展时期到（唐至五代）羁縻制度时代，即奴隶制发展时期到（宋至清初）土司制度时代，广西古代制度文化受中原文化的影响深远。唐到明初，广西遵循中央王朝的羁縻制度和土司制度，广西的社会经济稳步发展。这是由于广西远离中原，地处岭南地区，自然环境是较为封闭的崇山峻岭，广西先民与外界交流较少，中央王朝对广西长期实施以和辑百越、羁縻制度或土司制度等政策，广西社会和文化长期处于稳定状态。公元111年，汉武帝灭南越设立郡县，儒家文化便开始进入越南。李朝（1010～1225年）和陈朝（1225～1428年）时期，越南引进了科举制度，陈朝和后黎朝统治者更是将儒教视为国教，儒教达到顶峰。越南著名学者潘玉指出："越南文化，不管是文学、政治、风俗、礼仪、艺术、信仰，没有哪一点不带有可以被视为儒教性质的印记。"两千多年的流传，儒教在越南思想文化领域中占据着重要地位，通过政治制度、经济制度、科举制度深深影响了越南。历史上其他的东南亚国家或地区如暹罗、缅甸、马来西亚半岛、印度尼西亚群岛、菲律宾群岛，与中国的贸易一直延续到近代，中国的政治制度、宫廷文化对它们都有长期的影响。

二 广西民族文化在东盟的交流与传播现状

（一）国家层面高度重视

在国家战略中，广西是中国面向东盟"一带一路"有机衔接的重要门户，紧紧围绕中央赋予的"三大定位"面向东盟构建西南中南地区开放发展新支点。广西与东盟多国接壤、毗邻，是中国－东盟交流合作的前沿地带，东盟已连续多年成为广西第一大贸易伙伴。国之交在于民相亲，民相亲在于心相通，民心相通的关键在于文化的相互理解和相互尊重，文化是民心相通的重要支点，正如习近平主席所说的那样："一项没有文化支撑的事业难以持续长久。"尤其是"一带一路"倡议提出以来我国的对外文化传播受到高度重视。随着中国与东盟自由贸易区的建立，以及中国－东盟博览会的举办，双方多边贸易增加、高层政治往来日益密切，广西与东南亚已经进入全面、广泛、深入的文化交流阶段，不管是政府组织还是民间群体都进入文化传播、交流发展的"黄金期"。早在2007年，温家宝在加强中国－东盟战略伙伴关系的"五点建议"中提出，要"促进社会、文化交流及人员交往"，将文化合作提高到国家战略的高度。2011年，广西与东盟签订了"文化合作行动计划"，已开工建设了20多个针对东盟的文化交流合作重要项目。截至2018年8月，由广西壮族自治区政府主办的"中国－东盟文化论坛"已成功举办12届，影响力越来越高。2018年是中国和东盟国家领导人共同确定的"中国－东盟创新年"，第13届中国－东盟文化论坛契合中国－东盟创新合作的主题，以"传承创新，发展共赢——中国东盟文化创意产业的交流与合作"为主题，广西民族博物馆等地举办文创产品展，以展演的方式集中展示优秀民族文化文创产品。2018年，为深入学习贯彻习近平新时代中国特色社会主义思想和党的十九大精神，落实好中央和自治区党委关于推动中华文化"走出去"、加强国际传播能力建设的决策部署，广西壮族自治区党委宣传部设立了每两年评选一次的"广西对外传播奖"，以加快广西民族文化强区建设,对外讲好中国故事、讲好广西故事,传播好广西声音、树好广西形象。

(二)传播与交流内容广泛

广西是中国少数民族人口最多的自治区,广西民族文化在千年历史中传承下来,创造出灿烂瑰丽的文明成果,涉及建筑文化、服饰文化、体育文化、艺术文化、医药文化、饮食文化、节庆文化、观念文化等多个领域。广西与东盟在民族渊源和文化生态、文化基因维度上具有共通性,加之广西面向东盟的区位优势,文化交流与传播是广西与东盟关系中重要的组成部分。近年来广西与东盟的文化交流无论是官方还是民间层面,内容都十分丰富,具有长期持续和领域广泛的特点,譬如传统民族艺术、现代民族文创、文化教育等。传统民族艺术如"'一带一路·梦汇南洋'2018 中国 – 马来西亚文化艺术交流展",艺术展向马来西亚推介了广西的"漓江画派",为中马两国艺术家更广泛的交流和往来建立了良好的基础。现代民族文创如 2018 年 5 月由广西文化厅和老挝中国文化中心联合主办的"美丽中国·心仪广西——2018 老挝'中国文创产品展示周'"活动,活动通过木偶表演、戏曲动漫、虚拟科技,向老挝人民展示出丰富多彩的广西各民族民间文化。文化教育领域如"留学广西"国际教育展,向东盟推介广西的教育资源,吸引更多东盟学生到广西留学,扩大了广西文化的国际影响力。

(三)传播与交流形式多样

无论在官方层面还是民间层面,广西民族文化均通过演艺、旅游、体育、文化产业、节庆会展、教育培训等形式向东盟国家进行多元化传播,从平台到机制,从方式到途径,传播的领域与渠道不断拓展,呈现立足本土、创新载体、彰显特色、多措并举的鲜明特点。

1. 节庆联谊

广西少数民族传统节日众多,其中蕴含了丰富的民族文化特色,是广西民族文化的重要组成部分。节庆联谊活动由于独特的本真和内涵,是民族文化传承、传播及弘扬的极佳载体，对于进一步推进广西民族文化对外传播以及走向东盟起到巨大作用。近年来广西围绕"一带一路"，围绕国家发展战略，与东盟国家开展了丰富多彩的节庆联谊活动，骆越文化、龙母文化、那文化（稻作文化）、侬峒文化、土司文化等都有所涉及。如中国－东盟文化产业论坛、中国－东盟职业教育发展论坛、"广西文化年"系列活动、南宁国际民歌艺术节（被中国节庆协会评为最具影响力的十大节庆活动之一）等。每年传统节日"三月三"期间，广西广泛邀请泰国、越南、马来西亚、菲律宾、缅甸和老挝等东盟国家的朋友一起赶歌圩，参与民歌大汇演、共度"八桂嘉年华"。

2. 教育培训

随着中国推动"一带一路"建设，中国与东盟文化经济互通的人才需求日益增大，广西作为中国西南、中南国际大通道的区位优势日益明显，广西目前正通过增设高校留学点、增加留学财政经费、扩大留学生名额、拓宽留学渠道等方式推动广西与东盟国家人才培育。根据广西壮族自治区教育厅数据，2017年广西共接纳东盟国家留学生9465人，是全国招收东盟国家留学生最多的省份之一。"十二五"期间，广西设立了"广西东盟国家留学生奖学金"，共拨款7200万元，招收1020名东盟国家留学生；"十二五"期间，来广西学习的东盟国家留学生人数达37346人，广西已成东盟国家留学生出国留学的首选地之一。自2016年以来，广西与东盟国家的双向留学生交流人数过万人，广西和东盟各国近200多所院校建立了合作关系。2016年广西实施了"留学广西"计划（2016～2020），成功组织2017年"留学广西"东盟国际教育展，来桂留学生达12794人，其中东盟国家留学生9061人，占71%。广西高校与东盟各国近200所院校建立了合作关系，广西民族大学东盟学院、广西大学中国－东盟研究院、广西师范大学东盟教育研究院、广西艺术学院中国－东盟艺术人才培训中心、广西师范学院中国－东盟职业教育研究中心、桂林旅游学院"一带一路"学院等正逐步被打造成面向东盟的国内一流教育基地。《广西教育事业发展"十三五"规划》提出，未来几年广西将主动参与中国－东盟区域教育一体化建设，办好中国-东盟职业教育联展暨论坛和广西国际教育展，进一步提升广西教育在东盟各国的影响力，构建合作开放的、"双向互通"的中国-东盟人才培养体系。

表2　广西师范大学东盟留学生课程

类型			初级汉语	中级汉语	高级汉语
语言技能训练课		综合课	必修	必修	必修
	单项技能课	汉字课	必修		
		口语课	必修	必修	必修
		听力课	必修	必修	必修
		阅读课	必修	必修	
		写作课		必修	
	专门技能课	经贸口语课	选修	选修	选修
		对话交流课	必修	必修	必修
		新闻听力课			选修
		报刊阅读课	必修		必修
		古代汉语课			选修
		视听说课	选修	选修	
语言文化知识训练课	语言知识课	现代汉语语法课			
		现代汉语词汇课			
		现代汉语语音课			
		修辞课		选修	选修
		中国文化课	选修	选修	
	文化知识课	中国现当代文学选读课			选修
		影视课		选修	选修
		书法课			
		武术课			
		民乐鉴赏课			

除了上述课程，学生还可以选修汉语语音矫正、汉字认读与书写、汉字硬笔书法、古代汉语、中国历史简介、中国民族器乐、中国戏曲欣赏、太极拳、中国武术、中国绘画、HSK应试训练等课程。

3. 外译出版

国际上学术著作外译出版的双向交流，是文明传播、交流与互鉴的重要方式，一些关于民族文化的学术著作外译出版近年来异军突起，成为我国文化对外推广的一个新趋势。近年来壮学研究取得突破性进展，"壮学丛书""布洛陀文化""中国壮学文库"等系列丛书，《布洛陀》《布洛陀史诗》《壮族历史文化导论》《北路壮剧传统剧目精选》《中国壮族谚语》《壮族经诗选数码手册》《平果壮族嘹歌》等典籍进行了外译，有力地促进了壮族文化的对外宣传。其中《布洛陀史诗》的出版是壮族典籍整理、翻译、出版并走向世界的标志性事件，填补了中国史诗英译及其研究的空白。作为中国唯一一本面向越南发行的杂志《荷花》于2002年创刊，包含"壮乡情韵""民族之窗""文化走廊""中国名城""中国与东盟"等十余个栏目，以越南的精英人士为主要读者。广西日报社深化和拓展了与以越南广宁报社为主的十多家越南省级党报之间的全面合作，建立了定期年度互访交流机制，并在《广宁报》开辟"广西专版"，每月出版两期，图文并茂地宣传广西。

图1 《壮族麽经布洛陀遗本影印译注》（广西人民出版社出版发行）

再如2018年一共5册的"壮族典籍译丛"由广西人民出版社出版发行,用印尼语、老挝语、缅甸语、泰国语、越南语与壮语、汉语对照翻译出版,面向东南亚国家译介传播壮族文化,为东盟读者提供了一个认知壮族历史文化和社会生活的"窗口",也是广西人民出版社推动壮族优秀传统文化创造性转化、创新性发展的生动实践。广西将蕴含着"真善美"的壮族典籍《布洛陀史诗》向东盟译介传播,彰显"各美其美、美人之美、美美与共"的多元文化和多彩世界,是顺应各民族文化交流与对话的历史潮流和时代趋势。

布洛陀史诗(壮语–汉语–印尼语对照)
布洛陀史诗(壮语–汉语–老挝语对照)
布洛陀史诗(壮语–汉语–缅甸语对照)
布洛陀史诗(壮语–汉语–泰国语对照)
布洛陀史诗(壮语–汉语–越南语对照)

图2 面向东盟译介的壮族典籍——壮族典籍译丛

4. 演艺会展

演艺会展是进行民族文化传播推广的极佳渠道。近年来广西许多文艺团体及企业推出了一大批凝聚广西民族文化特色和元素的演艺作品,如《印象·刘三姐》开创大型山水实景演出先河,广西音乐剧《桂花雨》《壮锦》、舞剧《碧海丝路》、壮剧《天上的恋曲》、壮族魔幻杂技剧《百鸟衣》、舞蹈《侗》《裙兜密语》等剧组还多次组织文艺团体赴东盟国家演出。文体活动如广西电视展播周、广西戏剧展演(广西文化厅主办)、"三月三·文化丝路行"、崇左(德天)边关国际文化旅游节、崇左宁明花山文化旅游项目、防城港京族哈节、防城港国际海上龙舟节、防城港金花茶节、崇左非遗曼谷展、东盟情歌汇、中越归春河乡村音乐会、民族体育欢乐节、中越贝侬国际侬峒节、花山骆越王节等都取得了良好的传播效果。

2018年7月19日，在中国与柬埔寨建立外交关系60周年纪念日，为庆祝中柬建交60周年，广西教育厅率广西艺术学院、广西大学、广西师范大学、广西民族大学联合艺术代表团赴柬埔寨金边市，与柬埔寨贝尔太国际大学、柬埔寨皇家艺术大学举办了"中国·广西—柬埔寨高校联合音乐会"。另外，广西投资贸易洽谈会、南宁东南亚国际旅游美食节、防城港市中越边境旅游节、防城边境贸易交易会、凭祥中越边境贸易交易会、崇左边关国际旅游节等会展节庆也成为广西民族文化在东盟广泛传播的抓手。再如2018年10月由广西文化厅、新加坡中国文化中心主办，广西木偶剧团有限责任公司承办的"偶戏拾趣——2018新加坡·中华传统木偶荟萃展演"活动在新加坡也取得了巨大的成功。再如2018年10月24～26日，广西民族乐团"美丽中国·心仪广西"金秋音乐会在越南成功举办，《闹歌节》《百里漓江百里画廊》《壮乡春早》《赛马》等精彩节目赢得了现场越南观众的一致称赞，在民族文化上拉近了两国人民的心理距离。

5. 产业合作

广西与东盟地缘相邻，人文相通，双方文化交汇领域非常广泛，文化相互吸纳，渗透融合，在民族文化产业合作上取得了实效。双方在许多方面有着共同性、共生性，彼此之间有许多熟悉、容易理解的东西，在民族文化观念、民族文化传承上有许多共通之处，民族文化成为地区包容、和谐、和平发展的重要人文基础与桥梁。广西作为华南经济区、西南经济区与东盟经济区相邻或接壤的省区，在"一带一路"建设、中国-东盟自由贸易区及其升级版建设中具有举足轻重的地位。在"一带一路"倡议框架下，广西不断深化与东盟各国在民族产业等领域的交流合作，融合传统文化、民族特色，积极面向东盟国家推介广西民族文化，展示了八桂民俗风情。为进一步为促进广西与东盟文化产业深度合作，广西目前开工建设了20多个针对中国与东盟交流与合作的重要文化项目，并计划投入巨资打造文化产业基地。

广西借助与东盟各国的区位优势,为中国与东盟国家"一带一路"的交流合作及加深文化联系奠定了坚实基础。如2016年12月3~10日,由南宁市政府和广西壮族自治区文化厅联合主办的2016年"文化走亲东盟行"活动走进新加坡、柬埔寨两国,在8天行程里共举办了5场文化交流活动、4场戏剧交流展演、3场友好会谈,成为近年来广西民族文化走出去规模较大、影响较广的一次交流活动。

6. 媒体传播

2010年1月1日起广西电视台国际频道(Guangxi TV International)正式开播,这是广西第一个面向海外播出的电视频道,频道设有"连线东盟""寻找金花""时尚中国"等十几档栏目和电视剧场。再如靖西通过该县驻越南高平省办事处,在越南开展文艺业余培训和各种民间交往交流活动,并根据两国边民都听得懂本地壮语的特点,开播壮语电台、创办广西首个县级电视栏目"五色糯",用本土语言播报节目吸引越南边民收听收看,维护边境稳定,丰富边陲壮乡文化生活。此外,广西面向东盟推出一系列以民族文化为主题的影视动漫作品,如内容丰富、制作精美、引领观众穿越历史与现实的电视专题片《广西故事》,是一部"让世界记住广西"的电视精品。壮语广播剧《母爱》采用"南路壮剧"的形式演播,融入了"末伦调""靖西八音"等民族音乐元素,制作精良,保持了原汁原味。在中国-东盟国际微映像节上,由广西中视嘉猴影视传媒投资有限责任公司投资拍摄的动画片《白头叶猴之嘉猴壮壮》大放异彩,该片2017年获得广西文化厅颁发的广西原创优秀动漫作品奖,后又被列入2017~2018年国家文化出口重点项目,片方还与泰国、缅甸、马来西亚、越南、柬埔寨、老挝等东盟国家电视台或文化机构达成了影片播出、衍生品产业开发等合作意向。而诸如中国-东盟博览会动漫游戏展、中国-东盟电影展映、中国-东盟博览会动漫游戏展暨中国-东盟动漫游戏节、第12届中国-东盟文化论坛、第5届中国-东盟(南宁)戏剧周、中国-东盟(南宁)戏曲演唱会等活动也通过影视活动平台向东盟国家传播和展示了广西丰富的民族文化。

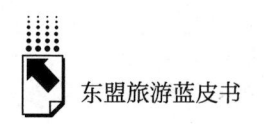

三 广西民族文化在东盟交流与传播的效果分析及主要问题

(一)广西民族文化在东盟交流与传播的效果分析

1. 传播持续度和影响力不断提升

广西与东盟各国在演艺、展览、销售、美食、出版、影视、旅游、论坛、比赛等方面的合作呈现强劲的上升势头。这些多层次、广覆盖的文化合作,造就了复合性、立体化的文化传播效果,为双方共同实现"同享文化、共创未来"夯实基础。国之交在于民相亲,民相亲在于心相通,随着中国与东盟关系进入"钻石十年",东盟民众对于民族文化生态认知效应日趋明显。广西民族文化在东盟的传播形式丰富性、传播持续度、传播影响力、传播扩散力不断提升。鉴于对外文化交流的突出表现,广西已被中国文化部纳入共建海外中国文化中心的主要省区。

2. 民族文化价值认同不断增加

党的十九大报告明确指出,"文化自信是一个国家、一个民族发展中更基本、更深沉、更持久的力量","坚定文化自信,推动社会主义文化繁荣兴盛"。民族文化认同作为一种社会心理过程,体现了受众对本民族文化的认识、意识、态度、情感,受众意识到该民族文化给自己带来的情感和价值意义。广西植根丰沃的民族文化土壤,大力实施精品战略,东盟国家民众对广西民族文化认同度呈上升趋势,广西民族文化在东盟的影响力和软实力逐步提升。如2011年4月,来自泰国、缅甸、老挝、越南等东盟国家的多位学者聚集百色田阳参加"布洛陀文化学术研讨会",包括泰国的塔纳潘·瑟塔高博士,缅甸学者赛昂敦,泰国学者潘红,越南学者黄南、农红山等。再如2016年7月15日,左江花山岩画文化景观申遗成功,实现了中国岩画申遗、广西拥有世界文化遗产这两个"零的突破"。而左江花山岩画所处的崇左市与越南接壤,有"打开门就是东盟"之说,2015年6月,联合国教科文组织率国际岩画专家组到宁明花山岩画考察，同年12月越南高楼社代表团到宁明县进行文化、旅游合作交流。次年的4月，广西高校东盟青年留学生代表到宁明进行文化交流活动，主题是骆越文化、花山元素。当前东盟国家青年一代对广西民族文化越来越认同，越来越多的东盟青年到广西留学，正如老挝社会科学院院长Chanthaphilith Chiemsisouraj所说："如今越来越多的东盟青年开始学习中文，并到中国广西留学，了解中国的民族传统、语言和高新科技。"广西艺术学院的越南留学生杜氏清花2015年11月为中越两国元首演唱广西民歌《山歌好比春江水》《多谢了》等曲目，获得两国元首的高度赞誉，2016年，清花还以月冠军的身份参加了央视《星光大道》节目的年度分赛。

（二）广西民族文化在东盟交流与传播的显性和隐形制约因素

1. 文化传承后继乏人

民族传统文化传承，人的因素是其中的重中之重，各级传承人掌握着民族非遗文化的内核。在民族文化传承过程中如何发挥人的最大效用，是非遗传承的核心所在。少数民族文化传承的主要传播者是谙熟本民族文化的"智者"，当前民族文化的许多传人都逐步老去，甚至离开人世，传承陷入后继乏人的困境。广西国家级非遗传承人很多已经进入古稀之年，他们都是传统农耕文明下最后的传承者，存在"人亡艺息"的现实危机。广西共有国家级非遗项目50项，自治区级非遗项目561项及扩展项目22项，市级非遗项目980项，县级非遗项目2305项。其中，壮族霜降节作为二十四节气扩展项目被列入联合国教科文组织《人类非物质文化遗产代表作名录》。广西共有国家级传承人26人，自治区级以上传承人395人。广西目前大力推进广西非遗数据库建设，完成289个非遗项目、92位传承人的建档工作，整理出版《守护与传承——广西国家级非物质文化遗产项目代表性传承人》一书。当前广西已有壮剧、彩调、邕剧、壮族三声部民歌、侗族大歌等14个国家级非遗名录以及壮族医药、广西八音、壮族嘹啰山歌等3个正在建设当中的自治区级传承展示基地（中心）。广西的少数民族非遗保护已进入一个新阶段，在制度构建、机制转换等方面努力构建保护传承的长效机制。2015年6月，自治区人大启动了对2006年实施的《广西壮族自治区民族民间传统文化保护条例》的修订工作。《广西壮族自治区非物质文化遗产保护条例》作为新条例，于2017年1月1日起正式实施。保护和传承靠的是传承人的薪火相传，民族文化传承人不足的直接后果就是加速了一些文化的消失，尽管广西民族文化保护传承已经有了巨大的成效，但是相当一部分广西民族文化由于传承的现实困境与客观因素，面临诸多的危机和挑战而成为文化"易碎品"。避免"人亡艺息"业已成为民族文化保护的首要任务。

2. 现代化与工业化带来的影响

全球化背景下现代化和工业化加快发展，工业文明勃兴，资本性、市场性、可复制性三个特征让现代文化可以被复制到世界上的任意一个角落。而民族文化的传承与存续则与之不同，每一种文化都是与众不同的，文化具有多样性。在市场经济的冲击下，少数民族文化逐渐陷入配角的地位，譬如逐渐萎缩的少数民族语言、服饰、建筑及生活民俗等。年青一代由于受到全球化、城市化的影响，穿本民族服装、使用本民族语言的日益稀少，取而代之的是现代化的主流文化。究其原因，许多人归咎于现代文化的影响，也有观点认为是不可逆的时代发展中的必然。随着现代化、工业化和城市化的发展，传统民族文化逐步式微已是不争的事实，许多宝贵的广西民族文化有着优良基因，特色鲜明但仍然"养在深闺无人识"。许多宝贵的民族艺术资源由于民族文化生态变迁面临严重的生存危机与传承瓶颈。随着城市化及市场经济的发展，传统农耕文明不再是主流，许多民族地区的年青一代外出打工或者从事其他生计，与传统民族民俗、生活方式日渐疏离，导致原真性的传统民族民俗生活受到冷遇。民族与文化不可分离，我们需要强化民族文化认同，构建历史记忆与传统文化生态，促进族群内部彼此认同，增进族群成员的归属感与民族自信心。广西民族文化保护面临诸多问题，它既是工业化、现代化的历史结果，也是时代更迭中文化碰撞的现实体现，更加昭示了当代广西民族文化传承与传播的重要性。

（三）广西民族文化在东盟交流与传播中的主要问题

随着中华文化软实力的不断增强，广西民族文化面向东盟也不断加快"走出去"步伐，持续增强在东盟的影响力和感召力，但应当清醒地看到仍然存在一些现实问题，主要体现在以下方面。其一，广西民族文化整合梳理不够，其保护机制、联动机制还不完善，同时有对自身认识不足、文化挖掘不深、开发保护力度不够等问题。令人欣喜的是，这一领域的工作已取得进展，譬如《中国民间文学大系·广西卷》编纂工作于2018年6月正式启动，项目组计划按照神话、史诗、民间传说、民间故事、民间歌谣、民间长诗、民间说唱、民间小戏、谚语、民间文学理论等类别与系列编选。其二，民族文化保护工作系统性不够，没有自治区层面的民族文化传播规划及路线图，对外传播内容和产品不够丰富，难以满足东盟民众对广西民族文化日益增长的关注需求，对外传播经费不足，对外传播基础设施建设滞后，针对性和实效性有待提高。其三，广西民族文化符号凝练度不够，尚没有打造出强势品牌，整体包装和推广意识不足，部分项目定位不清晰、特色不突出、业态同质化，整体处于模仿和复制阶段，品牌知名度不高、影响力不足、创新能力不强。如"骆越文化"品牌需进一步增强国内外影响力。广西民族文化话语体系的构建尚不够成熟，这将直接影响到面向东盟的传播力、感召力、影响力。

参考文献

曹冬英、王少泉：《广西对接东盟文化产业的现状、问题与对策分析》，《中共南宁市委党校学报》2013年第4期。

陈亮、刘寰：《广西文化产业实施"走出去"战略问题研究》，《广西社会科学》2007年第4期。

范宏贵：《同根生的民族——壮泰各族渊源与文化》，民族出版社，2007。

郭春艳：《广西—东盟文化贸易发展分析》，《时代金融》2015年第6期。

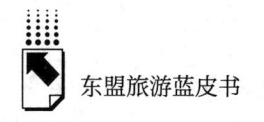

贺圣达:《东南亚文化发展史》,云南人民出版社,1996。

黄静婧:《论"一带一路"背景下广西中医药文化的对外传播》,《广西中医药大学学报》2017年第4期。

金应熙:《菲律宾史》,河南大学出版社,1990。

李红、彭慧丽:《区域经济一体化进程中的中国与东盟文化合作:发展、特点及前瞻》,《东南亚研究》2013年第1期。

刘峰、严三九:《东盟国家周边传播的文化捷径》,《现代传播(中国传媒大学学报)》2018年第8期。

罗彩娟、徐杰舜:《人类学视野中的广西民族》,《中国民族》2008年第12期。

青觉:《文化自信视阈下的中外民族关系文化比较》,《中南民族大学学报(人文社会科学版)》2018年第4期。

覃彩銮:《试论壮族文化的自然生态环境》,《学术论坛》1999年第6期。

唐正柱:《谈广西民族文化的主要特征及研究价值》,《歌海》2016年第3期。

王介南:《中国与东南亚文化交流志》,上海人民出版社,1998。

王任叔:《印度尼西亚古代史:上册》,中国社会科学出版社,1987。

武胜:《越南和东南亚东山铜鼓分布状况》,《考古学》2003年第13期。

〔新西兰〕尼古拉斯·塔林:《剑桥东南亚史》,贺圣达等译,云南人民出版社,2003。

张玉华、刘晓东:《广西与东盟文化交流合作的现状、问题与对策》,《前沿》2011年第18期。

郑一省:《广西侨乡文化与华侨华人文化互动研究》,《八桂侨刊》2007年第2期。

中国古代铜鼓研究会:《中国古代铜鼓》,北京文物出版社,2008。

Abstract

Aiming to enhance understanding of ASEAN tourism development, form a scientific basis for China-ASEAN tourism cooperation development, and provide fundamental research data for researchers and scholars in relevant areas, Guilin Tourism University joins hands with ASEAN Tourism Research Center of China Tourism Academy and publishes the ASEAN Tourism Blue Book-*The ASEAN Tourism Development Report* (2018 - 2019) (hereinafter referred to as "The report"). Based on data released by the United Nations World Tourism Organization (UNWTO), the ASEAN Secretariat and ASEAN countries, through literature review, data analysis and case studies at multiple levels and angles, the report probes into current status and trends of ASEAN tourism development 2018 - 2019.

The report breaks into four parts: general report, special reports, country report, China and ASEAN reports. The general report introduces the recent overall situation of tourism development in ASEAN countries, analyzes the development trends 2019, the prospect of China-ASEAN tourism cooperation. The Special Reports address topics on the sustainable tourism development strategy of ASEAN, the development of ASEAN tourism resources, tourism culture, new forms of tourism development, tourism safety, tourism homestay, cruise tourism. The country report analyzes the development of tourism in Thailand, which is the 2019 rotating chair of ASEAN. The China and ASEAN reports analyze the tourism cooperation between China and ASEAN, the exchange and dissemination of Chinese ethnic culture to ASEAN.

The study shows that ASEAN boasts diversified high-quality tourism resources, profound culture, and a sound foundation for tourism development. Tourism has been playing a significant role for ASEAN in promoting employment and reducing poverty. At present the overall situation of China-ASEAN tourism cooperation and cultural exchanges is encouraging. Both sides should further adhere to the principle of equality, mutual benefit and win-win for a better cooperation future.

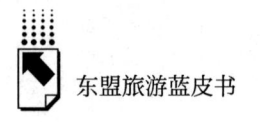

Keywords: ASEAN countries; Tourism development; Regional tourism; Tourism cooperation

Contents

Ⅰ General Report

B. 1 An Overview of Tourism Development in ASEAN

Su Weibin / 001

Abstract: This report briefly introduces the overall situation of tourism development in ASEAN countries in recent years, and specifically analyzes the development of tourism in ASEAN countries in 2017 − 2018. It also analyzes the development trend of tourism in ASEAN countries in 2019 and the status quo and prospects of China-ASEAN tourism cooperation. Statistics show that in 2017, the total number of foreign tourists visiting ASEAN countries reached 125. 72 million, with international tourism revenue reaching US $ 126. 935 billion

At present, the tourism product system of the ASEAN countries has been initially established, and the tourism industry and the tourism infrastructure system have continued to grow. The diversified tourism market has been expanding. The regional tourism cooperation has been strengthened, and the training of tourism talents has been paid more attention. The achievements are remarkable, and the tourism industry will continue to be an important engine for the social and economic development of ASEAN countries and an important link to enhance the friendly exchanges between ASEAN countries and other countries.

Keywords: ASEAN Countries; Tourism; Outbound Tourism

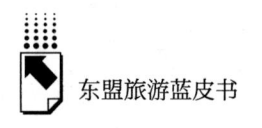

II Special Reports

B.2 A Study of Sustainable Tourism Development in ASEAN

Gao Yuanheng / 030

Abstract: This report analyzes the sustainable development strategy and the status quo of ASEAN tourism, points out the existing problems from the tourist supplies, tourist market, ecological environment protection, cultural heritage. The report also provides suggestions on interconnectivity upgrade, constructing regional tourism brand, strengthening regional marketing as a whole and developing the low carbon tourism.

Keywords: Sustainable Development; Regional Tourism; Tourism Supply

B.3 Status Quo of Tourism Resources and Development in ASEAN Countries

Su Linting, Su Weibin / 038

Abstract: The ASEAN countries are abundant in tourism resources that are diverse in types, and highly complementary. They enjoy not only excellent coastal tourism resources, animal and plant tourism resources and other natural tourism resources, but also rich cultural tourism resources. In recent years, most ASEAN countries have regarded tourism development as an important industry for their economic and social development, and many ASEAN countries have achieved good results in tourism resource development. Tourism has played an active role in promoting local economic and social development, local employment and poverty alleviation in poor areas. This chapter introduces the basic conditions and characteristics of tourism resources in ASEAN countries. It expounds the achievements of resource development, main practices and existing problems of tourism resources in ASEAN countries, and analyzes the development trends of tourism resources in ASEAN countries.

Keywords: Tourism Resources; Product Development; Coastal Tourism

B. 4　Tourism Culture of ASEAN Countries
　　　　　　　　　　　　　　　　Wei Jiayu, Zhao Yao / 060

Abstract: The history and culture of ASEAN countries are profound and diverse, featuring different folk customs and customs. The coexistence and integration of maritime civilization and terrestrial civilization presents unique cultural connotation, which is deeply favored by tourists from all over the world. By studying the tourism cultural characteristics of ASEAN countries, this report clarifies the development process and strategies of the integration of culture and tourism, and puts forward that the integration of culture and tourism should attach importance to the protection and innovation of local cultural characteristics, improve the supply and quality of cultural and tourism products, build brands, and strengthen international and regional cooperation.

Keywords: Tourism Characteristics; Cultural Integration; International Exchange

B. 5　New Development and Operation Modes of Tourism in
　　　 ASEAN Countries　　　　　　　　　　　*Wei Jiayu* / 071

Abstract: Looks into the new business model of tourism development in ASEAN countries through the "tourism +" integrated development model, this report introduces the cultural experience tourism, research and study tourism, ecological harmony tourism, leisure honeymoon vacation etc that are popular in ASEAN in recent years. In the process a new trend of rich and diversified industries integration has emerged, which significantly increases the supply of tourism products and creates new economic growth point for the region.

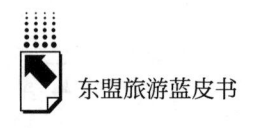

Keywords: New Tourism Format; Integrated Development; Tourism Products

B. 6　Report on Tourism Safety in ASEAN Countries

Huang Jie / 104

Abstract: With the steady progress of social and economic development in ASEAN and its surrounding regions in recent years, the number of inbound tourists in ASEAN has increased rapidly and the tourism industry has developed prosperously. But at the same time, the uncertainty of tourism security in ASEAN region are increasing with the influence of many complex factors. The report mainly focuses on the tourism safety accidents which happened in ASEAN countries from 2018 to 2019, taken Chinese tourists for example. and then analyzes and forecasts the situation of ASEAN tourism security.

Keywords: ASEAN Tourism Safety; Tourism Safety Accidents; Safety Management

B. 7　The Recent Development of ASEAN Homestay

Cheng Bing, Liu Yunting, Tan Xuelin and Lin Chen / 123

Abstract: As an important supplement to the hotel industry, ASEAN homestay have made good progress in recent years, especially in countries with relatively developed tourism, such as Malaysia, Thailand, Indonesia, Singapore, etc. While the homestay industry is gradually expanding in scale, it is also continuously standardizing and improving the service quality through the standardization of homestay. Facing the development trend in the future, while insisting on serving the community, ASEAN homestay are also expanding the development space of homestay through the development of legalization, planning and sharing.

Keywords: ASEAN Homestay; Homestay Tourism; Homestay Standard

B. 8　Current Situation of ASEAN Cruise Tourism Development

Ma Jingwen / 146

Abstract: In 2018, ASEAN countries continued to increase the development of cruise tourism resources to demonstrate its charm of cultural diversity through the ways of paying attention to the construction of cruise tourism infrastructure, actively met the needs of China and global tourists, and attached importance to create the destination brand. The vitality of cruise tourism market has been greatly improved. This report introduces the general situation of the cruise tourism industry in ASEAN countries, the layout of the cruise routes, the related industries driven by ASEAN cruise tourism, and analyze the development trends of cruise tourism in ASEAN countries.

Keywords: Cruise Tourism; Destination Market; Cruise Industry

Ⅲ　Country Report

B. 9　Tourism Development of Thailand—the ASEAN

　　　Presidency Country　　　*Zhang Qian, Incharroen Rattapon / 166*

Abstract: In 2018, Thailand received a total of 38.277 million foreign tourists, and the number of tourists increased by 7.54% compared with 2017. The increase in the number of tourists covers almost all countries and regions in the world. In 2018, the total income of foreign tourists was about 2007.05 billion baht, an increase of 9.63% compared with the previous year.

As the fourth largest tourist destination in Asia, Thailand's tourism industry has a strong competitiveness compared with other Asian countries. This report analyses the main competitors of Thai tourism development, and puts forward the corresponding strategic measures of Thai tourism development from the perspective of promoting the sustainable and prosperous development of Thai tourism. The paper also summarizes the development trend of global tourism, forecasts the development trend of Thai tourism, and puts forward a suitable model for Thai tourism development.

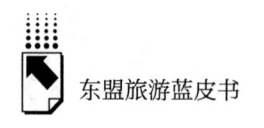

Keywords: Thailand; Tourism Development Strategy; Sustainable Development

Ⅳ China and ASEAN Reports

B.10 China-ASEAN Tourism Cooperation in 2018 −2019

Huang Jie, Ma Jingwen / 190

Abstract: In recent years, Tourism as a highlight in the relationship between China and ASEAN, the number of mutual visits has repeatedly break records and the exchanges has become increasingly close. This report illustrates the general situation of tourism cooperation between China and ASEAN from the aspects of tourism facilitation cooperation, tourism informatization cooperation, tourism market cooperation, tourism finance cooperation, tourism security cooperation, tourism cooperation channels and tourism education cooperation. It analyzes the existing problems in the cooperation and has provide relevant suggestions from the aspects of regional tourism security cooperation, expanding the tourism financing channels, strengthening tourism education and training and promoting the tourism information communication cooperation.

Keywords: Tourism Cooperation; Tourism Education; China-ASEAN

B. 11 The Communication and Dissemination of Chinese Ethnic Culture in ASEAN
—*Taking Guangxi as an Example*　　*Zhang Hailin*, *Ran Fang* / 208

Abstract: Guangxi and ASEAN are geographically connected and culturally similar. To promote the international spread of China's national culture, this report focuses on the history and current situation of ethnic cultural exchanges between Guangxi and ASEAN, identify the explicit and implicit restrictive factors, then proposes suggestions on the cultural communication crossing nations and borders.

Keywords: Ethnic Culture; ASEAN Communication; Cultural Origins; Symbol System

社会科学文献出版社

皮 书

智库报告的主要形式
同一主题智库报告的聚合

❖ 皮书定义 ❖

皮书是对中国与世界发展状况和热点问题进行年度监测，以专业的角度、专家的视野和实证研究方法，针对某一领域或区域现状与发展态势展开分析和预测，具备前沿性、原创性、实证性、连续性、时效性等特点的公开出版物，由一系列权威研究报告组成。

❖ 皮书作者 ❖

皮书系列报告作者以国内外一流研究机构、知名高校等重点智库的研究人员为主，多为相关领域一流专家学者，他们的观点代表了当下学界对中国与世界的现实和未来最高水平的解读与分析。截至2020年，皮书研创机构有近千家，报告作者累计超过7万人。

❖ 皮书荣誉 ❖

皮书系列已成为社会科学文献出版社的著名图书品牌和中国社会科学院的知名学术品牌。2016年皮书系列正式列入"十三五"国家重点出版规划项目；2013~2020年，重点皮书列入中国社会科学院承担的国家哲学社会科学创新工程项目。

中国皮书网

(网址：www.pishu.cn)

发布皮书研创资讯，传播皮书精彩内容
引领皮书出版潮流，打造皮书服务平台

栏目设置

◆ 关于皮书
何谓皮书、皮书分类、皮书大事记、
皮书荣誉、皮书出版第一人、皮书编辑部

◆ 最新资讯
通知公告、新闻动态、媒体聚焦、
网站专题、视频直播、下载专区

◆ 皮书研创
皮书规范、皮书选题、皮书出版、
皮书研究、研创团队

◆ 皮书评奖评价
指标体系、皮书评价、皮书评奖

◆ 互动专区
皮书说、社科数托邦、皮书微博、留言板

所获荣誉

◆ 2008年、2011年、2014年，中国皮书网均在全国新闻出版业网站荣誉评选中获得"最具商业价值网站"称号；

◆ 2012年，获得"出版业网站百强"称号。

网库合一

2014年，中国皮书网与皮书数据库端口合一，实现资源共享。

权威报告·一手数据·特色资源

皮书数据库
ANNUAL REPORT(YEARBOOK) DATABASE

分析解读当下中国发展变迁的高端智库平台

所获荣誉

- 2019年，入围国家新闻出版署数字出版精品遴选推荐计划项目
- 2016年，入选"'十三五'国家重点电子出版物出版规划骨干工程"
- 2015年，荣获"搜索中国正能量 点赞2015""创新中国科技创新奖"
- 2013年，荣获"中国出版政府奖·网络出版物奖"提名奖
- 连续多年荣获中国数字出版博览会"数字出版·优秀品牌"奖

成为会员

通过网址www.pishu.com.cn访问皮书数据库网站或下载皮书数据库APP，进行手机号码验证或邮箱验证即可成为皮书数据库会员。

会员福利

- 已注册用户购书后可免费获赠100元皮书数据库充值卡。刮开充值卡涂层获取充值密码，登录并进入"会员中心"—"在线充值"—"充值卡充值"，充值成功即可购买和查看数据库内容。
- 会员福利最终解释权归社会科学文献出版社所有。

卡号：377527175866
密码：

数据库服务热线：400-008-6695
数据库服务QQ：2475522410
数据库服务邮箱：database@ssap.cn
图书销售热线：010-59367070/7028
图书服务QQ：1265056568
图书服务邮箱：duzhe@ssap.cn

S 基本子库
SUB DATABASE

中国社会发展数据库（下设 12 个子库）

整合国内外中国社会发展研究成果，汇聚独家统计数据、深度分析报告，涉及社会、人口、政治、教育、法律等 12 个领域，为了解中国社会发展动态、跟踪社会核心热点、分析社会发展趋势提供一站式资源搜索和数据服务。

中国经济发展数据库（下设 12 个子库）

围绕国内外中国经济发展主题研究报告、学术资讯、基础数据等资料构建，内容涵盖宏观经济、农业经济、工业经济、产业经济等 12 个重点经济领域，为实时掌控经济运行态势、把握经济发展规律、洞察经济形势、进行经济决策提供参考和依据。

中国行业发展数据库（下设 17 个子库）

以中国国民经济行业分类为依据，覆盖金融业、旅游、医疗卫生、交通运输、能源矿产等 100 多个行业，跟踪分析国民经济相关行业市场运行状况和政策导向，汇集行业发展前沿资讯，为投资、从业及各种经济决策提供理论基础和实践指导。

中国区域发展数据库（下设 6 个子库）

对中国特定区域内的经济、社会、文化等领域现状与发展情况进行深度分析和预测，研究层级至县及县以下行政区，涉及地区、区域经济体、城市、农村等不同维度，为地方经济社会宏观态势研究、发展经验研究、案例分析提供数据服务。

中国文化传媒数据库（下设 18 个子库）

汇聚文化传媒领域专家观点、热点资讯，梳理国内外中国文化发展相关学术研究成果、一手统计数据，涵盖文化产业、新闻传播、电影娱乐、文学艺术、群众文化等 18 个重点研究领域。为文化传媒研究提供相关数据、研究报告和综合分析服务。

世界经济与国际关系数据库（下设 6 个子库）

立足"皮书系列"世界经济、国际关系相关学术资源，整合世界经济、国际政治、世界文化与科技、全球性问题、国际组织与国际法、区域研究 6 大领域研究成果，为世界经济与国际关系研究提供全方位数据分析，为决策和形势研判提供参考。

法律声明

"皮书系列"（含蓝皮书、绿皮书、黄皮书）之品牌由社会科学文献出版社最早使用并持续至今，现已被中国图书市场所熟知。"皮书系列"的相关商标已在中华人民共和国国家工商行政管理总局商标局注册，如LOGO（ ）、皮书、Pishu、经济蓝皮书、社会蓝皮书等。"皮书系列"图书的注册商标专用权及封面设计、版式设计的著作权均为社会科学文献出版社所有。未经社会科学文献出版社书面授权许可，任何使用与"皮书系列"图书注册商标、封面设计、版式设计相同或者近似的文字、图形或其组合的行为均系侵权行为。

经作者授权，本书的专有出版权及信息网络传播权等为社会科学文献出版社享有。未经社会科学文献出版社书面授权许可，任何就本书内容的复制、发行或以数字形式进行网络传播的行为均系侵权行为。

社会科学文献出版社将通过法律途径追究上述侵权行为的法律责任，维护自身合法权益。

欢迎社会各界人士对侵犯社会科学文献出版社上述权利的侵权行为进行举报。电话：010-59367121，电子邮箱：fawubu@ssap.cn。

社会科学文献出版社